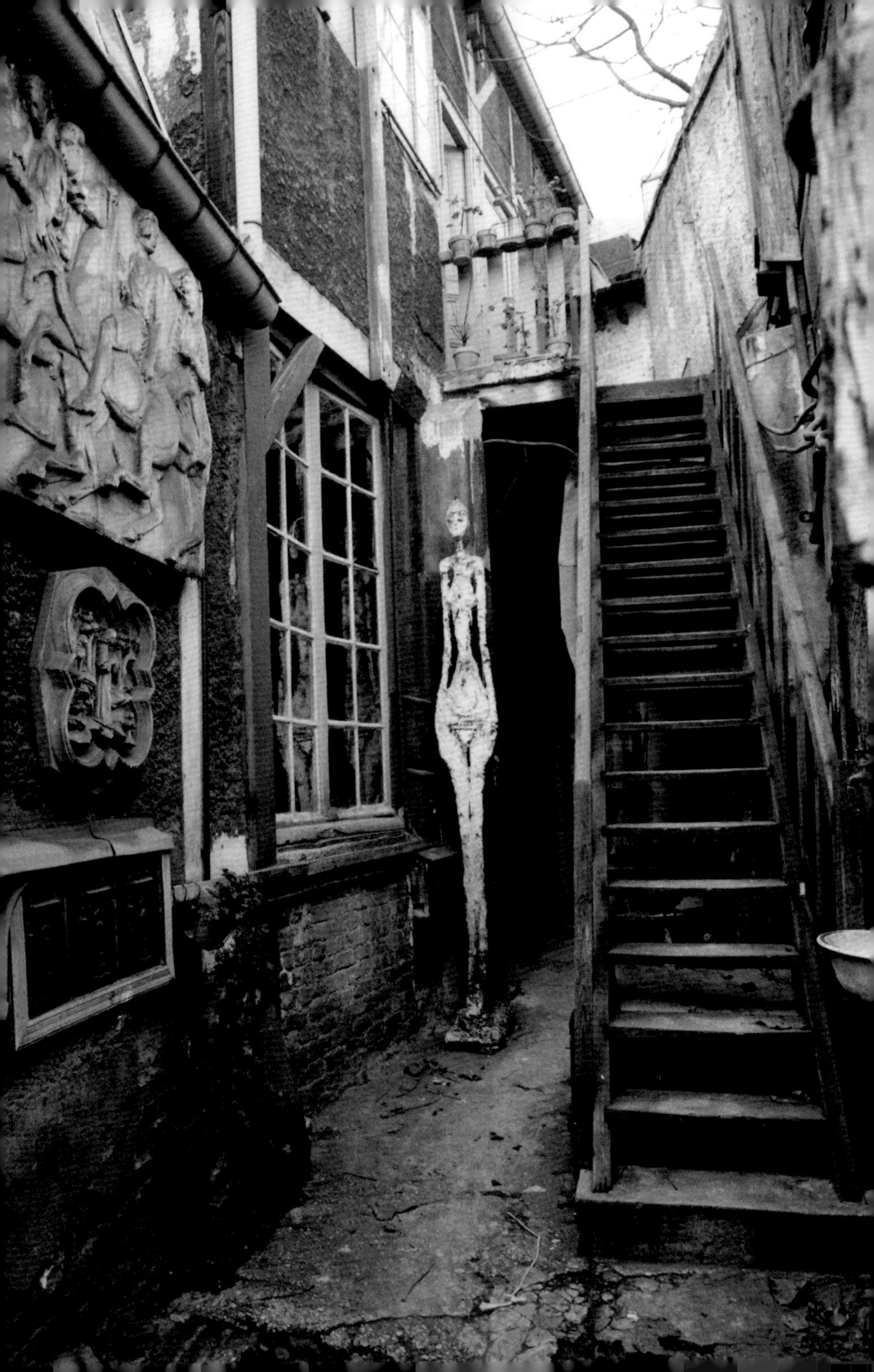

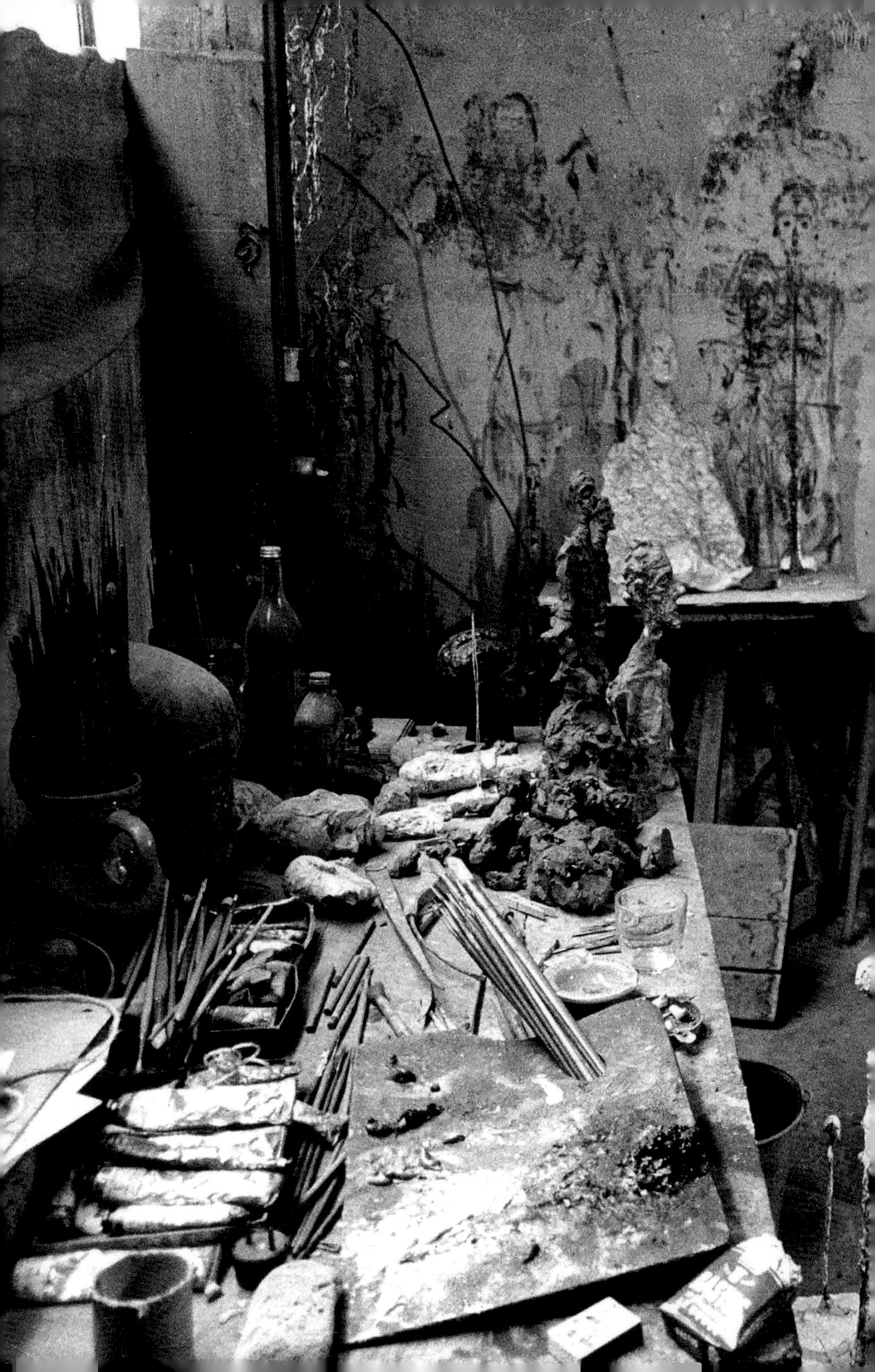

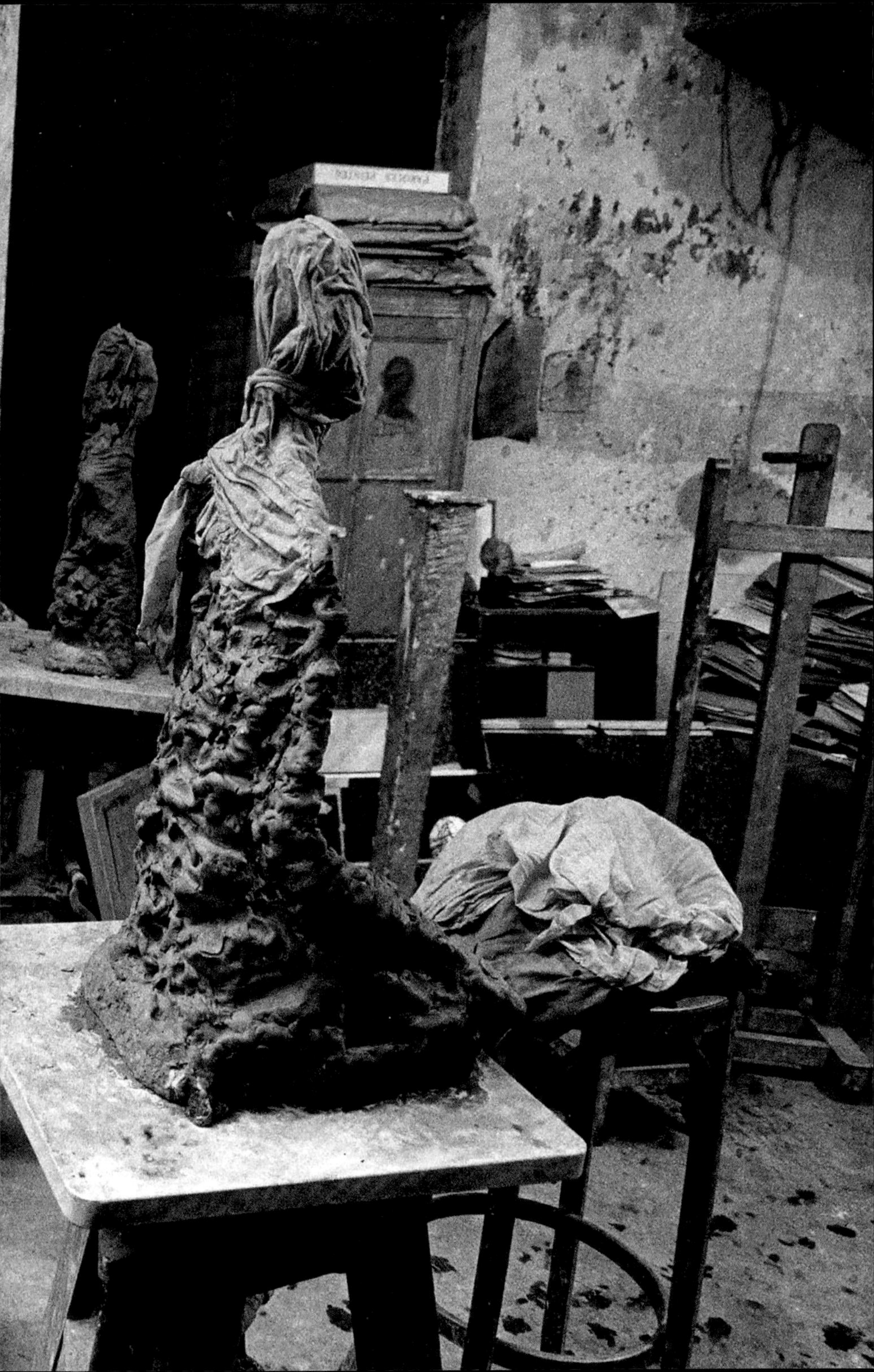

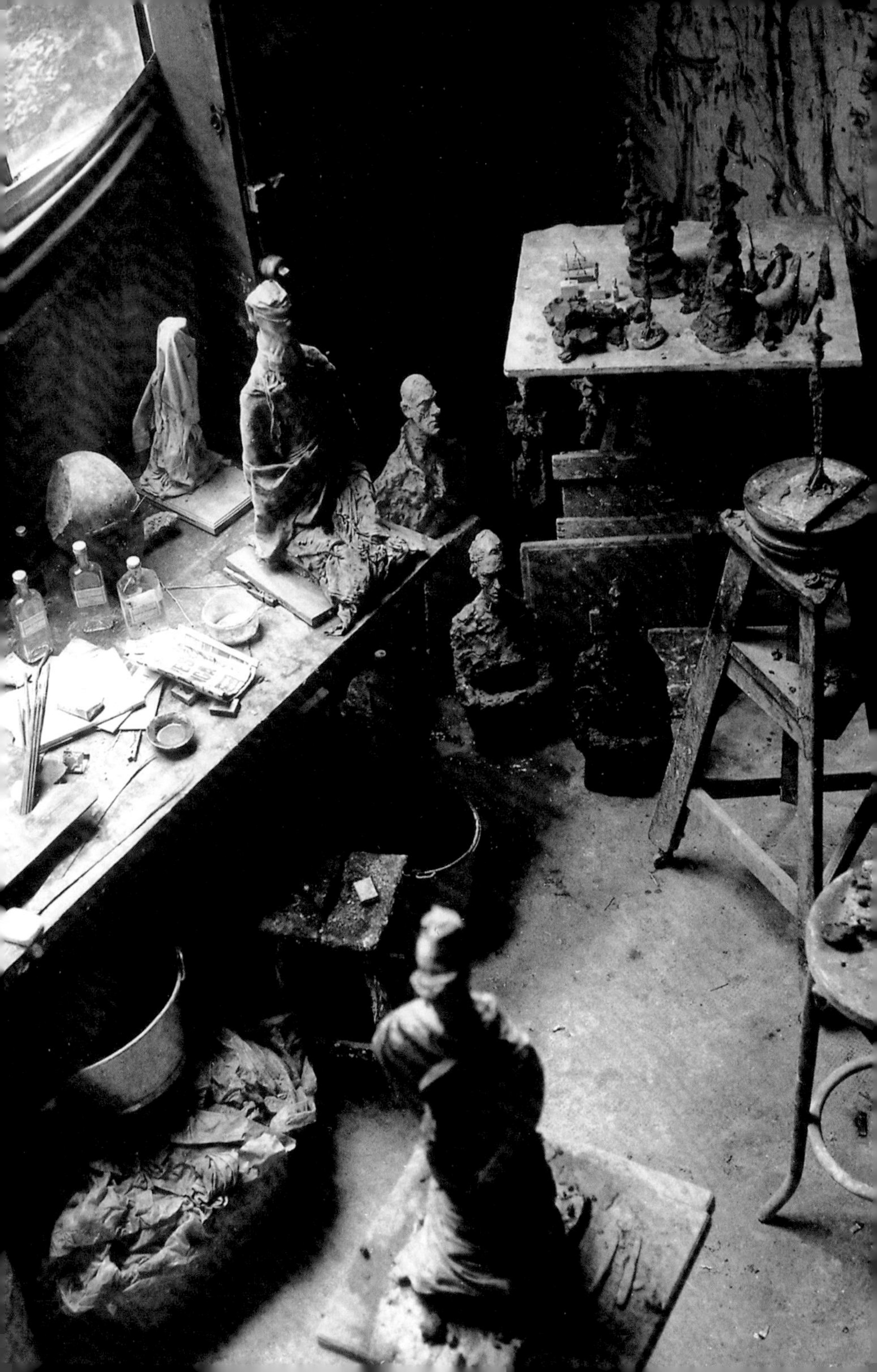

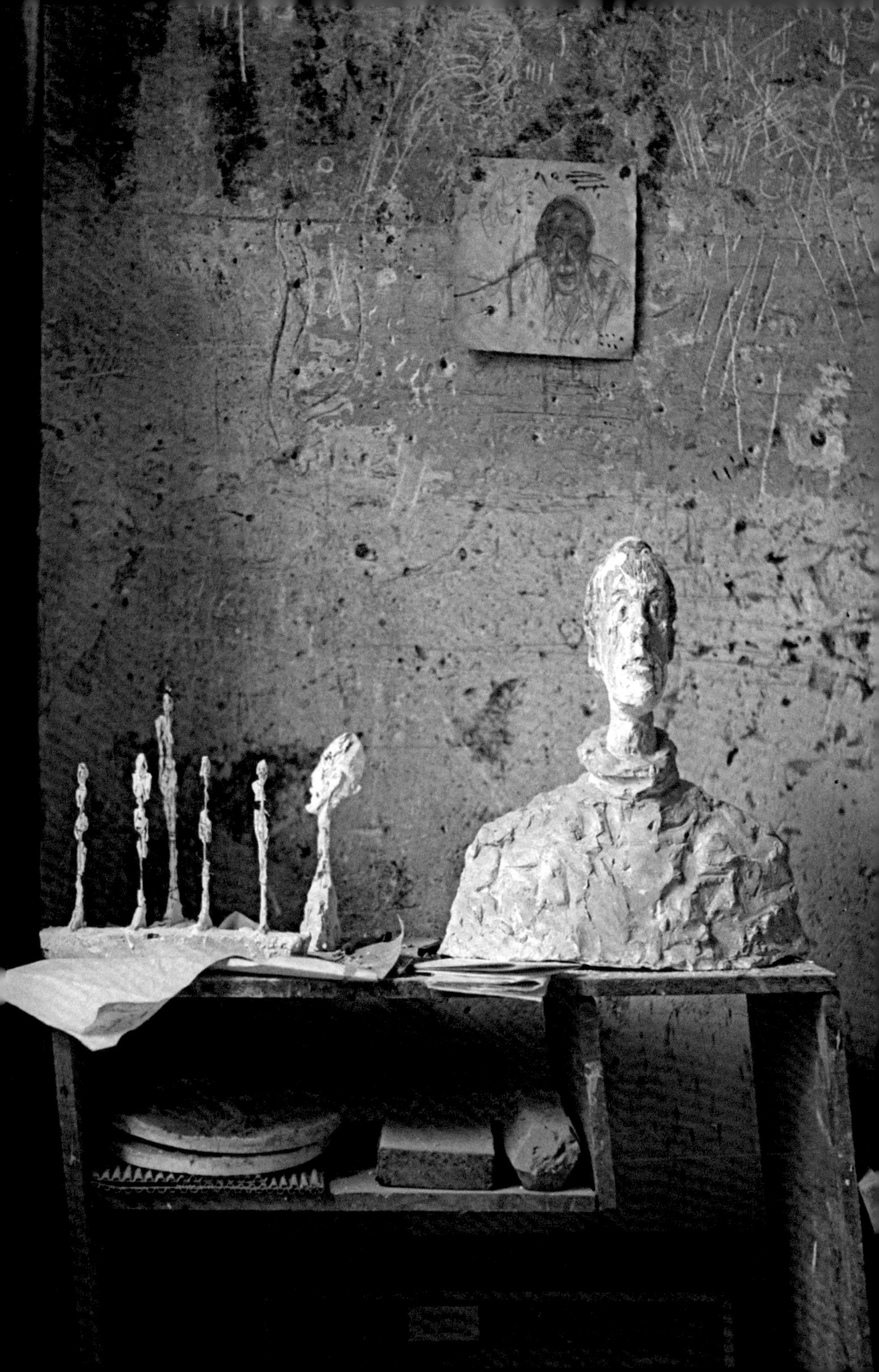

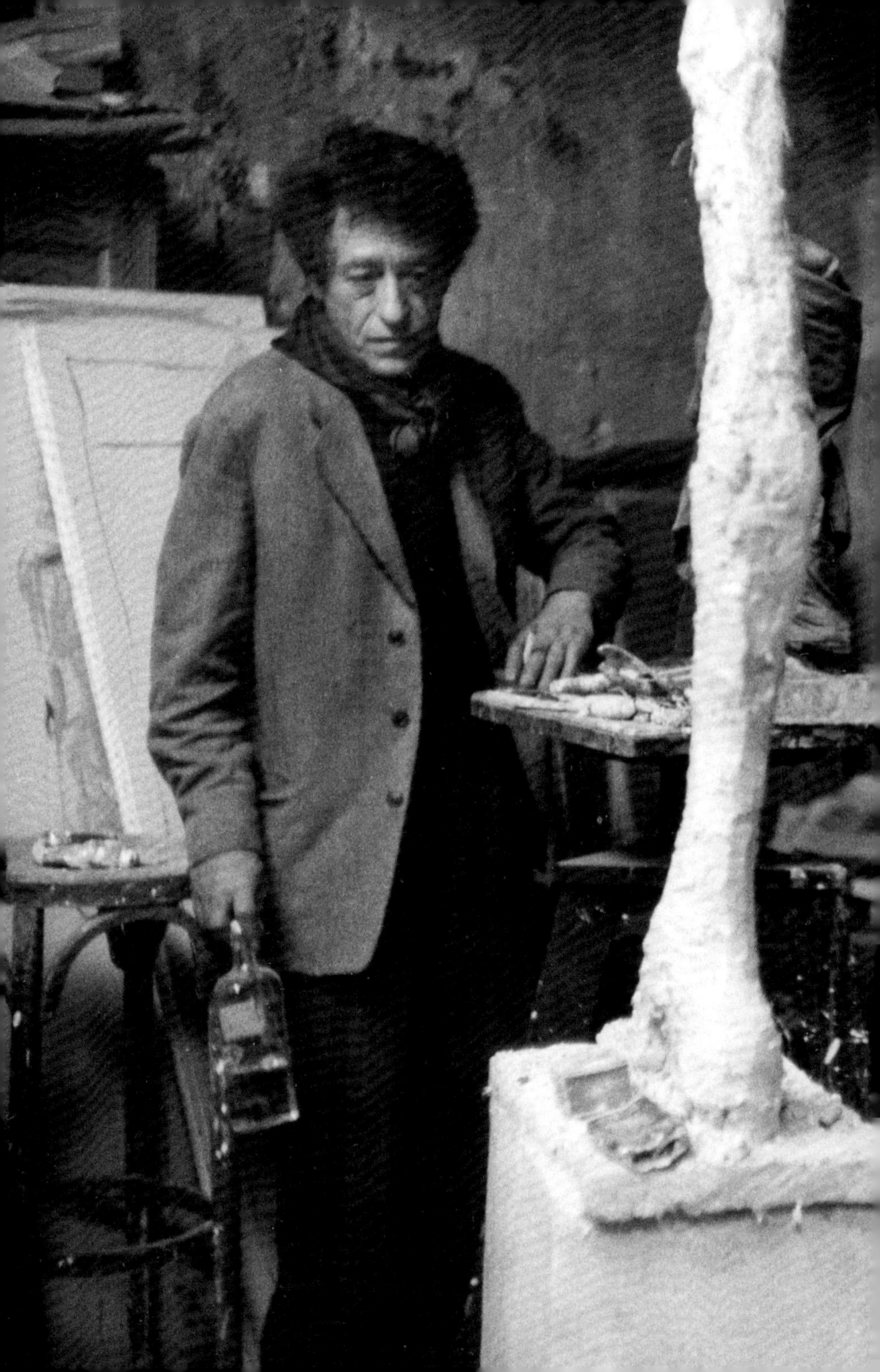

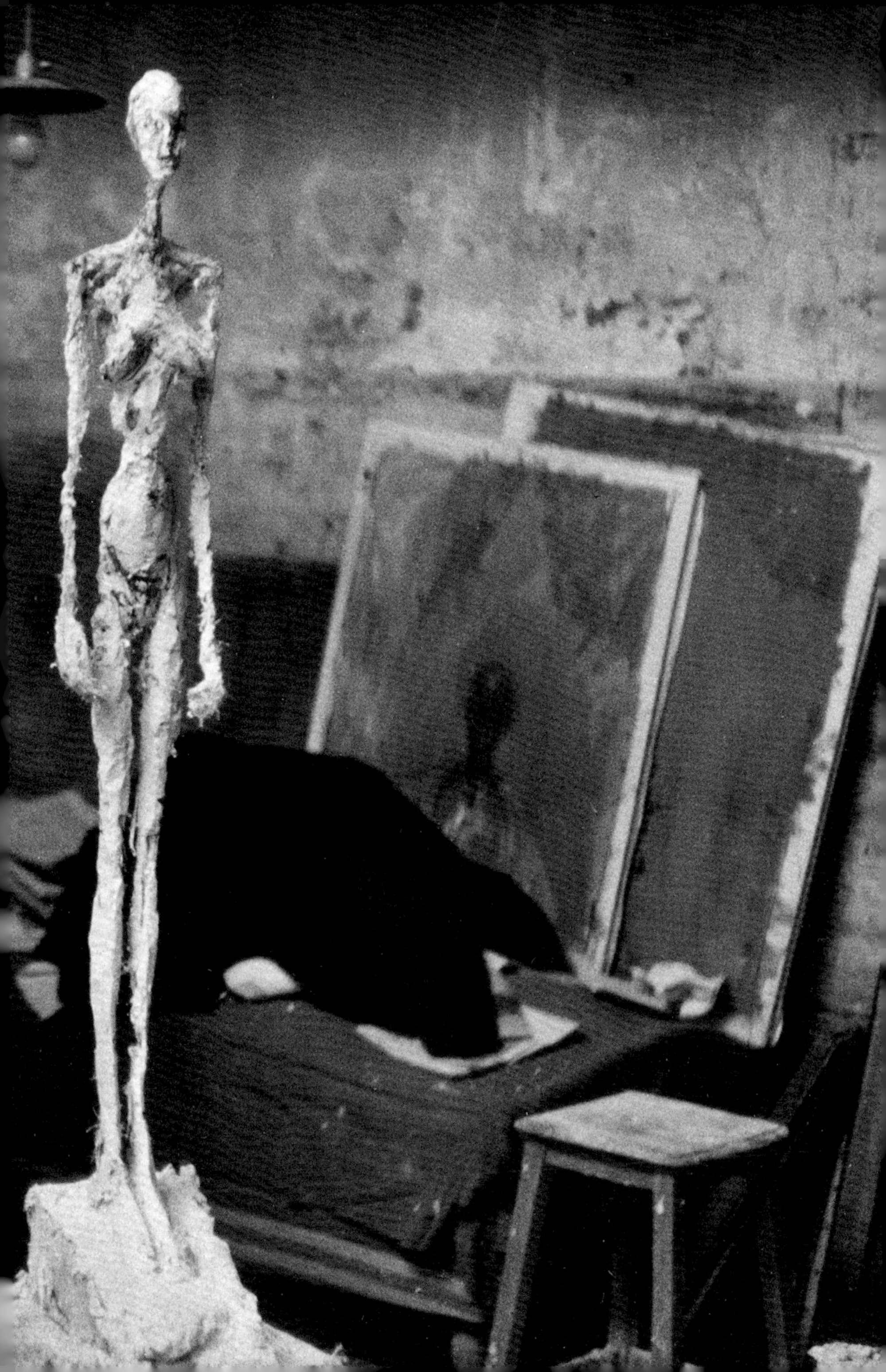

INHALT

GIACOMETTI
DIE GESTALT ALS HERAUSFORDERUNG

Véronique Wiesinger

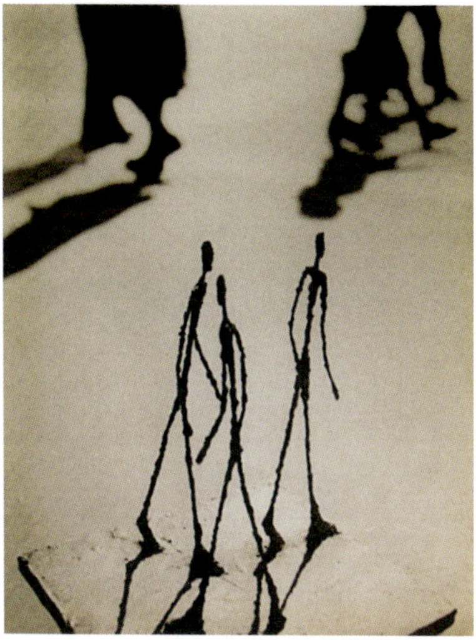

Aus dem Französischen von Michaela Angermair

SCHIRMER/MOSEL

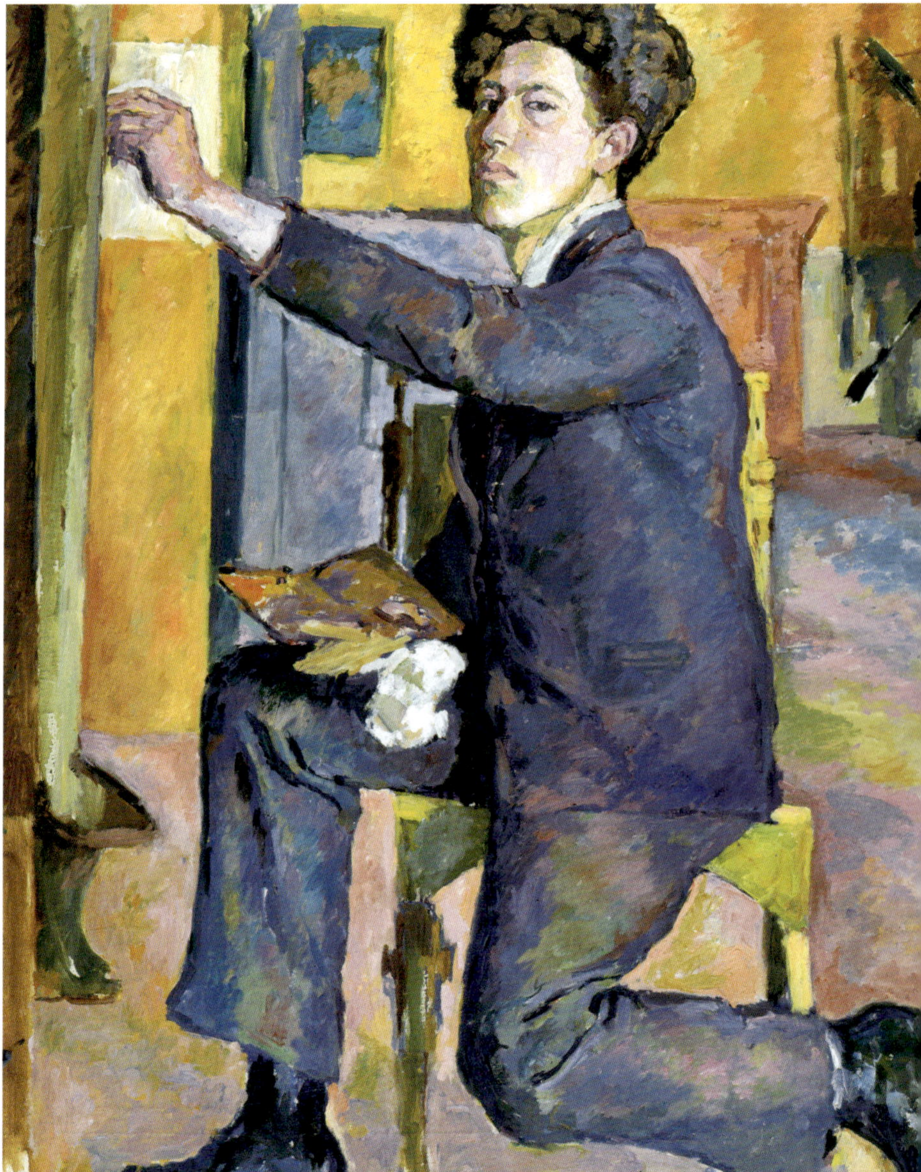

„1914 habe ich die erste Büste nach der Natur geschaffen. Mein Bruder diente mir als Modell. Mein Vater war Maler. Ich sah Reproduktionen kleiner Büsten auf Sockeln und wollte sofort auch welche machen [...] Zuerst hat es mir riesigen Spaß gemacht, und ich dachte, dass es mir sehr leichtfallen würde, dass ich in etwa das herstellen könnte, was ich vor mir sah – ich habe die kleine Büste immer noch. Fünfzig Jahre später ist es mir immer noch nicht gelungen."

Alberto Giacometti an André Parinaud, 1962

KAPITEL 1

DIE ANFÄNGE EINES KÜNSTLERSOHNES

Schon in jungen Jahren zeigte Giacometti Interesse, mit traditionellen Mitteln etwas Neues zu schaffen: In einem Selbstportrait (links) verschob er die Grenzen der Malerei. Die Darstellungen seines Vaters und seiner Mutter in Gips waren eine Kampfansage an die gewohnten Regeln der dreidimensionalen Bildhauerei: Der Kopf der Mutter ist rund und flach wie eine Scheibe und das Gesicht des Vaters in eine schräg gestellte Fläche eingeschnitten.

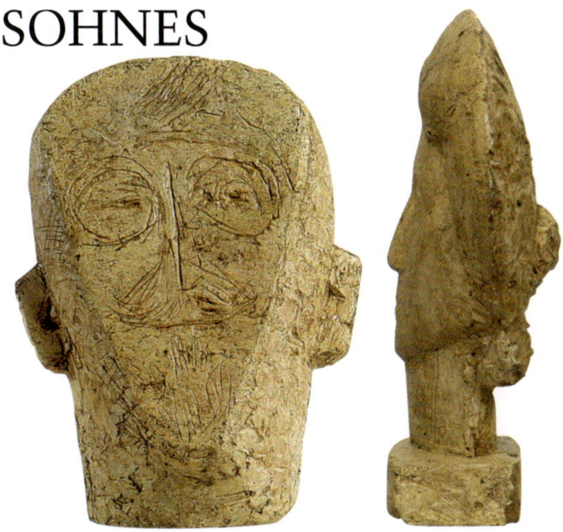

Kindheit in Graubünden

Nur wenige Kilometer von der italienisch-schweizerischen Grenze entfernt wurde Alberto Giacometti am 10. Oktober 1901 in Borgonovo geboren. Die Familie des Vaters besaß ganz in der Nähe ein Gasthaus, es lag in Stampa im Bergell, an der Durchgangsstraße von der Poebene zu den mondänen Orten im Engadin wie Sankt Moritz, Maloja und Sils. Albertos Vater Giovanni Giacometti (1868–1933) war ein postimpressionistischer Maler, der bei Sammlern und Schweizer Malerkollegen Ansehen genoss und dessen große Bildung, Anmerkungen zur Kunst und reiche Bibliothek die Basis für Albertos künstlerische Entwicklung lieferten. Giovanni Giacometti hat in München und Paris studiert, eine Zeit lang in Italien gelebt und wurde von Giovanni Segantini gefördert, dessen Schüler er war, ehe er zu seinem Freund wurde. Andere Freunde Giovannis hießen Cuno Amiet – er war Albertos Pate – und Ferdinand Hodler, Pate eines anderen seiner Söhne. Obwohl er viel reiste und seine Kunst bekannt zu machen versuchte, wurde Giacomettis Vater nicht über die Schweizer Grenzen hinaus bekannt.

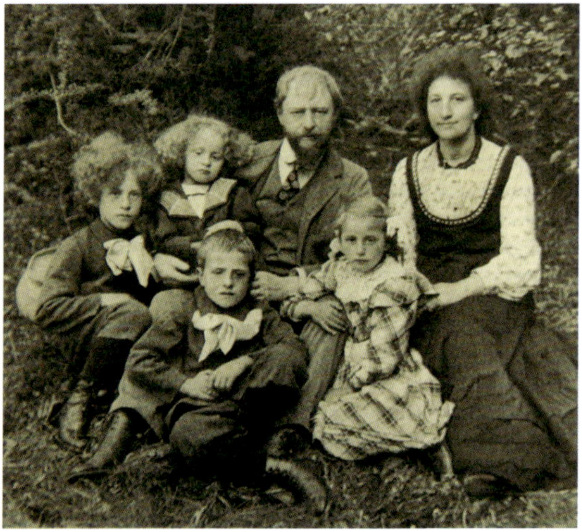

Die ganze Familie Giacometti ist auf diesem Foto zu sehen, das Andrea Garbald (1877–1958) aufgenommen hat, ein Fotograf aus dem Dorf Castasegna nahe bei Stampa: Alberto, Bruno, Diego und Ottilia sitzen beim Vater und bei der Mutter Annetta. Oft wurde behauptet, dass das Bild anlässlich von Annettas 40. Geburtstag 1911 entstanden ist, doch ein Briefwechsel zwischen Giovanni und dem Maler Daniel Baud-Bovy datiert es auf den Sommer 1910. Am 17. Oktober 1910 schrieb Giovanni: Ich schicke Ihnen diese Photographie, damit sie uns alle zusammen kennenlernen." Wie sein Sohn später nutzte auch Giovanni gern Mitglieder seiner Familie als Modelle.

Das Ehepaar Giacometti und seine vier Kinder lebten in Stampa und Maloja, wo die Familie ab 1909 ein großes Haus besaß. In Stampa wie in Maloja gab es Ateliers für den Vater, in denen auch der kleine Alberto als Modell oder als Malerlehrling willkommen war. Giovanni Giacometti war begeistert vom einzigartigen Graubündener Licht: „Nirgendwo, nicht in der glitzernden Bucht von Neapel, nicht in der Provence und nicht Venedig leuchtet die Sonne so intensiv, scheint mir, wie auf dem Hochplateau des Maloja oder den Bergkämmen des Bergell.

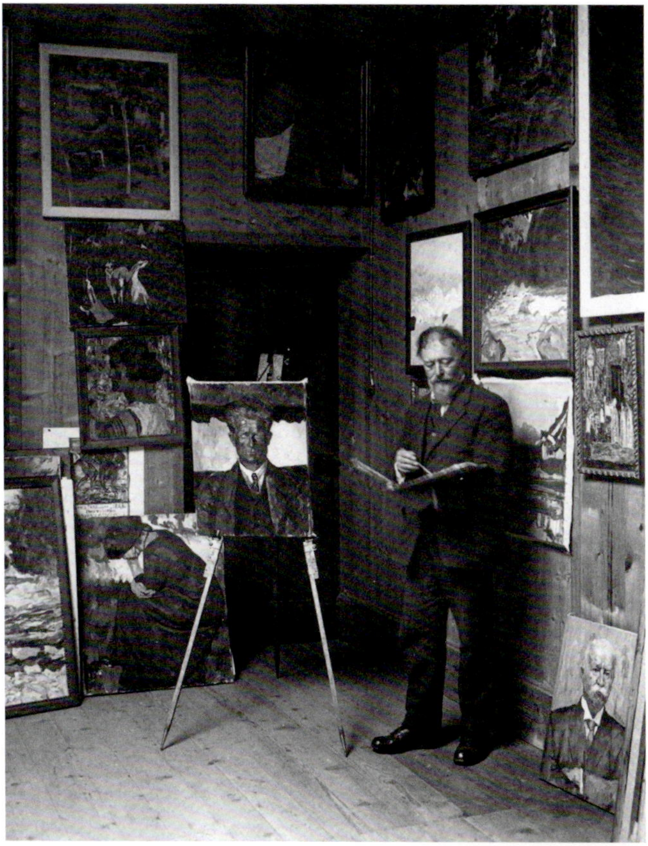

Albertos erste Werke entstanden natürlich im Atelier des Vaters mit dessen Material (links). Das Ölgemälde auf Karton *Nature morte aux pommes (Stillleben mit Äpfeln)* zeigt im Hintergrund im Entstehen begriffene Bilder von Giovanni, die eine Datierung auf ca. 1915 erlauben, als Alberto 14 Jahre alt war; es gilt somit als ältestes erhaltenes Ölbild des Künstlers (unten). Das Sujet ist ganz und gar akademisch, verweist aber auf die gemeinschaftliche Verehrung der Giacomettis für Cézanne sowie ihre geistige Unabhängigkeit hinsichtlich der Natur des Bildgegenstands – wichtig ist die Wahrhaftigkeit der Darstellung, die dem Kunstwerk Leben einhaucht.

Nirgends habe ich einen derartigen Reichtum an starken und warmen Farben gefunden." Die ersten Aquarelle und Ölgemälde von Alberto zeigten diese intensiven Farben: Krapprot, Preußischblau, Smaragdgrün, Goldgelb. Doch die beiden Männer interessierten sich weniger für die ästhetische Wirkung der Farben, vielmehr wollten sie „den Bezug zwischen dem Künstler und einer besonderen Wirklichkeit" wiedergeben, wie Giacometti auch 1962 noch betonte.

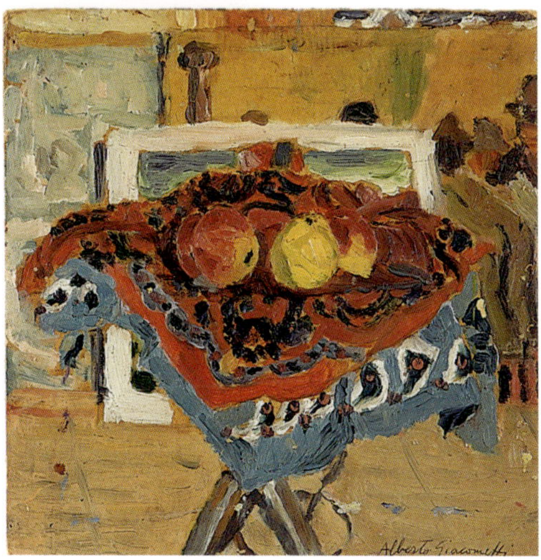

In den Briefen des Vaters stand immer wieder dieselbe Lektion: „Künstler ist, wer zu sehen weiß. Und Kunst studieren heißt sehen lernen." Noch Jahre später erinnerte sich Giacometti an eine Zeichenstunde, bei der im Atelier seines Vaters um 1920 herum Birnen auf dem Tisch lagen. Giovanni habe darauf bestanden, dass sein Sohn sie so darstellen solle, „wie er sie sah", sprich: in ihrem natürlichen Maß. Da der junge Mann sie aber aus einer gewissen Entfernung sah, machte seine Zeichnung sie immer kleiner. Der Sohn sollte diese Lehrstunde nie vergessen und versuchte ab diesem Zeitpunkt unermüdlich, im Werk selbst das Maß seiner Wahrnehmung darzustellen. Beide Maler bezogen sich auf Cézanne, da er es war, der mit der perspektivischen Darstellung aus der Zeit der Renaissance gebrochen und seine eigene Perspektive eingeführt hatte.

1917 wurde Giacometti Mitglied der Schülergruppe Amicitia am Gymnasium von Schiers. Im selben Jahr erklärte er in einem Aufsatz, dass ein Künstler „die Dinge so darstellen muss, wie er sie sieht, und nicht so, wie andere sie sehen". Auf Spaziergängen fertigte er Zeichnungen und Aquarelle an. Er wehrte sich gegen jede traditionelle Lehre und verließ das Gymnasium von Schiers im Lauf des Jahres 1919.

Mit seinem Sohn verband Giovanni Giacometti das unablässige Nachsinnen über die Kunst und die Natur des Kunstwerks. Walter Hugelshofer schrieb in einer ersten von Alberto geschätzten Monografie über Giovanni, die 1936 erschien und deren Manuskript er dem Sohn vorlegte, dass er „sich weder um Psychologie noch Soziales kümmerte und nichts Erzählerisches suchte", wie es Maler der Moderne taten. „Man kann die Anatomie, die Perspektive und die Form weglassen und trotzdem ein Kunstwerk schaffen", schrieb Giovanni in seinem *Buch der Wahrheit*.

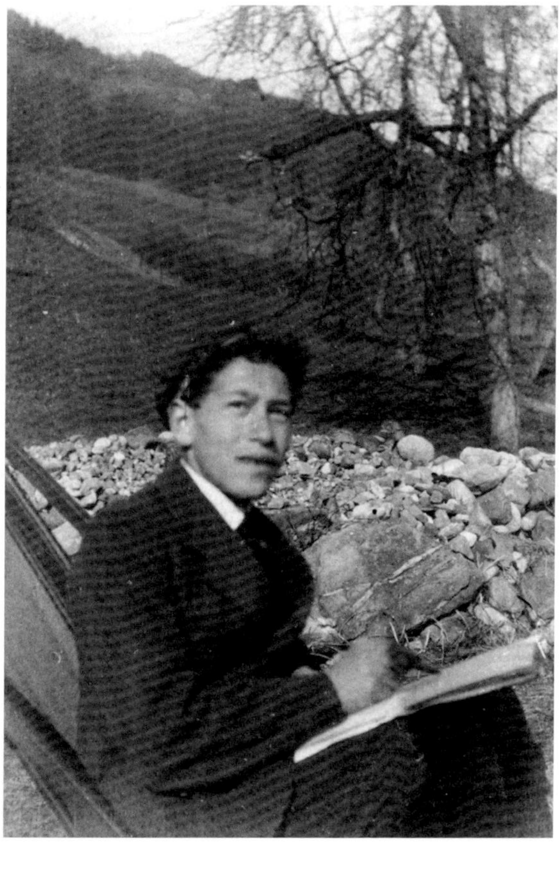

Die Lehrjahre: Genf, Rom ...

Im Herbst 1915 trat Alberto als Internatsschüler ins Gymnasium von Schiers ein, wo der Unterricht auf Deutsch stattfand. Giacometti sprach neben dem Dialekt des Bergell drei Sprachen: Italienisch, Deutsch und Französisch, das er später in Paris perfektionieren sollte. In Schiers, wo er bis Ostern 1919 blieb, fertigte Giacometti Portraits von mehreren seiner Mitschüler an, darunter von Simon Bérard und einem gewissen Delorme, außerdem zierten Karikaturen von Lehrern seine Hefte. Natürlich zeigte die Machart seiner ersten Portraits den Einfluss des Vaters, wie er setzte er in impressionistischer Manier Pinselstriche nebeneinander; doch auch die symbolistische Malerei Ferdinand Hodlers, des international berühmten Freundes seines Vaters, hinterließ Spuren.

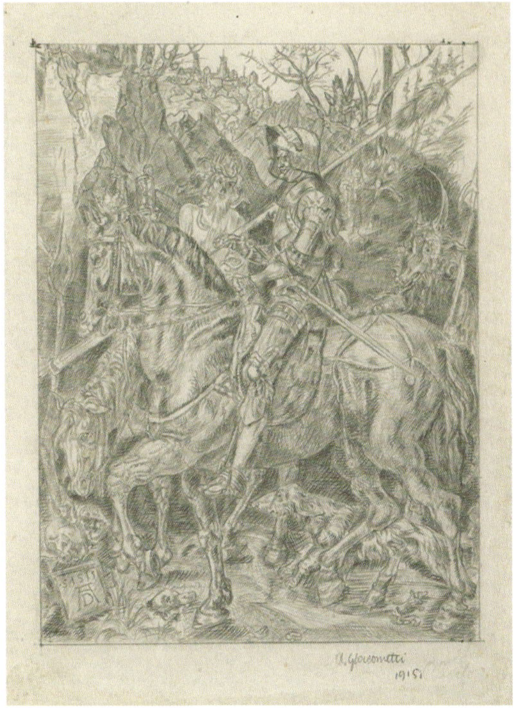

So wie er im Atelier des Vaters seine ersten Bilder malte, begann er in dessen Bibliothek Illustrationen aus Kunstbüchern zu kopieren; diese Gewohnheit behielt er sein Leben lang bei. Schon in den ersten Zeichnungen offenbarte Giacometti seine Bewunderung für Dürer. Am Ende seines Lebens wählte er oben stehendes Werk (*Ritter, Tod und Teufel*, 1915) als erste Abbildung für ein Buch über seine kopierten Zeichnungen aus.

Da Albertos künstlerische Begabung schon früh offensichtlich wurde, riet ihm Giovanni, sich 1919 an der Kunsthochschule Genf einzuschreiben, wo der symbolistische Bildhauer James Vibert lehrte, mit dem der Vater und auch Hodler befreundet waren. Vibert hatte lange Zeit in Paris gelebt, wo er 1903 den *Salon d'automne* mitbegründete. Sein idealistischer Stil, der von einem missverstandenen Einfluss Rodins geprägt war, war nicht dazu angetan, den jungen Giacometti zu begeistern, und er verließ die Schule bereits nach wenigen Tagen. Die Familie gestattete ihm, sich an der *École des arts et métiers* einzuschreiben, deren technischerer Unterrichtsstil ihm mehr zusagte. Aus dieser Zeit behielt er vor allem die Erinnerung an „Aquarelle aus der Umgebung des Sees und am Ufer", die er angefertigt hatte, sowie ans Malen daheim.

1920 unterbrach Giacometti sein Studium in Genf und begleitete seinen Vater nach Venedig, der in seiner Funktion als Mitglied des Schweizer Rats der schönen

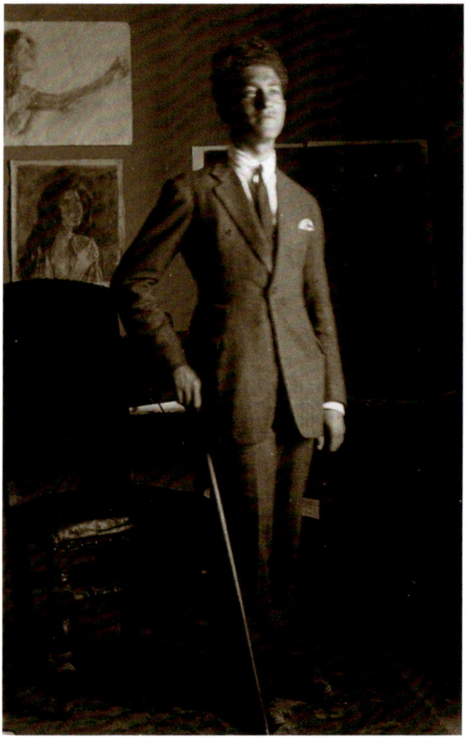

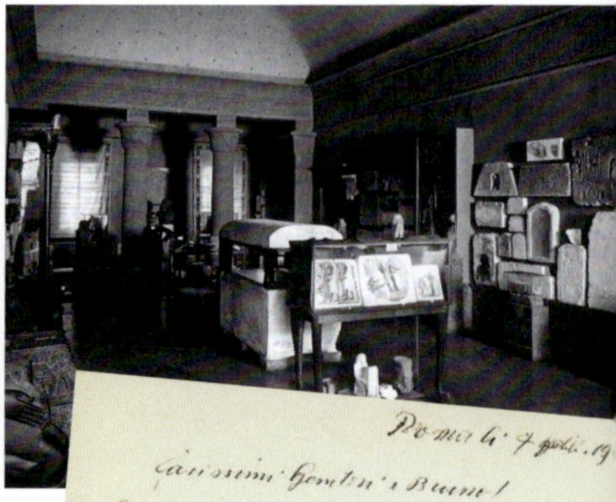

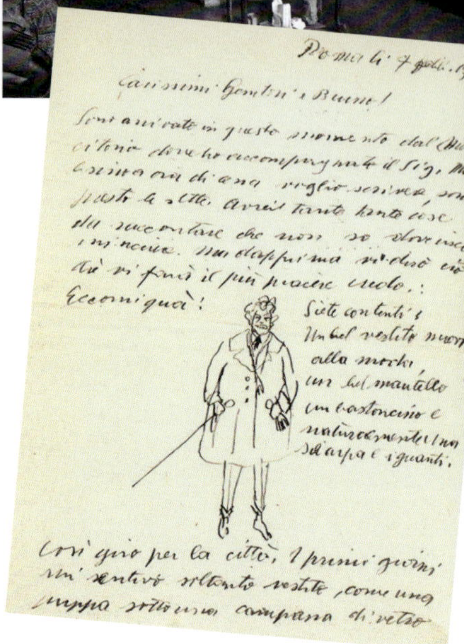

Carissimi Genitori e Bruno!

Sono arrivato in questo momento

Eccomi qua!

Siete contenti?
Un bel vestito nuovo
alla moda,
un bel mantello
un bastoncino e
naturalmente una
sciarpa e i guanti.

Così giro per la città, i primi giorni
mi sentivo soltanto vestito, come una
puppa sotto una campana di vetro

Künste und offizieller Abgesandter für die Biennale dorthin reiste. Ende des Jahres fuhr Alberto nach Italien und wohnte in Rom bei Verwandten.
Eine Italienreise galt damals für Kunststudenten als Initiationsritus, und Giovanni, der Italien seit seiner Jugend leidenschaftlich liebte, ermutigte den Sohn dazu. Auf dem Weg nach Rom machte er Station in Florenz und besichtigte das Ägyptische Museum.
Die Einfachheit und formale Dichte der Skulpturen – die zugleich stark in Bewegung zu sein schienen – sowie die lebendigen ägyptischen Reliefs waren ihm eine Offenbarung. Am 21. Dezember kam er nach Aufenthalten in Perugia und Assisi, wo ihn Gemälde von Cimabue und Giotto faszinierten, in Rom an.
Er war begeistert von der Ewigen Stadt, ihren Kirchen, der Villa Medici, von *Papst Innozenz X.*, dem Gemälde von Velázquez im Palazzo Doria, das er für eines der schönsten Gemälde der Stadt hielt. In Rom malte und

„In einem schönen neuen, modischen Anzug, mit einem schönen Mantel, einem Spazierstock sowie natürlich einem Schal und Handschuhen – so gehe ich durch die Stadt. In den ersten Tagen fühlte ich mich in diesem Aufzug wie eine Puppe unter der Glasglocke, doch jetzt ist er mir schon ganz vertraut geworden […] gut gekleidet fühlt man sich besser und amüsiert sich mehr, hoffentlich hält das an."

bildhauerte er unablässig und ganz und gar befreit und kehrte erst im Herbst 1921 widerwillig in die Schweiz zurück, nachdem er vergeblich versucht hatte, seine Eltern zur Übersiedelung nach Rom zu überreden.

... und Paris

Wieder folgte er dem Rat seines Vaters, der zwischen 1888 und 1891 an der Académie Julian studiert hatte, und ging Anfang Januar 1922 nach Paris, wo er, allerdings ohne große Begeisterung, die Vorlesungen von Antoine Bourdelle (1861–1929) an der Académie de la Grande-Chaumière hörte. Von Heimweh geplagt, verbrachte er einen Großteil des Jahres in der Schweiz bei seiner Familie und kehrte erst im Herbst nach Paris zurück, um dort, von seinem Vater ermutigt, ernsthaft zu arbeiten zu beginnen. „Als ich so alt war wie Du, konnte ich es, wenn der Sommer vorbei war, nicht erwarten, nach Paris zurückzugehen, um in der künstlerischen Atmosphäre dort, die vor kämpferischer Auseinandersetzung, Kreativität und Träumen barst, in die Arbeit einzutauchen. Dir steht alles offen, das ist Dein Glück, also nutze es." Viel später erinnerte sich Giacometti: „[Mein Vater] besuchte mich gleich zu Beginn in Paris, er ging mit mir zur Grande-Chaumière, setzte sich mitten unter die Studenten, fing an zu zeichnen und zu malen und hätte große Lust gehabt, wie er sagte, in Paris zu bleiben und wieder bei Null anzufangen." Giovanni unterstützte seinen Sohn bei dessen ersten Schritten auf seiner Laufbahn zuverlässig, denn der war immer wieder von Zweifeln geplagt und neigte dazu, in der Hoffnung,

Die Grande-Chaumière war für den jungen Giacometti die erste Gelegenheit, Künstler aus Schweden, Japan und den USA kennenzulernen, die ihn mit der Kunst ihres jeweiligen Herkunftslandes vertraut machten. „Ein Japaner an der Akademie (nicht der vom letzten Jahr, der ist aber auch noch hier) hat mir neulich von den Statuen aus der besten Schaffenszeit seiner Heimat erzählt, und es war wunderbar zu hören, dass sie alle bemalt sind – natürlich in mehr oder weniger natürlicher Art und Weise, je nachdem, ob sie Götter oder Menschen darstellen."

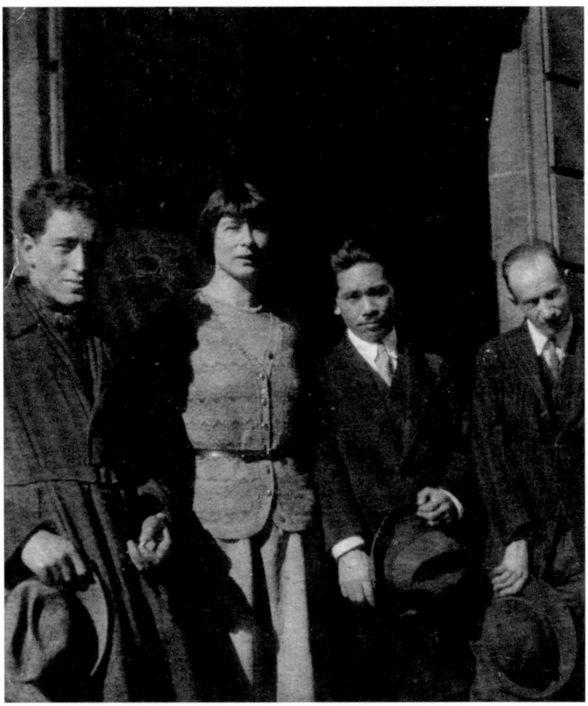

eines Tages *das* Meisterwerk zu schaffen, sein gesamtes bisheriges Werk zu zerstören – eine Vorgehensweise, die er sein Leben lang beibehalten sollte. „Ich kenne solche Phasen der Niedergeschlagenheit und Unzufriedenheit auch", beschwichtigte ihn der Vater, „das sind vielleicht die fruchtbarsten Zeiten, um zu lernen. Es scheint, als wolle nichts gelingen, man glaubt sich vor unüberwindlichen Schwierigkeiten, und eines schönen Tages merkt man plötzlich, dass man Fortschritte gemacht hat, dass man die nächste Stufe auf dieser unendlichen Leiter erklommen hat, die zur Perfektion führt, auf der man aber nie ganz oben ankommen wird." Giacometti arbeitete morgens in der Grande-Chaumière und nachmittags in seinem Atelier. Nach der Tradition der Akademien arbeiteten die Studenten dort in größter Freiheit und schufen ihre Plastiken nach einem lebenden Modell, doch Giacometti standen dank seiner Familie die finanziellen Mittel zur Verfügung, um sich ein Modell ins Atelier zu holen. Der Professor kam nur einmal pro Woche zu ihm, um zu „korrigieren" und seine im Entstehen begriffenen Werke zu kommentieren, sofern sie ihn interessierten. Jedem Studenten stand es frei, seine Schöpfungen zu zeigen oder nicht, und wie es scheint, hat Giacometti mindestens einmal darauf verzichtet, eine vielfarbige Skulptur zu präsentieren, weil sie von seinen Kommilitonen mit „Rufen des Abscheus" bedacht worden war. Je nach Laune und seinen aktuellen Publikationen äußerte sich Bourdelle häufig ganz allgemein über die Kunst und das Leben, die Religion und die Moral und auch über die internationale Politik, über die er dank seiner Studentenschaft aus aller Herren Länder gut informiert war. Die meisten seiner Studenten beeindruckte das sehr.

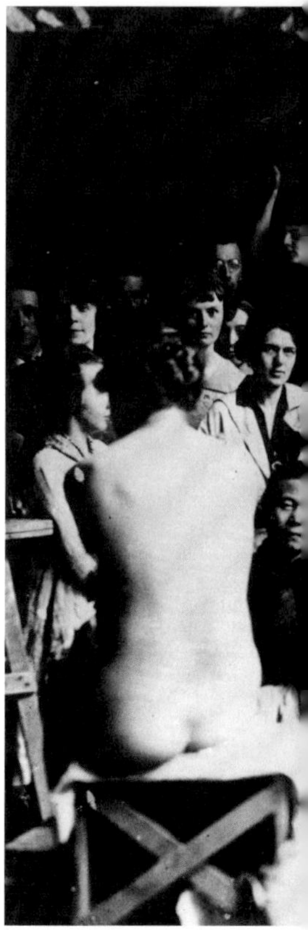

Vater Giacometti gelang es, den intensiven Blick seines Sohnes auf das Modell einzufangen, einen Blick, an den sich die Posierenden lebhaft erinnern (rechts, *Lo scultore*, 1923).

„Von jeher hat mich das menschliche Gesicht mehr als alles andere interessiert. Das ging sehr weit und ich erinnere mich, dass es mir als jungem Mann – ich war schon in Paris – passierte, dass ich mir unbekannte Leute so anstarrte, dass sie die Fassung verloren."
Giacometti an Jean-Marie Drot, 1963

Bourdelles Lektion

Giacometti gab 1955 einen Kommentar wieder, den Bourdelle 1925 zu einer seiner Skulpturen gemacht hatte, wohl ein Torso im Stil von Archipenko, in dessen Atelier Giacometti von 1922 bis 1923 arbeitete: „Man kann so was gern zu Hause machen, aber man zeigt es nicht her." Wenn man den Zusammenhang nicht kennt und das Werk, auf das sie sich bezieht, nicht mehr existiert, ist die Bemerkung nur schwer zu deuten. Gesi-

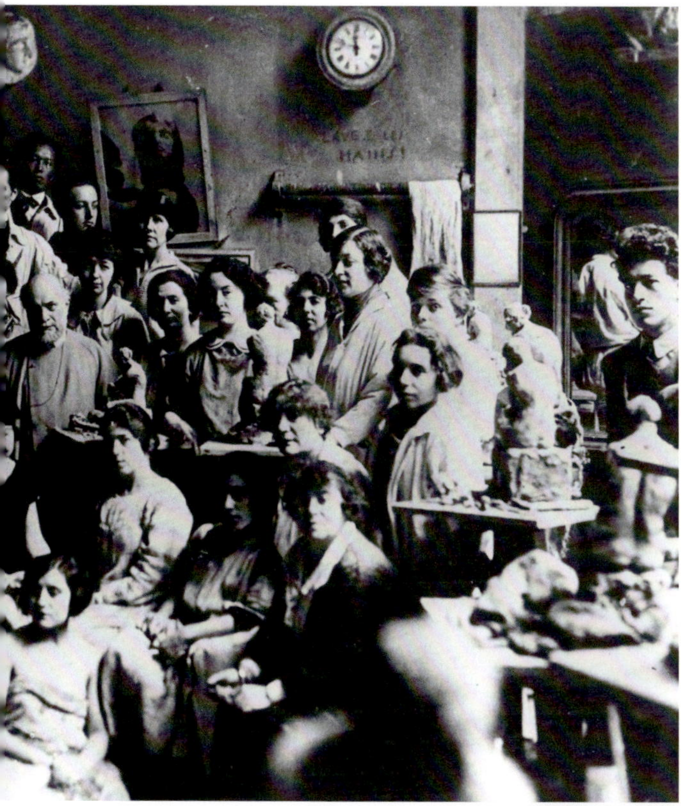

Im Atelier von Bourdelle an der Académie de la Chaumière fanden sich sehr unterschiedliche Zuhörer ein, darunter viele Frauen, für die der Zugang zur künstlerischen Ausbildung nur begrenzt möglich war. Unter ihnen Germaine Richier, die 1929 einen Schweizer Schüler Bourdelles heiratete, Giacomettis Freund Otto Bänninger. An diese Zeit erinnerte sich Giacometti 1947 wie folgt: „Es war unmöglich, eine Gestalt in ihrer Gesamtheit zu erfassen (wir waren viel zu nah dran am Modell), und wenn man von einem Detail ausging, einer Ferse, einer Nase, konnte man nie hoffen, beim Ganzen anzukommen. Aber wenn [...] man begann, ein Detail zu analysieren, die Nasenspitze zum Beispiel, war man verloren."

chert ist, dass zwischen Bourdelle und Giacometti keine Harmonie herrschte, da der junge Mann von Natur aus störrisch gegenüber Autoritäten war, auch wenn im Fall Bourdelles die Autorität eher moralischer Natur war. Alberto Giacomettis Briefe über Bourdelle klangen oft verächtlich. Giacometti hielt es mit seinem Vater, er glaubte nicht an den Fortschritt in der Kunst, empfand keine Begeisterung für neue Materialien wie Beton oder für die technische Moderne. Ebenso wenig teilte er das spiritualistische Interesse seines Lehrers an exotischen Kulturen. Andererseits bestand Bourdelle

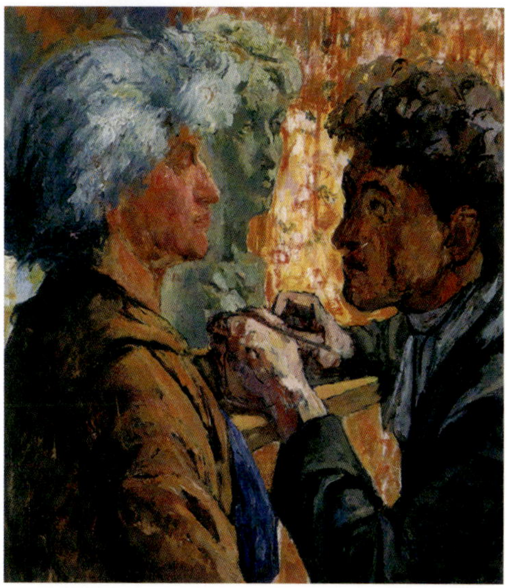

darauf, dass das Nachzeichnen und das Arbeiten aus dem Gedächtnis wichtig wären, beides behielt Giacometti zeit seines Lebens bei. Und so fand sich bei ihm mancher Widerhall auf Bourdelles experimentelle Arbeiten, wie das Denkmal für Onésime Reclus aus dem Jahr 1919, bei dem sich der Kopf aus einem massiven Block erhebt, dessen fein gearbeitete Facetten auf einen eingeschlossenen, fast mumifizierten Körper zu verweisen scheinen. Hier wurde die steinerne Figur vorweggenommen, die Giacometti zwischen 1930 und 1932 für den Garten der Noailles in Hyères schaffen sollte und bei der sich der Körper, als sei er in ein Leichentuch eingehüllt, nur erahnen lässt. Auch Bourdelles Forschungen zur Vielfarbigkeit hat Giacometti aufmerksam

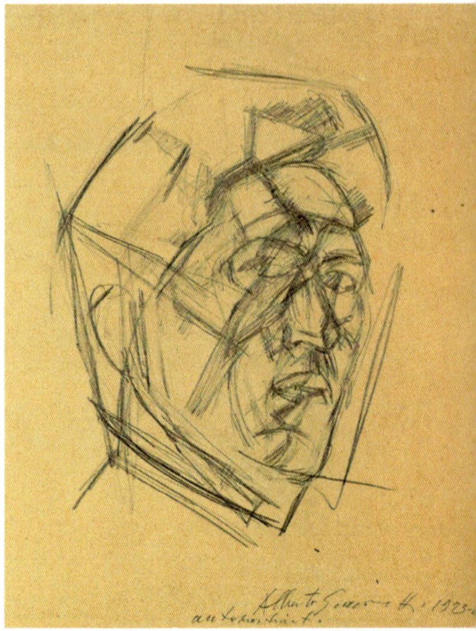

GIACOMETTI, Alberto — Suisse — 37, rue Froidevaux, Paris.
865. Sculpture, s.
866. Buste, s.

studiert, reichte doch sein Interesse für bemalte Skulpturen bis in seine Kindheit zurück, wenn man einer von ihm selbst erzählten Anekdote Glauben schenkt: Angeblich habe er eine weiße Marmorbüste, die Niederhausen-Rodo von seinem Vater geschaffen hatte, in rosafarbenen, roten und blauen Tönen bemalt, um sie dem Vorbild ähnlicher zu machen. In seiner Zeit an der Grande-Chaumière konnte sich Giacometti, der stark von ägyptischer Kunst beeinflusst war, Form ohne Farbe nicht vorstellen, und wir wissen, dass er viele bunte Gipsarbeiten herstellte, die aber fast alle verschwunden sind. Aus dem Jahr 1926 ist neben dem *Kopf* von Flora Mayo eine Figur in kubistischer Manier erhalten, die mit kräftigen Farben – in Blau-, Rosa-, Rot- und Gelbtönen – bemalt ist. Die Versuche, die Unterscheidung zwischen Malerei und Bildhauerei hinter sich zu lassen und die Farbe in die Form zu integrieren, nahm Giacometti 1950, 1962 und 1964 wieder auf, als er Serien seiner Bronzen bemalte.

Als Giacometti die ersten Male am Salon teilnahm, trugen die von ihm ausgestellten Werke keine Titel (links). Diese gewollte Ungenauigkeit zeigte den Wunsch, dem Werk jedes anekdotische Element zu nehmen. Nach seiner surrealistischen Phase kam Giacometti, von einer kurzen Zeitspanne in der Nachkriegszeit abgesehen, auf diese Praxis zurück: „Männliche Büste“, „Gestalt“, „Stehender Akt“ betitelte er die meisten seiner Skulpturen. Seine Selbstportraits, ein Genre, in dem er sich sein Leben lang übte, zeigen dieselbe Distanz dem Sujet gegenüber, obwohl es sich um ihn selbst handelt.

Die Entdeckung der primitiven Kunst und die Entwicklung eines eigenen Stils.

Angestachelt von seinem Vater, entschied sich Giacometti Anfang 1927, in Paris zu bleiben und dort Karriere zu machen. Er löste sich aus Bourdelles Einflussbereich und suchte bei Zadkine Rat, 1928 bei Lipchitz, der als Leiter der Schule für kubistische Plastik beträchtlichen Einfluss hatte. Noch kannten nicht viele Menschen Giacometti, er bewegte sich hauptsächlich im Umfeld einer Gruppe italienischer Künstler, mit denen er 1927 und 1928 in Paris ausstellte, darunter Massimo Campigli und Gino Severini.

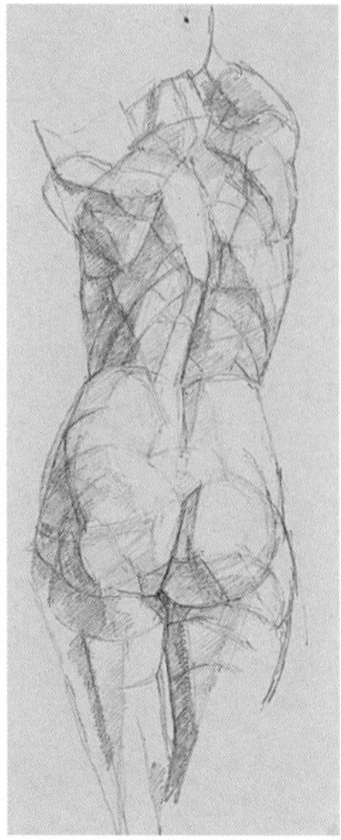

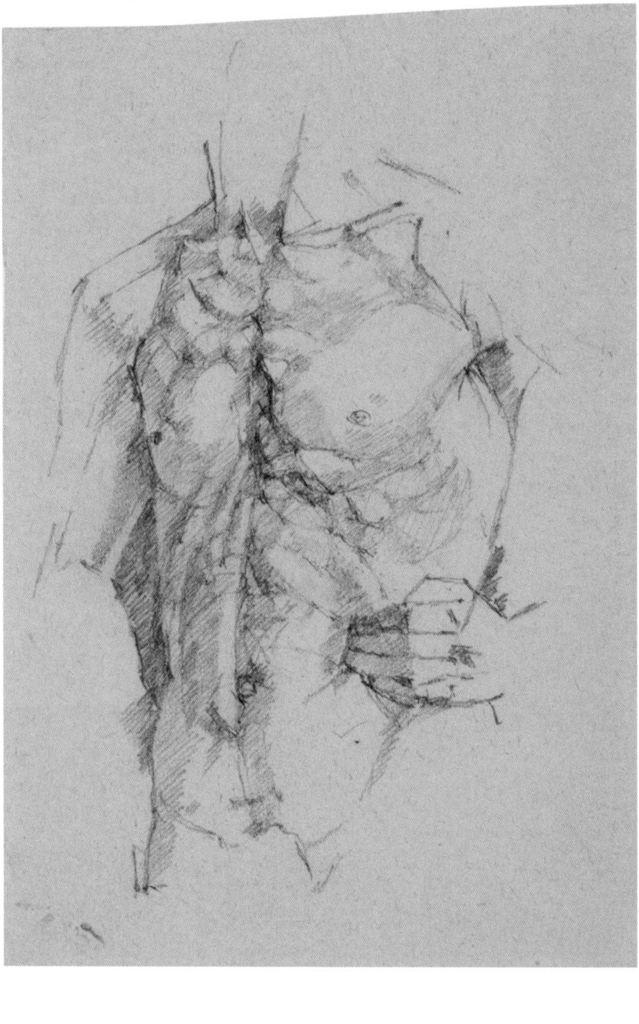

Ob an der Akademie oder im Atelier – Giacometti arbeitete mit Blick auf ein Modell, dessen Körperlichkeit er zu fassen versuchte und das er in Facetten zerlegte. Wenn man zu lange hinsieht, „löst sich die Form auf, es bleiben nur sich bewegende Punkte vor einer schwarzen, tiefen Leere, der Abstand zwischen den Nasenflügeln ist groß wie die Sahara, es gibt keine Grenze, man kann nichts fixieren, alles entzieht sich."

„Ich arbeite und Ende Mai werde ich ein paar Dinge fertig haben, sodass ich eine Auswahl [für den *Salon des Tuileries*] treffen kann. [...] Eine davon wird die Büste der Amerikanerin sein, mit der ich gut vorankomme."

Giacometti an seine Familie, 1. April 1926

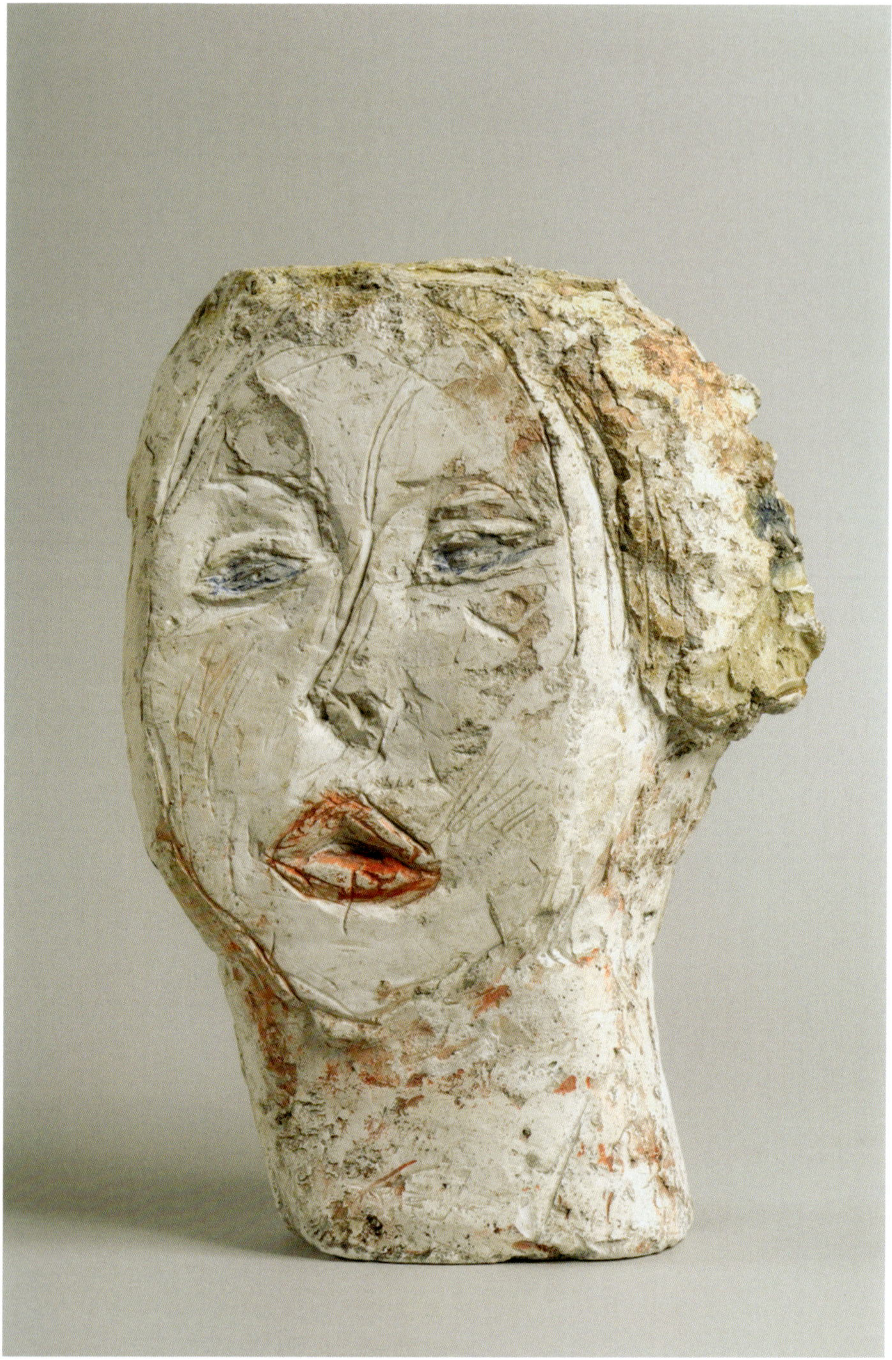

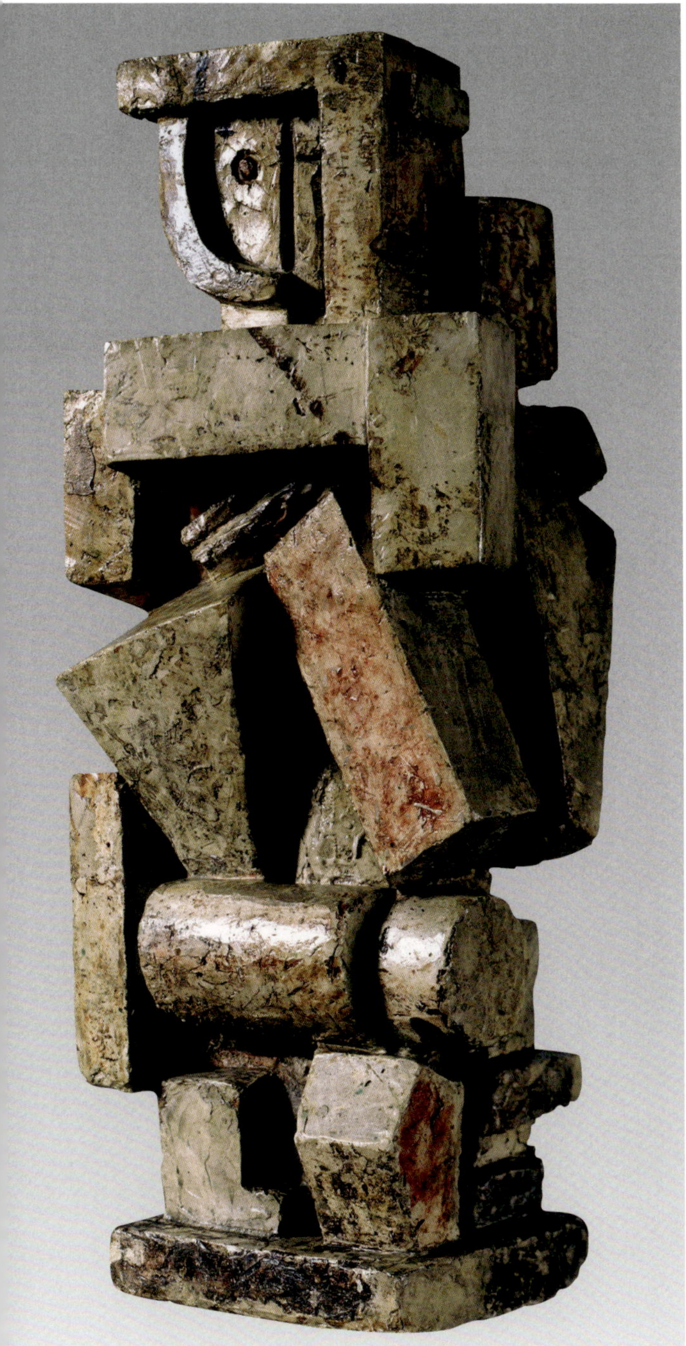

Der *Kopf* von Flora Mayo (linke Seite), einer 1898 in Denver geborenen Amerikanerin, die im Frühjahr 1925 an der Grande-Chaumière ihr Studium aufnahm und mit der Giacometti eine Affäre hatte, ist eines der seltenen Zeugnisse der Bildhauerei jener Zeit, in der der Künstler seiner eigenen Aussage zufolge „keine Skulpturen ohne Farbe mehr ertrug" und sie nach der Natur bemalte. Trotz der archaischen Anmutung handelt es sich um eine moderne junge Frau, wie der sehr rote Mund und die kurzen, blond gelockten Haare zeigen.

Die „kubistisch" genannte Figur (links) wurde 1926 im *Salon des indépendants* unter dem Titel *Figure I* ausgestellt, ehe Giacometti sie noch einmal bearbeitete und bemalte. Wie der *Kopf* von Flora Mayo zeugt sie von kreativer Anwendung von Vielfarbigkeit. Statt die Form durch farbige Flächen zu betonen, wird die Farbe – zartes Rosa, Rot, Blautöne – in den frischen Gips gemischt. Dass die Oberfläche heute seidig erscheint, kam durch den Trennstoff, der beim Abguss 1962 verwendet wurde. Das Werk gehörte, so erinnerte sich Giacometti, zu seiner „Sammlung von Versuchen, die sich dem Kubismus annäherten" – in diesem Fall ist Lipchitz' Einfluss klar erkennbar.

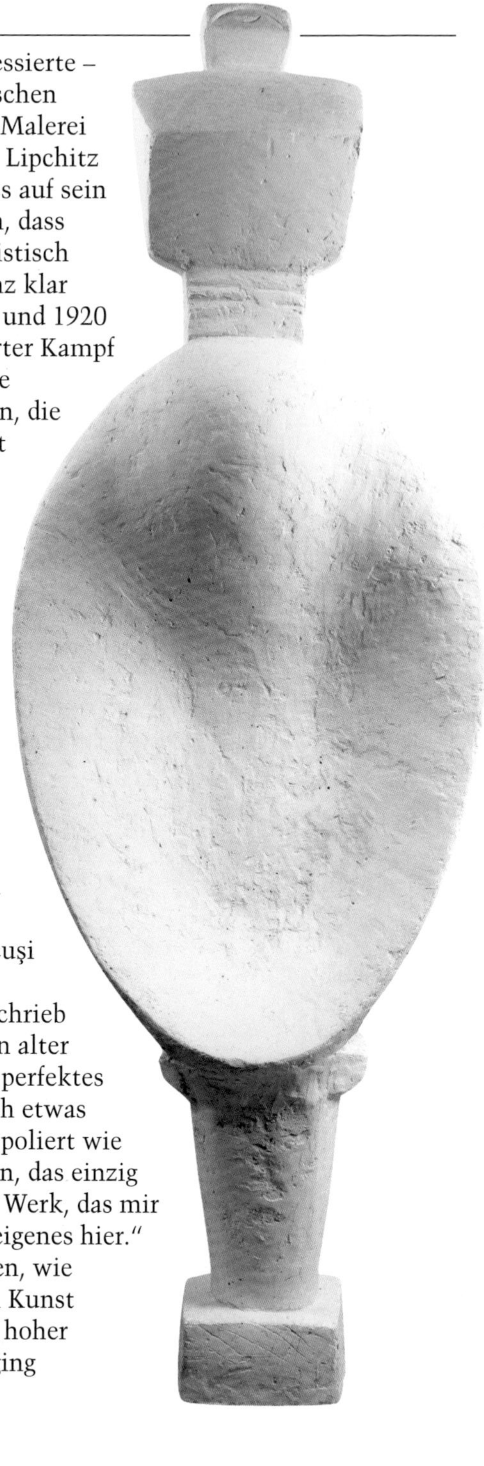

Auch wenn ihn Zadkines Kunst interessierte – wie er den Block und den fragmentarischen Körper behandelte, wie er Zeichnung, Malerei und Skulptur mischte –, so hatte doch Lipchitz unzweifelhaft den prägendsten Einfluss auf sein Werk. Lipchitz sollte später behaupten, dass Giacometti sein Schüler war. Die kubistisch inspirierte Figur von 1926 erinnert ganz klar an Werke, die Lipchitz zwischen 1917 und 1920 schuf. 1955 sollte übrigens ein erbitterter Kampf zwischen den beiden Männern über die *Femme-cuillère (Löffelfrau)* ausbrechen, die Giacometti irrtümlich auf 1926 datiert hatte – genau das Jahr, in dem eine bedeutende Totem-Figur von Lipchitz entstand. Gemälde von Fernand Léger, die er als Skulpturen nachbildete, und Skulpturen von Brâncuşi erweckten ebenfalls Giacomettis Aufmerksamkeit.

Im April 1927 stellte Giacometti zwei Werke im Salon des Tuileries aus, *Couple (Paar)* und die *Löffelfrau*. Zu seiner freudigen Überraschung stellte er fest, dass die Organisatoren die *Löffelfrau* im avantgardistischsten Raum der Ausstellung platziert hatten, mit *Oiseau dans l'espace (Vogel im Raum)* aus poliertem Metall von Brâncuşi und einer Skulptur Zadkines, *Oiseau (Vogel)*, aus roter Bronze. Giacometti schrieb seiner Familie: „Brâncuşi (der schon ein alter Bildhauer mit weißem Bart ist) hat ein perfektes Werk, doch seine Arbeit hier drängt sich etwas zu sehr auf, das schöne Metall ist glatt poliert wie ein Spiegel. Aber es ist schön anzusehen, das einzig gelungene Stück im Salon. Das einzige Werk, das mir tatsächlich stärker erscheint als mein eigenes hier." Seine beiden ausgestellten Werke zeigten, wie befreiend der Einfluss der afrikanischen Kunst seit Kurzem auf Giacometti wirkte, ihr hoher Stellenwert in künstlerischen Kreisen ging auf die Kubisten zurück.

Das *Paar*, das wie eine doppeltes Totem erscheint, bezieht manche Motive ebenfalls aus der Höhlenmalerei, die im gleichen Maß wie afrikanische Kunst Ende der 1920er Jahre sehr angesagt war. Primitive Kunst, sei sie nun afrikanisch, ozeanisch oder prähistorisch, stellte den Status des Kunstwerks an sich und die Art seiner Präsentation infrage und half Giacometti, sich von der akademischen Lehre abzugrenzen – denn die Kunstwerke der Primitiven wirkten über die rein ästhetische Befriedigung hinaus und erfüllten eine gesellschaftliche Funktion.

Giovanni Giacometti war begeistert vom Erfolg seines Sohnes beim *Salon des Tuileries* von 1927: „Mein

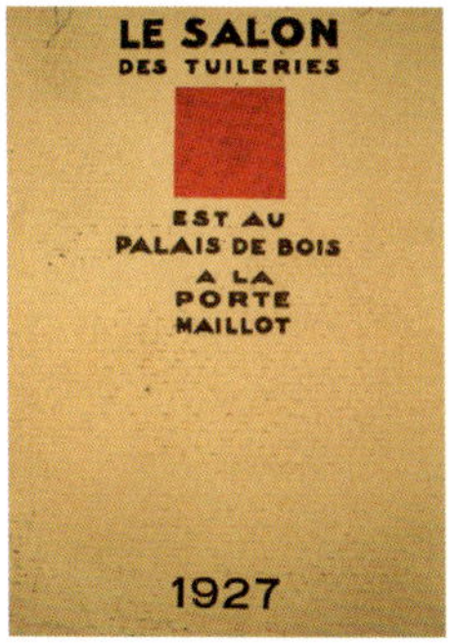

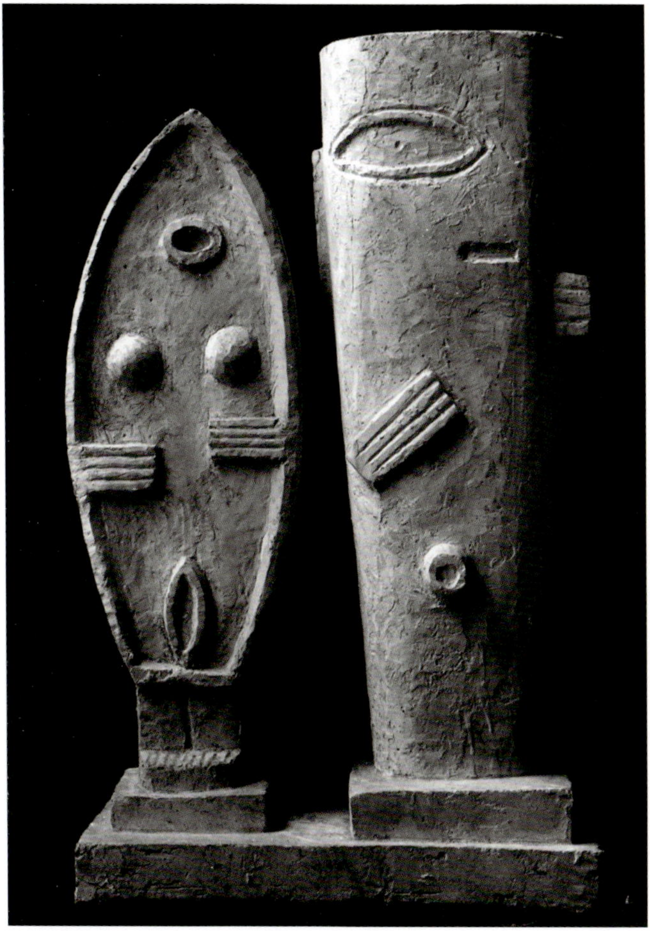

Im Jahr 1923 gründete Antoine Bourdelle gemeinsam mit dem Maler Albert Besnard und dem Architekten Auguste Perret den *Salon des Tuileries*. Die Schauen zeigten sehr unterschiedliche Werke, die nicht alle avantgardistisch waren, aber alle Künstler mit avantgardistischen Ambitionen wollten dort 1925 ausstellen, als Giacometti zum ersten Mal teilnahm. 1926 hielt der Kunstkritiker Tériade fest, dass dieser neue Salon „aus dem künstlerischen Scheitern des alten Salon hervorgegangen" sei und dass dort „die meisten guten Maler von heute" vertreten seien. 1927 stellte Giacometti dort zwei viel beachtete Skulpturen ohne Titel aus, die heute unter den Namen *Couple (Paar)* (links) und *Femme-cuillère (Löffelfrau)* (li. Seite) berühmt sind.

Traum war es, Paris zu erobern, aber nun seid ihr es, die die Stadt mit eurer Bildhauerei, eurem Design [Diego] und eurer Architektur [Bruno] erobert." Der jüngere Bruder Bruno (geb. 1907) studierte Architektur und Diego (geb. 1902) ging kurz bei einem Industriedesigner in die Lehre.

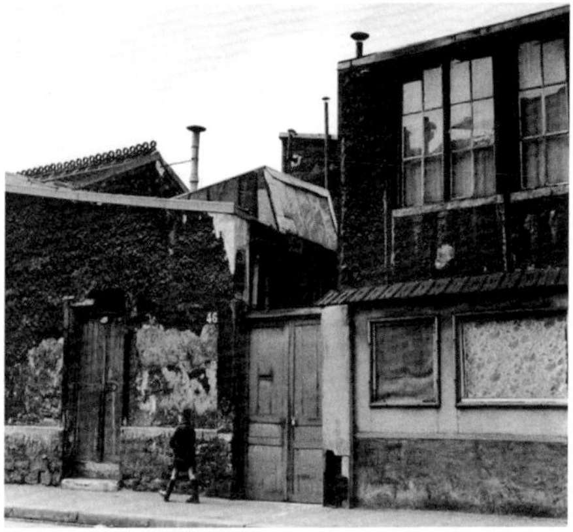

Umzug in die Rue Hippolyte-Maindron

Seit Giacometti im Herbst 1922 in Paris angekommen war, hatte er überall in Montparnasse verschie-

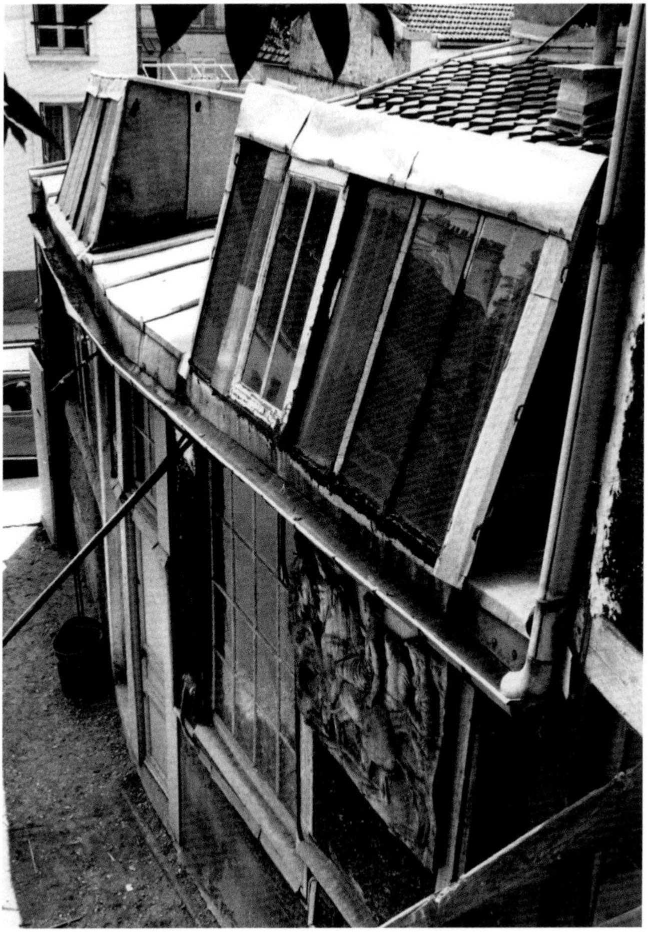

Das Atelier, das Giacometti ab Dezember 1926 nutzte, gehörte zu einer Künstlersiedlung, die 1923 von ihrem Eigentümer, einem gewissen Charreyron, „Händler von Büsten und Figuren aus Gips und Ton", gegründet wurde. Im Erdgeschoss, das an der Rue Hippolyte-Maindron lag, gab es zwei Ateliers rechts und drei links (darunter das von Giacometti) sowie dahinter ab 1933 die winzige Werkstatt und den Laden eines Schusters. Im ersten Stock befanden sich mindestens zwei Ateliers. 1932 erweiterte der Besitzer den Bau zur Rue du Moulin-Vert hin um zwei Stockwerke und brachte dort sieben weiter Wohnateliers unter; Victor Brauner und Yves Tanguy sollten dort einziehen. Die Ausstattung von Giacomettis Atelier war spartanisch. Auf dem kleinen Bücherregal thronte ein Selbstportrait in Gips (rechte Seite, oben).

dene Ateliers genutzt. Zuerst wohnte er in der Rue Denfert-Rochereau 77 im ehemaligen Atelier von Archipenko, das er aufgab, als er im Juli 1923 für den Sommer in die Schweiz zurückkehrte. Während des Studienjahres 1923/24 wohnte er in einem Stadthaus in der Rue Saint-Sulpice 13. 1925 bezog er ein echtes Atelier in der Rue Froidevaux 37, wo eine Halle von fünfzehn mal sechs Metern ab 1923 in ein Atelierhaus mit Erdgeschoss und erstem Stock umgewandelt wurde, in dem ein Treppenhaus im Inneren je vier Ateliers pro Etage verband. Sein Atelier im ersten Stock muss weniger als 20 Quadratmeter gehabt haben. Giacometti beklagte sich, dass es schwierig wäre, dort zu arbeiten; für einen Bildhauer war der erste Stock natürlich wenig komfortabel und der Platz sehr begrenzt. Deshalb suchte er im Herbst 1926 ein neues Atelier und fand es in der Rue Hippolyte-Maindron 46. Er bezog es am 1. Dezember 1926 und unterschrieb den Mietvertrag am 1. Januar 1927.

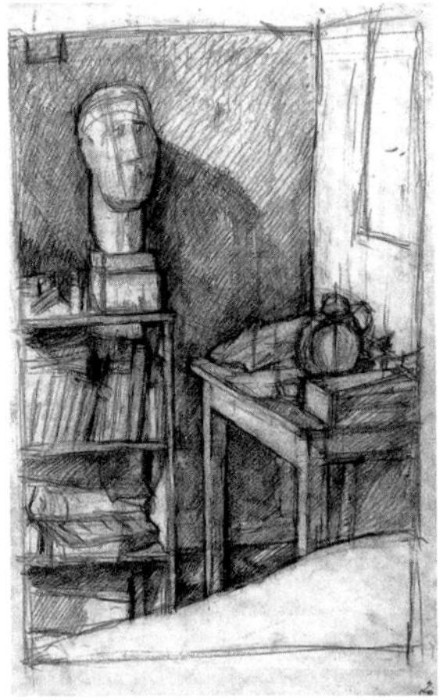

Eines der wenigen Kunstwerke, die Giacometti gekauft hat, war eine afrikanische Maske, die man auf dem Bild von 1927 auf seinem Tisch erkennt.

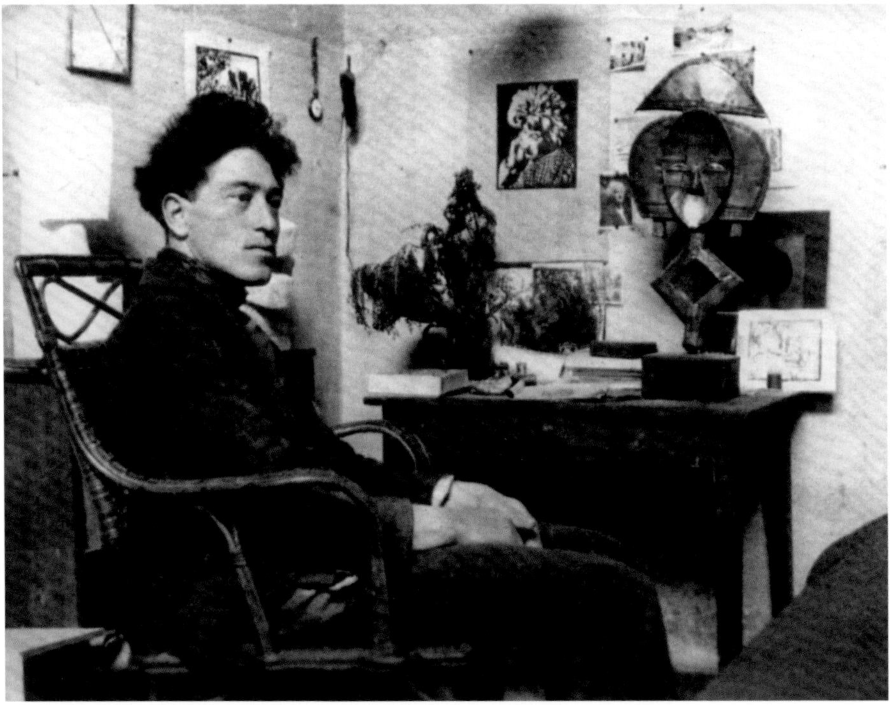

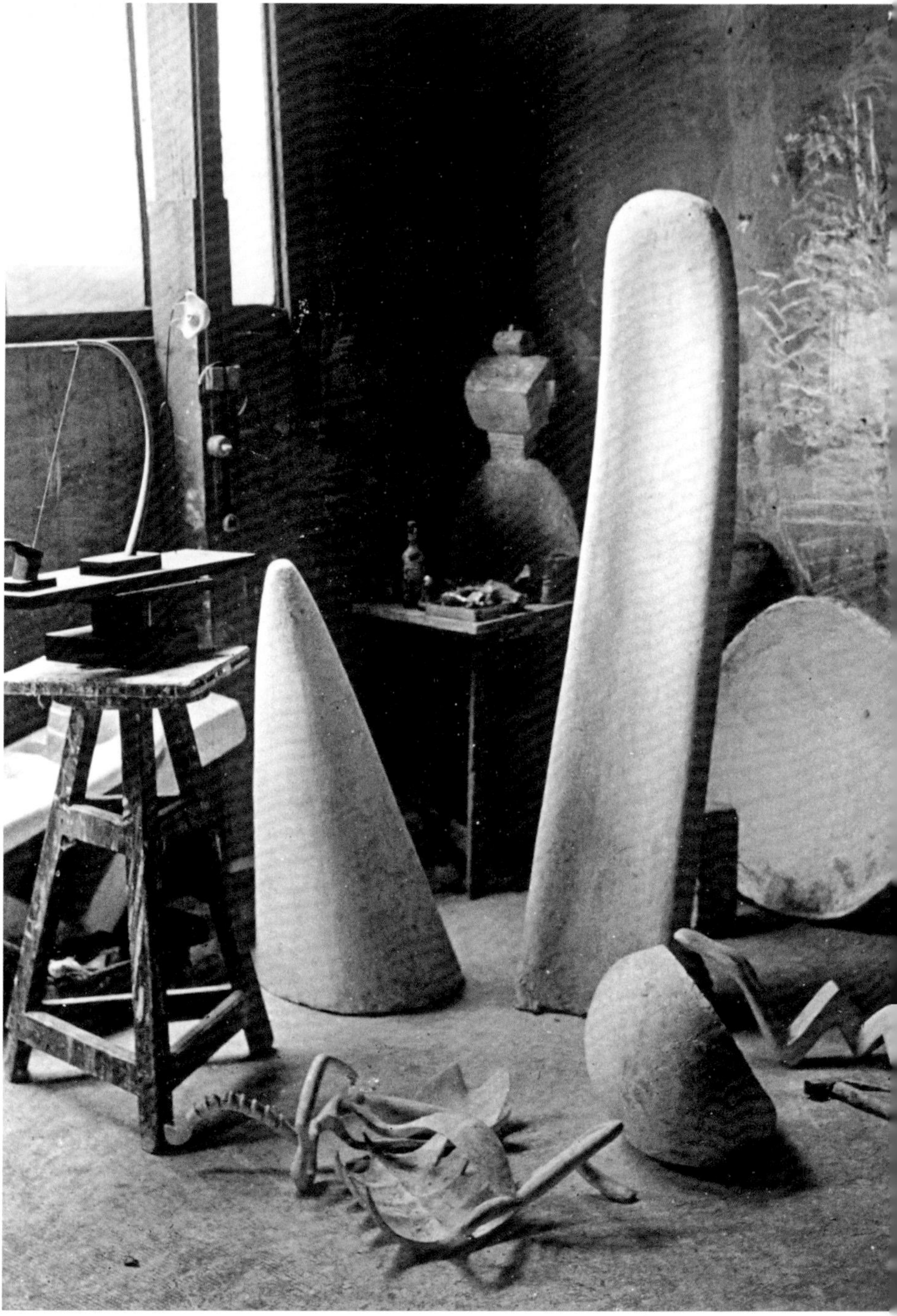

„Seit Jahren habe ich nur Skulpturen gemacht, die schon fix und fertig in meiner Vorstellung waren, ich habe mich darauf beschränkt, sie im Raum real werden zu lassen, ohne irgendeine Änderung vorzunehmen, ohne mich zu fragen, was sie bedeuten könnten [...]. Nichts ist je vor meinem inneren Auge in Form eines Gemäldes aufgetaucht, selten sehe ich eine Zeichnung vor mir. Versuche, denen ich mich manchmal ausgesetzt habe, bewusst ein Bild zu malen oder eine Skulptur zu schaffen, sind immer gescheitert."

Alberto Giacometti, *Minotaure*, 3–4, 12. Dezember 1933

KAPITEL 2

IN DER ZEIT DES SURREALISMUS

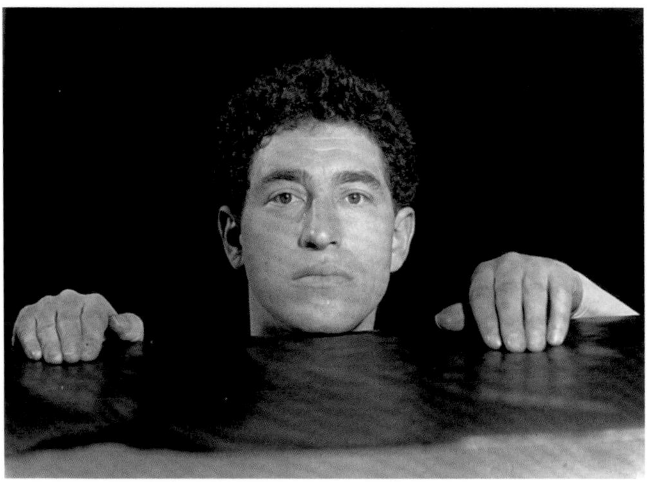

Giacometti war zu einem angesagten Künstler geworden und posierte gern für Fotografen, darunter auch für die, die enge Verbindungen zum Surrealismus hatten, wie Boiffard (re., 1931) und Man Ray, 1932. Brassaï fotografierte das Atelier 1933 für eine Ausgabe der Zeitschrift *Minotaure* (linke Seite). Im Vordergrund die Gipsskulptur *Frau mit durchschnittener Kehle*, im Hintergrund die *Löffelfrau*.

Plötzliche Berühmtheit

Durch seinen Freund, den Maler Massimo Campigli, kam Giacometti 1929 in Kontakt mit Jeanne Bucher, die im März eine Galerie eröffnen wollte. Giovanni, der Anfang des Jahres in Paris war, traf sie und gab seinem Sohn zu verstehen, dass sie einen „guten Eindruck" auf ihn machte. Im April war sie dabei, als Giacometti Werke auswählte, die er in einer Gruppenausstellung „italienischer Künstler in Paris" in der Galerie Zak in Saint-Germain-des-Prés zeigen wollte. Sie verkaufte eine erste Arbeit an eine argentinische Sammlerin, eine Frau de Alvear, die zu Giacomettis Freude mit dem General verwandt war, für den Bourdelle ein Denkmal geschaffen hatte. Jeanne Bucher zeigte Giacomettis Skulpturen auch dem Maler André Masson, dem Kopf eines abtrünnigen surrealistischen Zirkels, und nachdem er die Werke für gut befand, beschloss sie, einige von ihnen ab dem 24. Mai 1929 in der Campigli-Ausstellung ihrer Galerie zu zeigen. Inzwischen hatte Giacometti, möglicherweise durch Massons Vermittlung, den deutschen Kunsthistoriker und -kritiker Carl Einstein kennengelernt, der seit 1928 in Frankreich lebte. Einstein war mit den großen internationalen Kunsthändlern Kahnweiler, Wildenstein und Flechtheim befreundet und wurde für den jungen Künstler gegen Ende April 1929 zu einer Art Agent. Er ließ Marc Vaux Bilder der Werke anfertigen, um sie an seinen ausländischen Bekanntenkreis zu versenden, schickte Kahnweiler und Flechtheim im

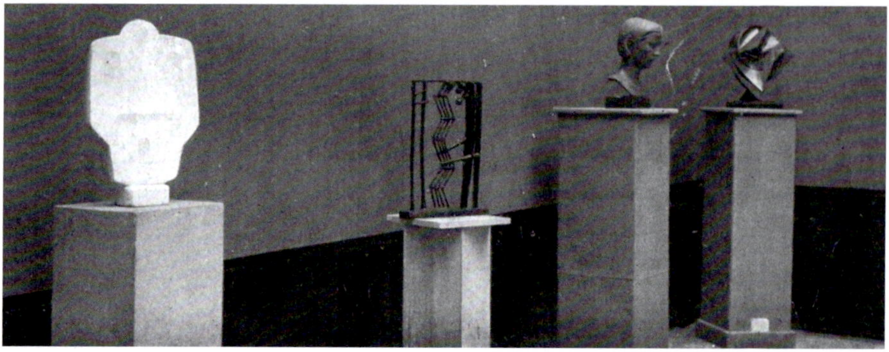

Ich mag Giacomettis Plastiken, weil alle
seiner Krisen ist, die Intensität eines Ab

Im kosmopolitischen Paris der Zwischenkriegszeit konnte sich Giacometti, der Deutsch, Italienisch und Französisch sprach, zwischen verschiedenen Kreisen hin und her bewegen und verschiedene Nationalitäten beanspruchen. Im November 1929 nahm er an einer bedeutenden internationalen Ausstellung mit deutsch-französischem Schwerpunkt in der Galerie Georges Bernheim teil (oben), die mit Unterstützung von Christian Zervos, Leiter der Zeitschrift *Cahiers d'art*, vom Kunstkritiker Tériade organisiert wurde. Unter den ausgestellten Werken befanden sich *Homme plat* (*Flacher Mann*) aus Gips und eine „transparente Konstruktion" aus Bronze, ein „Skelett im Raum". Der Berliner Händler Alfred Flechtheim besuchte Giacomettis Atelier am 27. Oktober 1929 und erklärte ihm wörtlich: „Ich bin Abnehmer."

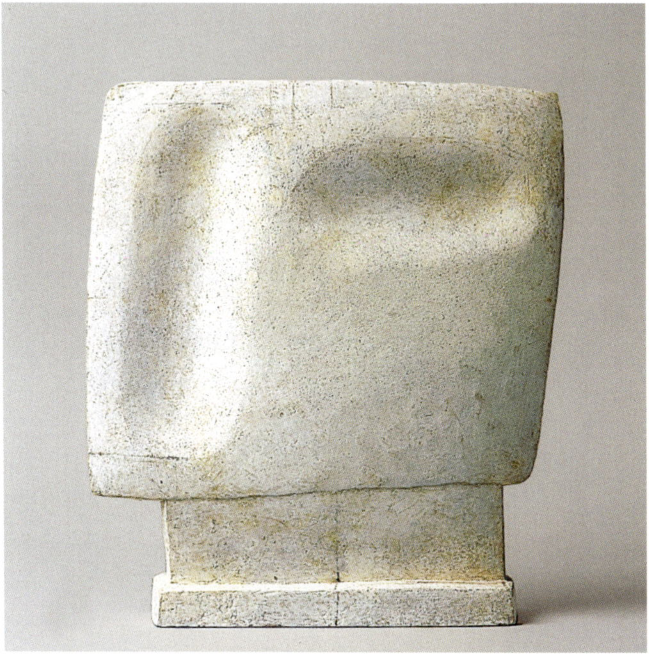

Zwei Arbeiten aus Gips, *Blickender Kopf* (links) und *Frau* (unten, Bronzeausführung) verhalfen Giacometti zu Aufmerksamkeit. Der einflussreiche Kunstkritiker Tériade bezeichnete sie in *L'Intransigeant* vom 10. Juni 1929 als „sehr besonders", Jean Cocteau und Christian Bérard waren schlagartig begeistert und wollten den Künstler kennenlernen. Durch sie kam er kurz darauf in Kontakt mit der Galerie Pierre und dem Kreis um die Noailles, darunter dem Autor René Crevel und dem Innenausstatter Jean-Michel Frank.

as er hervorbringt, wie die Versteinerung einer uers, das schnell eintritt und sofort erstarrt.

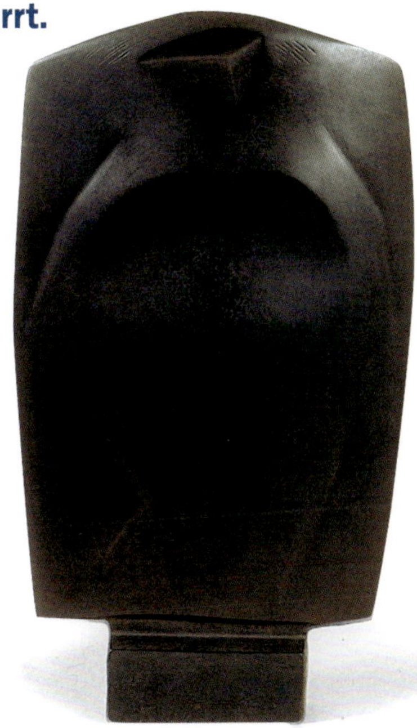

Atelier vorbei und konnte es einfädeln, dass ein ausschließlich Giacometti gewidmeter Artikel in der neuen Zeitschrift *Documents* erschien, die er gemeinsam mit Georges Bataille und mit Wildensteins Geld gegründet hatte. Als Michel Leiris' Artikel im September 1929 erschien, hatte Giacometti seit Juni einen Vertrag mit Pierre Loeb, dem Eigentümer der Galerie Pierre, und er hatte es in den künstlerischen Kreisen der Avantgarde zu Bekanntheit gebracht, etwa bei den Noailles.

Der surrealistische Bildhauer

Giacometti hat André Masson Anfang 1929 kennengelernt, doch den Anhängern der „offiziellen" Surrealisten um den Schriftsteller und Theoretiker André Breton begegnete er erst Ende des Jahres.

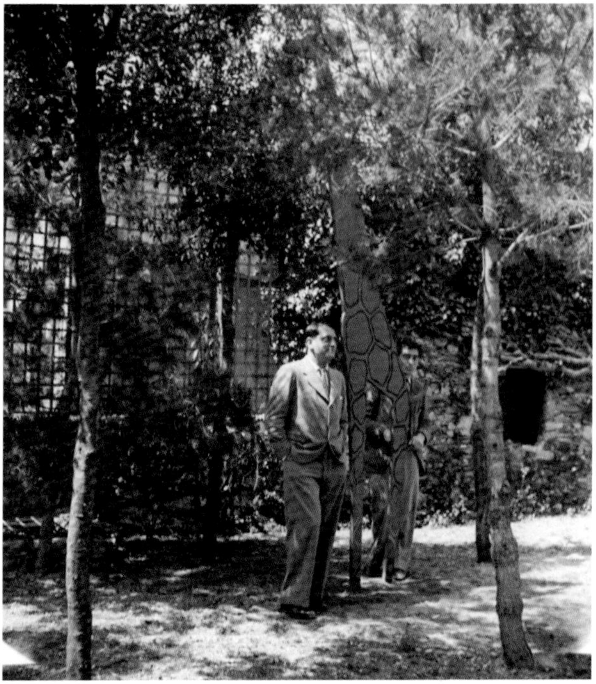

Seit der Ausstellung „La peinture surrealiste" 1925 promotete Pierre Loeb die künstlerischen Aspekte der Bewegung. Giacomettis „Anhängerschaft" an den Surrealismus begann im Jahr 1931 (so hat es Breton festgehalten) oder Ende 1930, als das Ehepaar Noailles die umstrittene Aufführung von Buñuels und Dalís Film *L'Âge d'or* organisierte.

Die „Skulpturen-Objekte", an denen Giacometti seit 1927 arbeitete, trafen selbstverständlich ins Herz des surrealistischen Interesses, weil sie den Status des Künstlers und die Funktion des Kunstwerks hinterfragten. Ab 1930 fertigte Giacometti Gipsabdrücke, die er teilweise kolorierte und einem Schreiner anvertraute, damit er sie in Holz nacharbeitete – der Künstler selbst legte also nicht mehr am finalen Objekt Hand an. Surrealistische Schwerpunkte – Inspiration aus Träumen, Mitwirken des Zufalls, Interesse an Sex und Politik – deckten sich mit seinen.

Als 1931 die *Schwebende Kugel* gezeigt wurde, glaubte Breton in Giacometti den Bildhauer gefunden zu haben, der der Bewegung noch fehlte. Dieser trat in einen eifrigen Austausch mit Breton, wie man seinen Notizheften und der Korrespondenz entnehmen kann. Breton sprach ihn als „Kind und Freund" an; Giacometti seinerseits staunte in einem nicht abgeschickten Briefentwurf über Bretons Komplexität: „Man weiß nicht, an wen man schreibt, du vereinst viele Persönlichkeiten, wirklich viele, in wenigstens vier Dimensionen und dazu noch ein paar unbekannte."

Für das Festival, das die Noailles im April 1932 in Hyères organisierten, entwarf Giacometti die Giraffe, die eine von Luis Buñuel (oben, mit Giacometti) ersonnene Performance begleitete. Jeder Fleck der Holzgiraffe ließ sich anheben und gab den Blick auf einen Text frei, der Leser musste daraufhin eine Handlung durchführen. Die Giraffe wurde in den Werkstätten von Jean-Michel Frank gebaut.

Rechte Seite: Giacometti, Nush und Paul Éluard mit Jacqueline Lamba und André Breton bei deren Hochzeit am 14. August 1934.

Giacomettis Beziehung zur Bewegung verlief nicht ohne Zusammenstöße. 1931 weigerte er sich, an der Antikolonialismus-Ausstellung teilzunehmen, die die Surrealisten in Vincennes veranstalteten. 1932 wurde er kurzerhand ausgeschlossen, als er für Aragon Partei ergriff. Giacometti konnte Bretons autoritäre Haltung nur schwer ertragen, obwohl er ihn sehr bewunderte, und zwischen 1932 und 1934 wurde Breton in Fragen über die Kunst und das Leben zu seinem bevorzugten Gesprächspartner, vor allem, nachdem im Juni 1933 Giacomettis Vater gestorben war. Am 4. August 1934 war Giacometti gemeinsam mit Éluard Trauzeuge bei Bretons Hochzeit mit Jacqueline Lamba in der Mairie des 9. Arrondissements.
Im September desselben Jahres betraute Breton Giacometti mit der Illustration der Gedichte in *L'Air de l'eau (Die Melodie des Wassers)*, dem Buch, das seine Vereinigung mit Jacqueline feierte.
In einem 1934 veröffentlichten Artikel beschrieb André Breton die Entstehung von *L'Objet invisible (Das unsichtbare Objekt)*, vor allem aber seinen

Die literarische Vorherrschaft von Bretons Surrealismus begeisterte Giacometti, und er kultivierte in diesem Kontext seine Talente als Schriftsteller. Bedeutende Texte von ihm erschienen in Zeitschriften wie *Le Surréalisme au service de la révolution* und *Minotaure*, und er nahm an von Breton organisierten Spielen teil, bei denen Worte frei assoziiert wurden. In den 1930er Jahren freundete sich Giacometti mit Paul Éluard, René Crevel, Tristan Tzara, René Char, Pierre Reverdy, Louis Aragon und Michel Leiris an. Er hielt ihnen sein Leben lang die Treue und schuf Portraits all dieser Autoren oder illustrierte ihre Bücher bis in die 1960er Jahre.

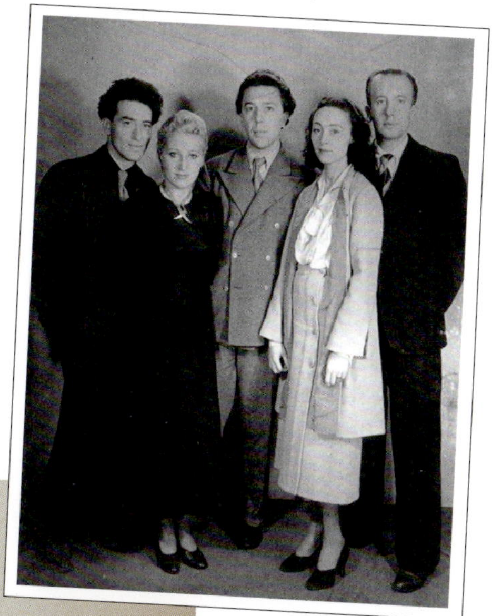

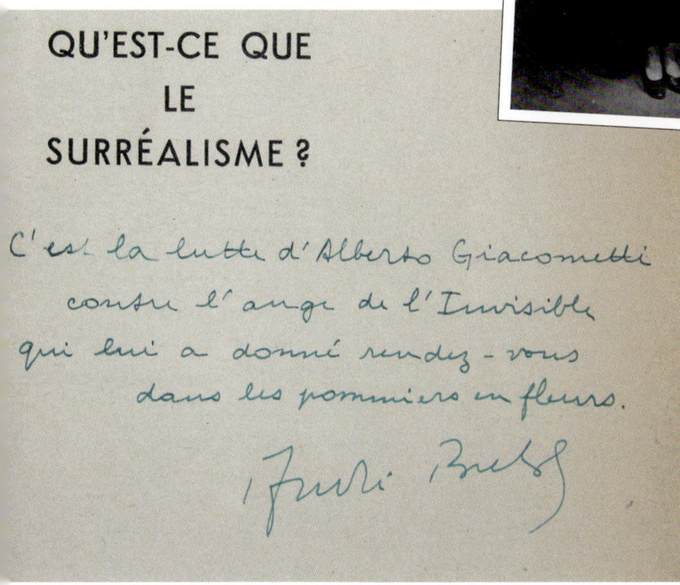
QU'EST-CE QUE LE SURRÉALISME ?

C'est la lutte d'Alberto Giacometti contre l'ange de l'Invisible qui lui a donné rendez-vous dans les pommiers en fleurs.

André Breton

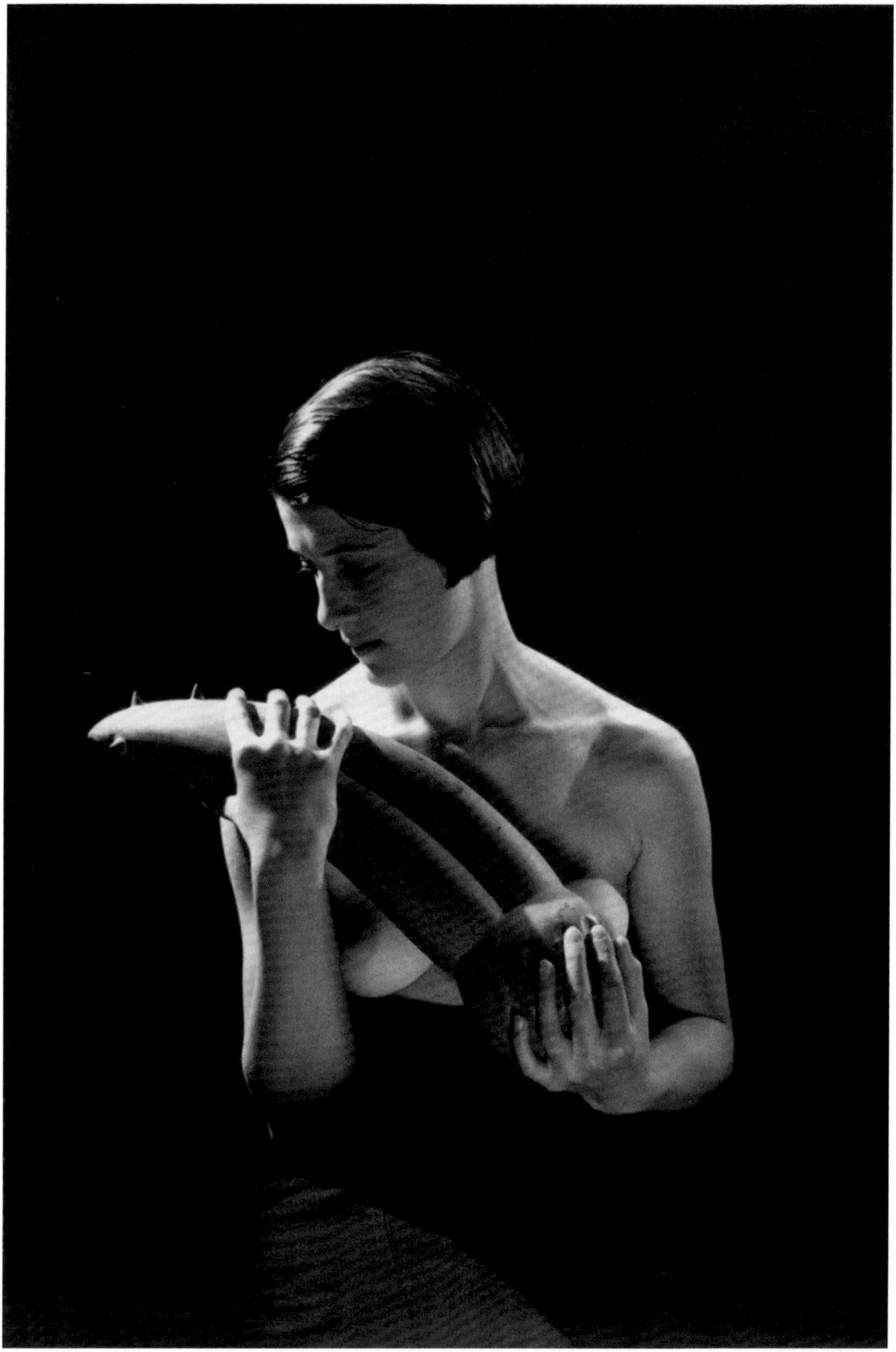

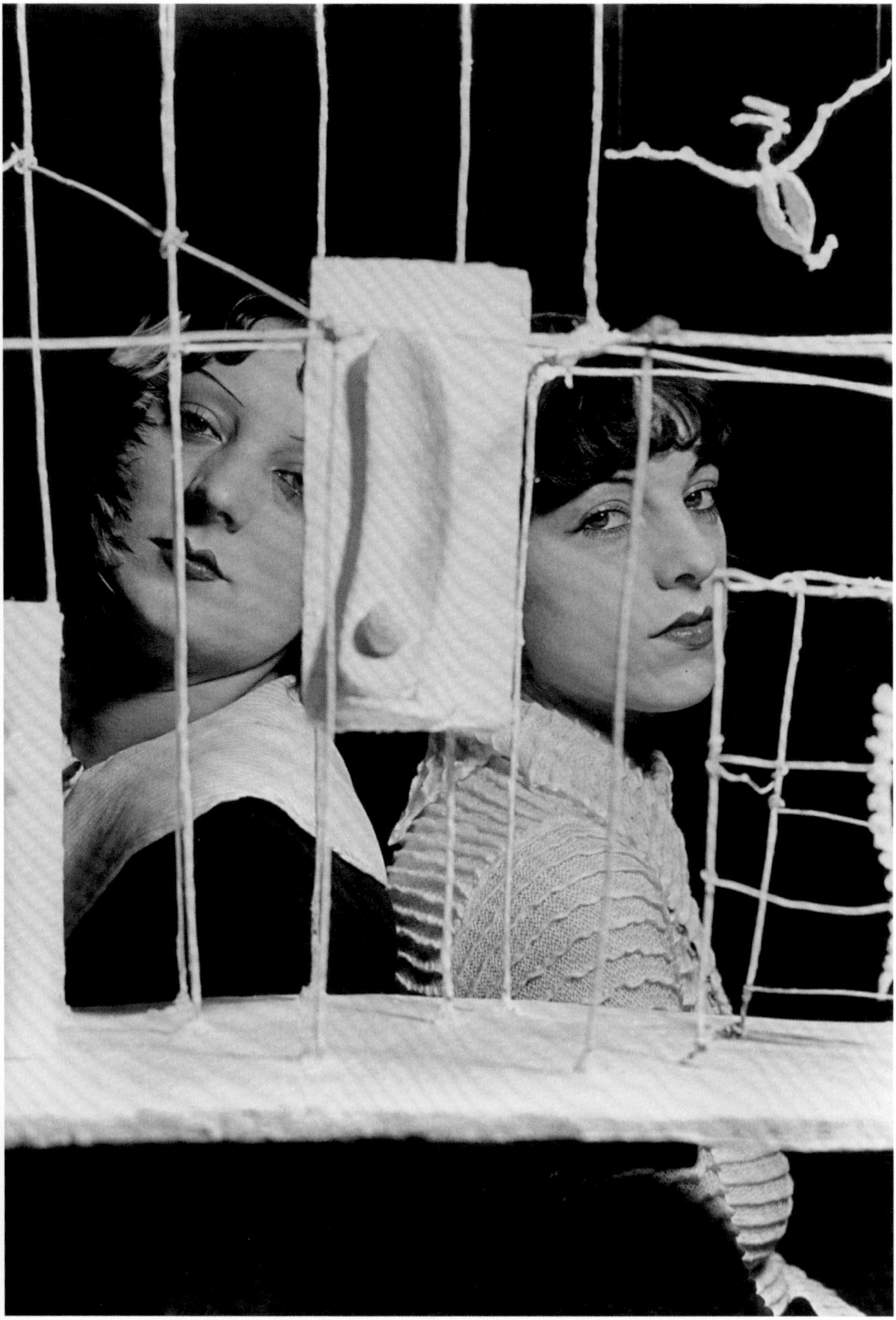

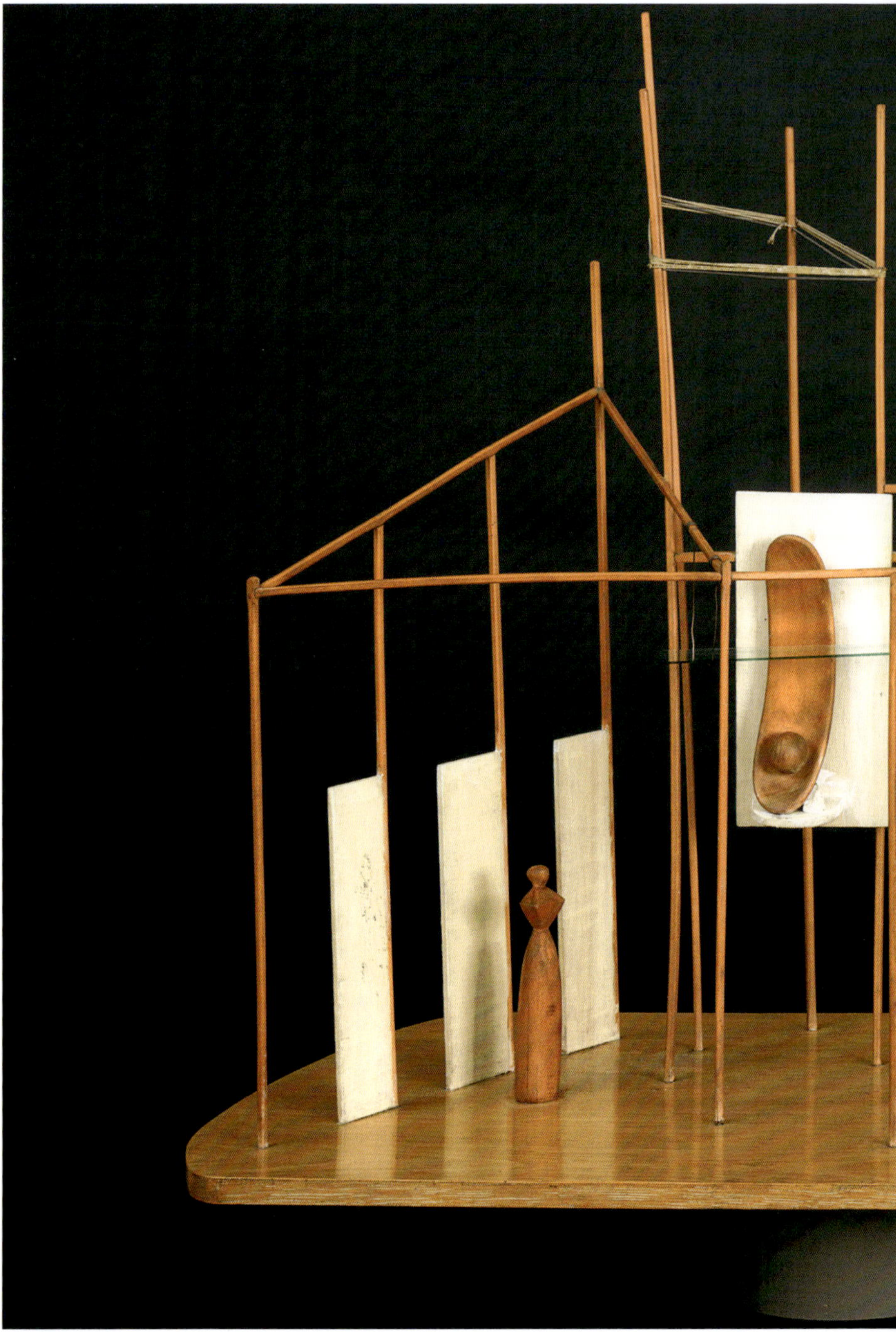

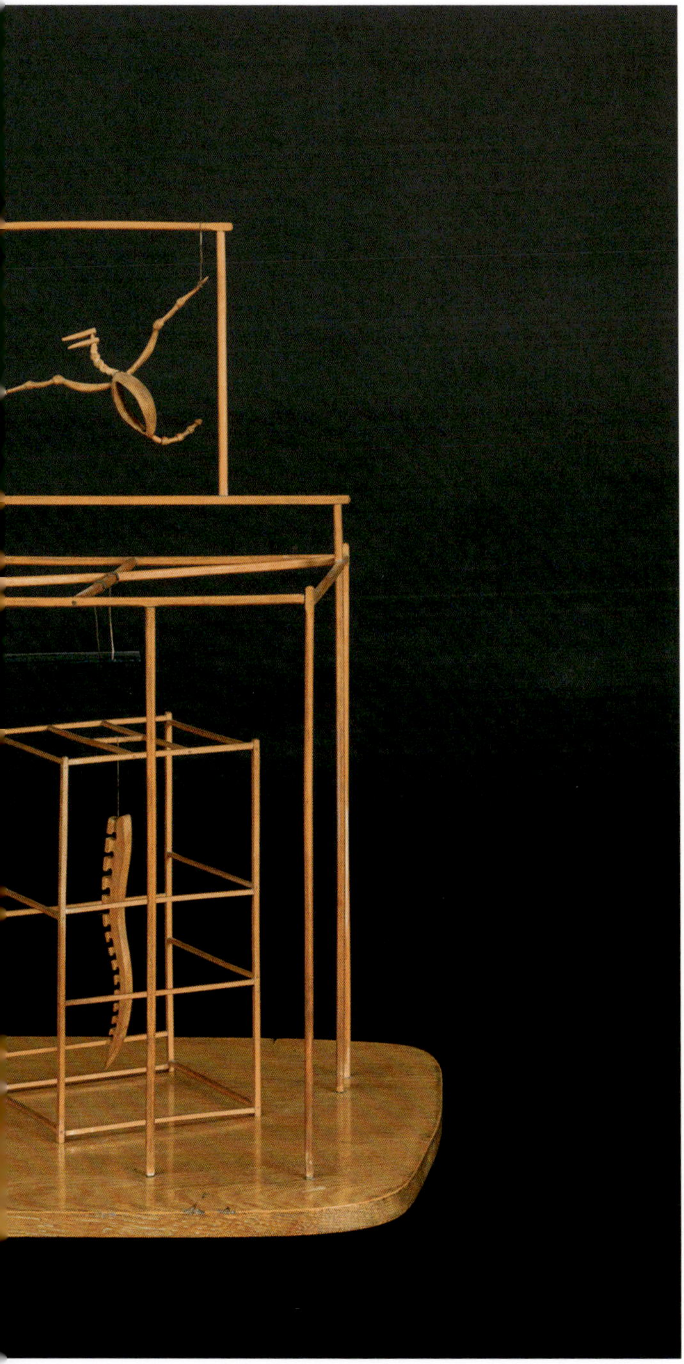

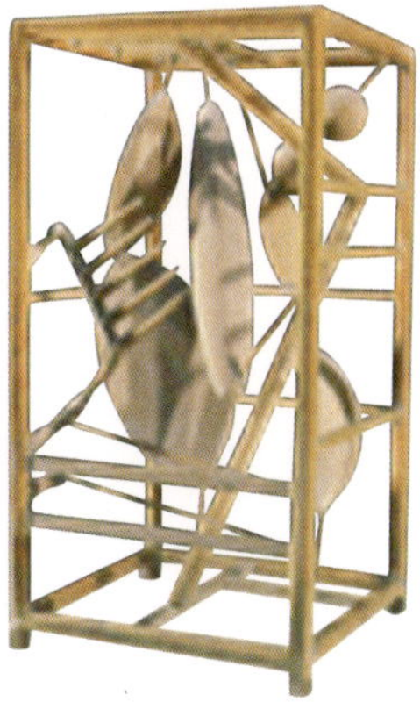

Da Giacomettis Atelier winzig war, kam es vor, dass er manche Werke seinen Freunden aus der Surrealisten-Gruppe anvertraute: etwa Man Ray, der die Gelegenheit, dass das Gipsmodell von *Palast um 4 Uhr morgens* (li. die endgültige Fassung in Holz) bei ihm stand, nutzte, um es in Gegenwart von Kiki de Montparnasse und Lili (Émilie Carlu, die sich zwei Jahre später mit Jean Dubuffet liierte) zu fotografieren (vorhergehende Doppelseite, re.).

Der *Holzkäfig* (oben, 1931) gehörte Emilio Terry, einem Architekten, Raumgestalter und Sammler, der Jean-Michel Frank und Dalí nahestand. Die Skulptur wurde von einem Schreiner nach einem später zerstörten Gipsmodell angefertigt. Zeichnungen zeigen, dass Giacometti die Idee hatte, sie auf Menschenmaß zu vergrößern.

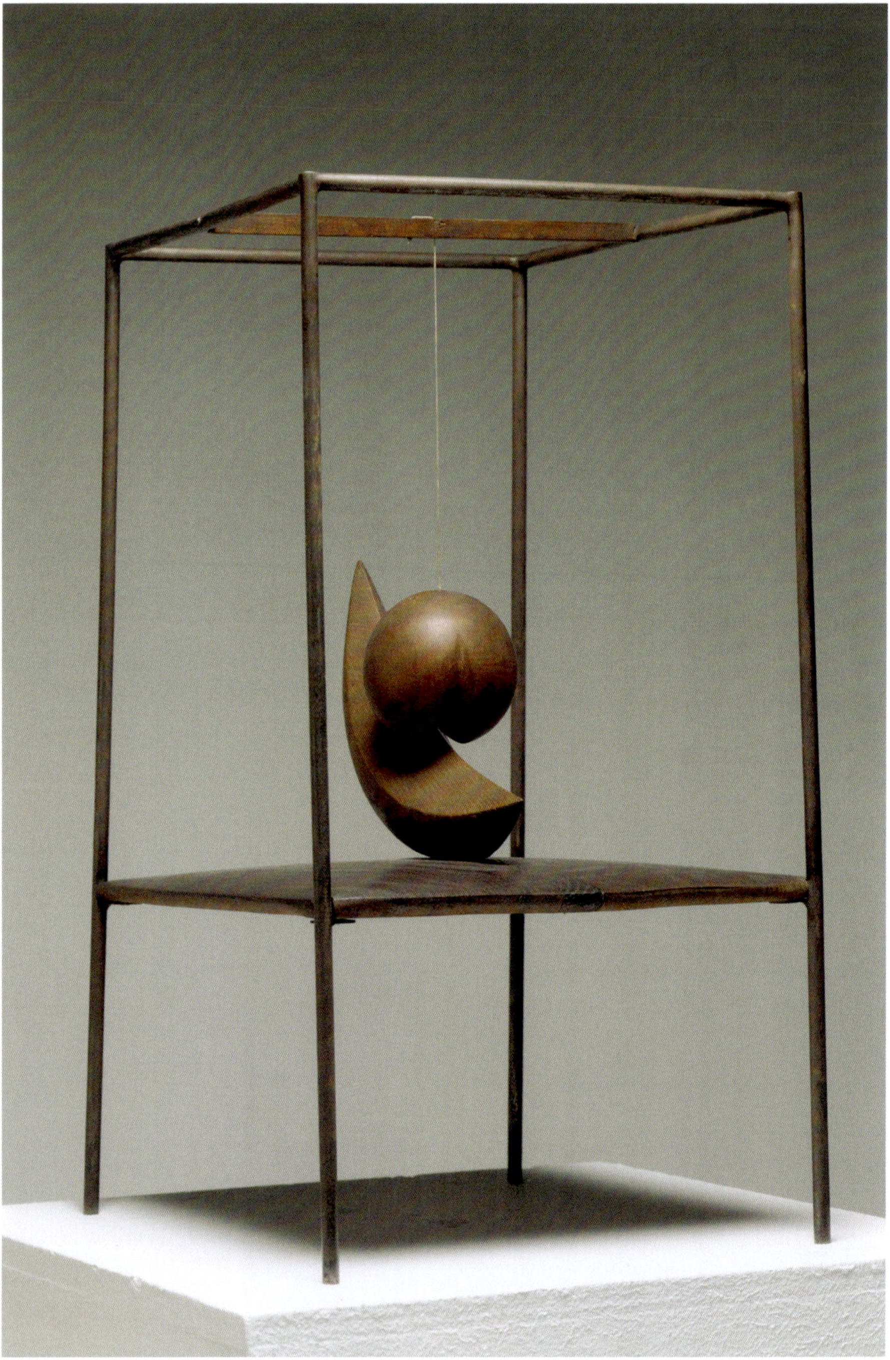

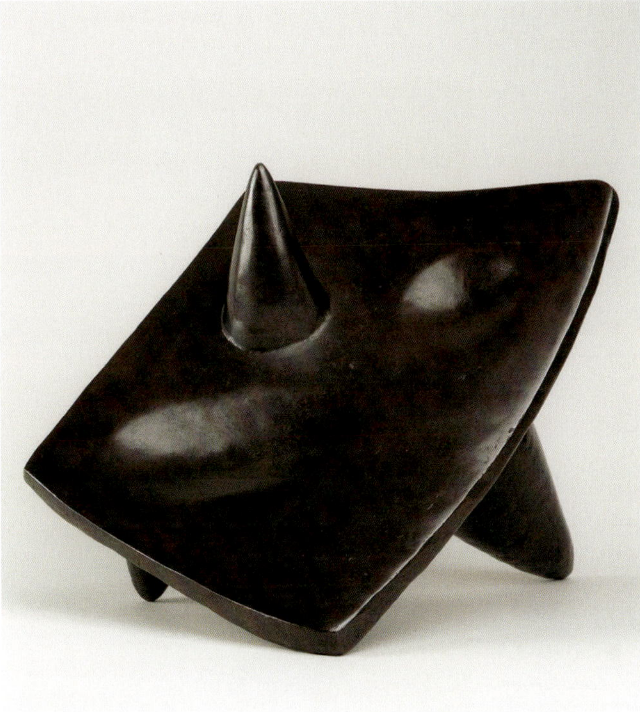

Wie der *Käfig* und das *Unangenehme Ding* (S. 34) hat Giacometti auch die *Schwebende Kugel* und das *Unangenehme Ding zum (Weg-) Werfen* (li.) entworfen und in Holz ausführen lassen; er wählte die Werke im Dezember 1931 aus, um damit den Text „Objets mobiles et muets" (Bewegliche und stumme Objekte) zu illustrieren. Wie bei *Frau mit durchschnittener Kehle* (unten, 1933) vermischen sich hier spitze und scharfe Formen mit sinnlichen Kurven. Der Körper der Insekten-Frau windet sich in einer Mischung aus Vergnügen und Schmerz auf einem Bett aus Blättern, wobei der aufgeblähte Bauch und die Brüste sich dem Betrachter entgegenrecken.

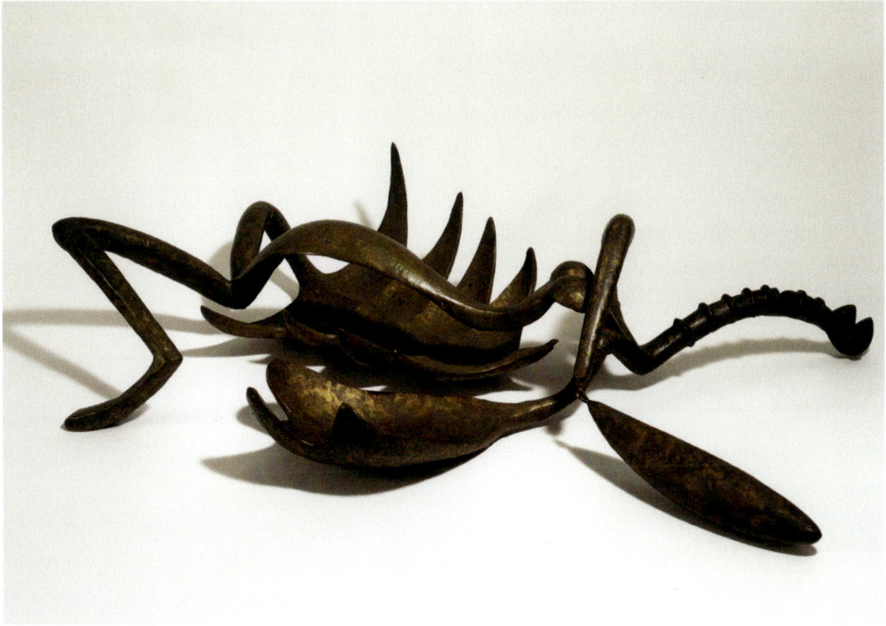

dringenden Wunsch, mit diesem Werk in Verbindung gebracht zu werden, das auch unter dem rätselhaften und wortspielerischen Titel *Mains tenant le vide (Hände, die die Leere halten* bzw. *Das unsichtbare Objekt)* bekannt ist. Breton sah darin „die reine Emanation des Wunsches zu lieben und geliebt zu werden auf der Suche nach dem wahren menschlichen Objekt und in schmerzhaftem Unwissen".

Die Tatsache, dass Giacometti in seinem Beisein auf dem Flohmarkt eine Maske fand, deutete Breton als einen wesentlichen gemeinschaftlichen Beitrag zur Vollendung des Werks, was man allerdings anzweifeln kann. Die Skulptur ist Teil einer langen Entwicklung Giacomettis. Von nun an nahmen ihn Nachforschungen zum menschlichen Kopf ganz und gar in Beschlag, sie gingen in neue Richtungen.

Giacomettis Vertrag mit Pierre lief mit dem Jahresende 1930 aus, und der junge Künstler machte sich wieder unabhängig. Er war bereits in Kontakt mit Pierre Colle, der ihm für 1931 eine Ausstellung versprach, die allerdings erst im Mai 1932 stattfand. In derselben Galerie eröffnete im Juni 1933 die große Ausstellung der surrealistischen Bewegung: Giacometti zeigte dort eine Figur und einen Tisch, den die Noailles auf Anraten von René Crevel kauften; er hielt es für das bedeutendste aktuelle Werk des Künstlers.

Unten: *Das unsichtbare Objekt*, 1934

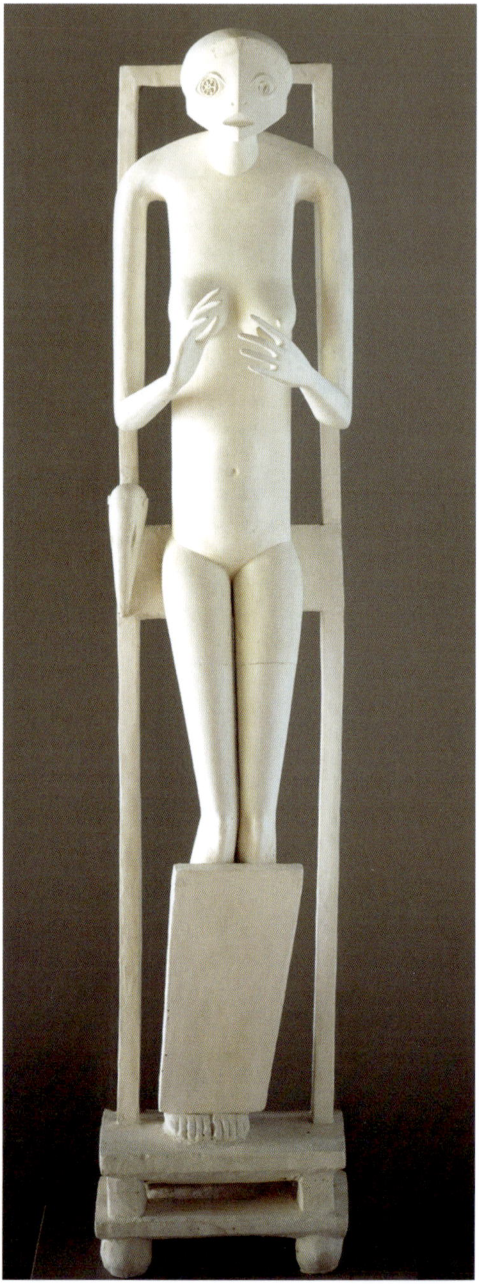

Das Werk vereinte in der Tat mehrere wichtige Sujets von Giacometti, wie Polyeder und Kopf, in einem Verfahren der Selbstinszenierung, die entschlossen die Unterscheidung zwischen Skulptur und Kunsthandwerk hinterfragte. Zwischen 1931 und 1934 fertigte Giacometti einige der berühmtesten surrealistischen Skulpturen, wie *Objet désagréable (Unangenehmes Ding)*, *Käfig*, *Palast um 4 Uhr morgens*, *Mannequin* (das zur *Schreitenden Frau* werden sollte). *L'Objet invisible (Das unsichtbare Objekt)* aus rein weißem Gips schloss diese Serie 1934 ab.

„Der Polyeder ist in seiner Unregelmäßigkeit ein saturnisches Symbol. Genau diese Form wollte ich auf meinem Gipstisch darstellen [unten], einem Tisch, der für mich viel mit dem Tod zu tun hat."

il faut VISITER

l'exposition

SURrÉALISTE

7 AU 18 JUIN

à la

GALERIE PIErRE Colle

29, rue Cambacerès

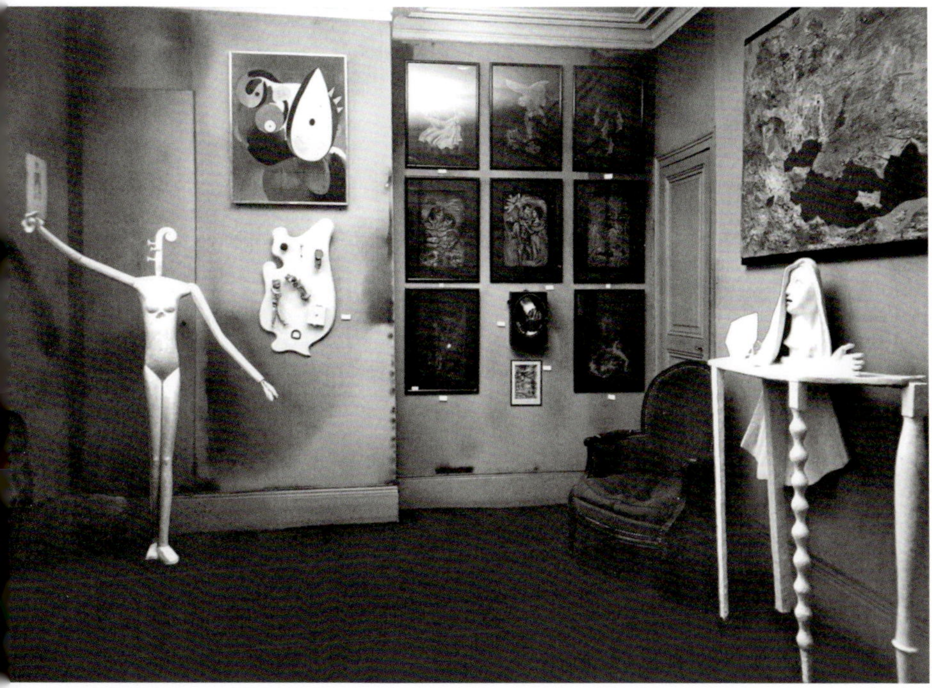

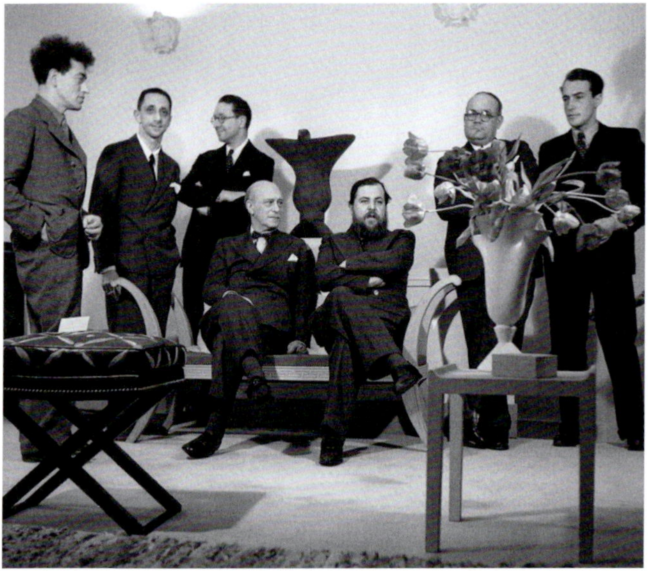

Diego Giacometti (im Foto rechts) verzichtete 1930 auf eine Laufbahn als Maler und wurde zum Gehilfen seines Bruders. „Natürlich kann ich meine Sachen allein unter meinem Namen ausstellen, auch wenn Diego mir hilft, genauso wie Diego das, was er macht, wozu er die Idee hat, auch wenn ich ihm dabei helfe, unter seinem Namen zeigt und verkauft; in beiden Fällen ordnet sich der, der hilft, der Idee des anderen unter, anders kann es nicht sein...", schrieb Giacometti 1947 an seine Mutter.

Ein Künstler ohne Grenzen

Weil ihn der ambivalente Satus des Objekts an sich interessierte, entwarf Giacometti parallel zu seinen surrealistischen Schöpfungen *„objets utilitares"*, wie er sie bezeichnete. Durch Vermittlung von André Masson erhielt er erste Aufträge, zunächst für ein Wandrelief aus Bronze, dann für Dekorationsgegenstände, Kaminroste in Hundeform, die er 1930 für die Familie David-Weill herstellte. Charles und Marie-Laure de Noailles gaben bereits im November 1929 eine riesige Skulptur für ihren Garten in Hyères bei ihm in Auftrag. Ab 1930 – da hatte er bereits einige Monate mit dem Haus Desny zusammengearbeitet – stellte Giacometti Vasen, Lampen und

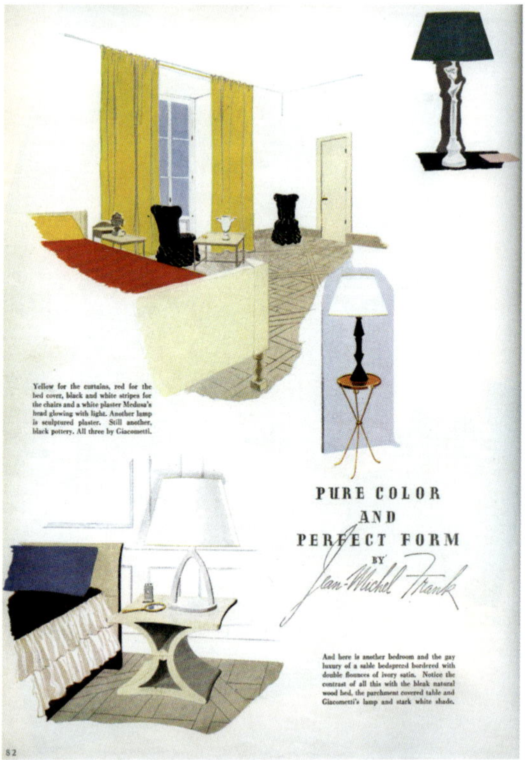

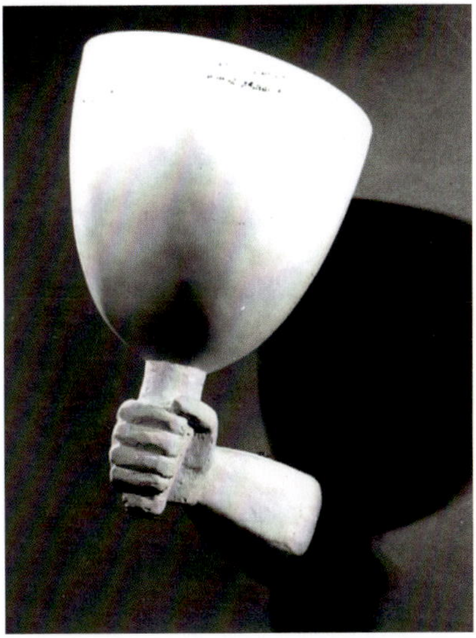

Stehleuchten für den Innenarchitekten Jean-Michel Frank (1895–1941) her. Dem waren Giacomettis flache Skulpturen aus weißem Gips bereits im Januar 1929 beim *Salon des indépendants* aufgefallen: die Feinheit der Modellierung, die Fremdartigkeit und das reine Weiß schienen so gut zu seiner eigenen Ästhetik zu passen, doch erst nachdem Giacometti im Juni 1929 Christian Bérard und Jean Cocteau kennengelernt hatte, traf Frank ihn auch persönlich, möglicherweise 1930.

Auch wenn Giacometti gern Zierrat und Objekte herstellte, nutzte er sie dennoch immer zugleich als Experimentierfeld für die Formen seiner Bildhauerei und akzeptierte keine allzu genauen Vorgaben. So lehnte er es beispielsweise ab, einen Aschenbecher in Form von Aschenputtels Pantoffel herzustellen, obwohl ihn Breton mehrfach darum bat. In Franks Ladengeschäft, das am 21. März 1935 an der Rue du FaubourgSaint-Honoré eröffnet wurde, konnte man auch Editionen von Giacomettis Skulpturen kaufen, wie den *Vide-Poche (Taschen(ent)leerer)* oder die Büste von Isabel Nicholas. Die meisten Objekte Albertos führte sein Bruder Diego aus, formte sie ab und patinierte den Gips. Ihre Schwester Ottilia, die 1929 zu Alberto nach Paris kam, designte Stoffe und webte nach ihrer Rückkehr in die Schweiz Teppiche für Frank nach Entwürfen von Christian Bérard. Frank, der seine Sommerfrische regelmäßig in der Nähe der Giacomettis in der Schweiz verbrachte, wurde zu einem Freund der Familie.

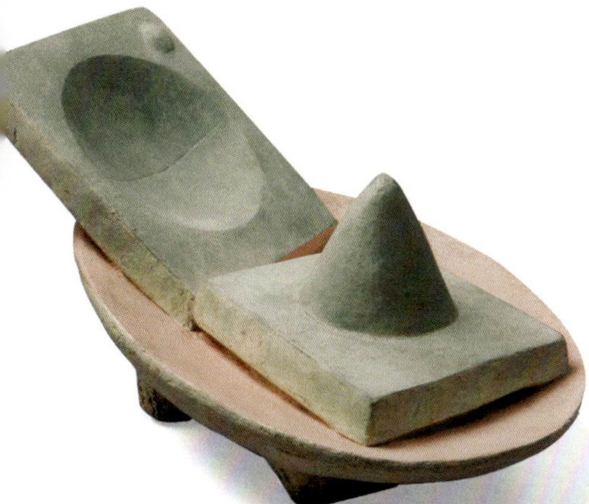

Zwischen 1932 und 1934 entwarf Giacometti Armleuchter in Form von Händen oder Fäusten, die aus der Wand ragten. Ein Wortspiel hatte er schon 1929 in seinen ersten Gebrauchsgegenstand umgesetzt, Feuerböcke in Hundeform; er verlieh damit dekorativen Objekten, die eigentlich veraltet waren, eine surrealistische Modernität. Der *Taschen(ent)leerer* (li., 1930, in zweifarbiger Ausführung) ist typisch für diese Objekt-Skulpturen, die aus Gips für Franks Kunden hergestellt wurden; sie greifen das Repertoire des Kunsthandwerks auf und stellen es gleichzeitig infrage.

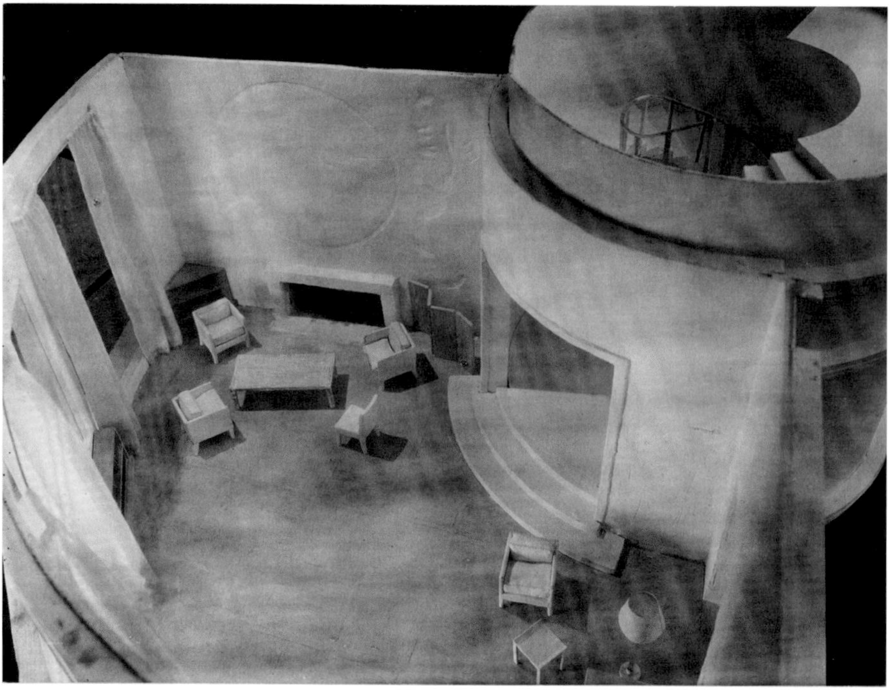

Wandgestaltung …

Giacometti gestaltete auch einige Wände, und er war dabei innovativ. So entwarf er 1931 für das Wohnzimmer von Charles Templeton Crocker (1884–1948) in weiße Wände eingravierte Zeichnungen, die nur durch das Spiel von Licht und Schatten durch die Fenster der Villa zur Geltung kommen sollten, die letztlich dann allerdings doch nicht gebaut wurde. Für André Bretons Muse Lise Deharme entwickelte er 1934 seltsame pflanzliche Formen, die sich die Wände hoch und in den Winkeln des Salons winden. Weil er für Jean-Michel Frank arbeitete, konnte Giacometti 1937 nicht bei der Ausgestaltung des Ehrensaals des Landwirtschaftsministeriums mitwirken. Einer seiner Pläne für eine Wandgestaltung ging in die Richtung, Fischschwärme in Vogelschwärme zu verwandeln, daraus entstanden zwei in selbständiger Arbeit ausgeführte Reliefs. 1938 gestaltete Giacometti für den Kinosaal des Barons Roland de l'Espée, in dem auch das von Dalí (und Edward James) entworfene Sofa in der Form von Mae Wests

C. Templeton Crocker war der Enkel eines der vier Eisenbahnmagnaten von Kalifornien. Nach seiner Scheidung 1927 widmete er sich seinen Leidenschaften, darunter der Oper und der Ethnografie. Er finanzierte in den 1930er Jahren mehrere wissenschaftliche Expeditionen und sammelte Objekte und Kunstwerke. Crocker besaß eine *Tête qui regarde (Blickender Kopf)* aus Marmor von Giacometti aus dem Jahr 1930 sowie Vasen. Für den Salon seiner Villa, deren Pläne Emilio Terry 1930 gezeichnet hatte, erfand Giacometti Flachreliefs, die konzeptionell dem *Blickenden Kopf* nahe kamen.

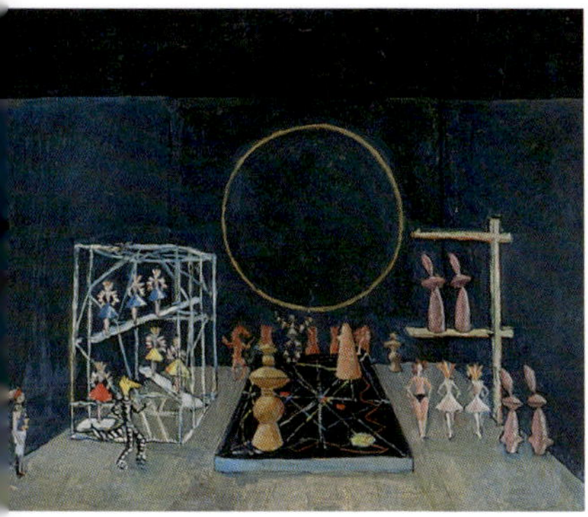

Lippen thronte, ein Medaillon zum Verschließen des Projektors. Kamine, Spiegel, Reliefbilder, Medaillons, Konsolen – zwischen 1933 und 1939 war Giacomettis Erfindungsgeist ungebremst und trug viel zu Jean-Michel Franks Erfolg als Innenausstatter bei, wie auch zum Ruhm des Künstlers bei den Sammlern. Das erste Werk, das der Händler Pierre Matisse 1936 kaufte, war übrigens eine Vase.

… und Theaterprojekte

Giacometti interessierte sich auch fürs Theater, das wie das Kunstgewerbe in den 1930er Jahren stark im Fokus der Künstler stand, vor allem weil die Wirtschaftskrise sie nötigte, nach alternativen Aktivitäten Ausschau zu halten. Als Boris Kochno ihn 1931 fragte, ob er Bühne und Kostüme für das Ballett *Jeux d'enfants (Kinderspiele)* entwerfen wollte, stimmte er zunächst zu, doch Anfang 1932 gab er die Idee auf, wahrscheinlich weil die künstliche Welt des Theaters ihm unvereinbar mit dem Geist seiner Werke erschien. Einige Monate später widerstrebte es ihm, dass Jean-Michel Frank eines seiner Werk-Objekte im Bühnenbild von Édouard Bordets Stück *La Fleur des pois* verwendete, das sich über den gesellschaftlichen Einfluss Homosexueller lustig machte und das am 4. Oktober 1932 Premiere feierte; er bat darum, sein Werk daraus abzuziehen, und erhielt es zurück.

In seinem Entwurf für das Ballett *Kinderspiele* (links), an dem Giacometti im Winter 1931/32 arbeitete, finden sich alle Themen wieder, die er in seinen Skulpturen anfasste: Der Käfig, in dem die Tänzerinnen auf Stegen laufen, nimmt den aus *Palast um 4 Uhr morgens* vorweg mit dem Spielfeld, auf dem sich die Silhouetten bewegen, die wiederum der Mutter im *Palast* ähneln; eine Art Galgen rechts erinnert an Zeichnungen aus derselben Zeit. Spuren der Arbeit sollten auch in einem Schachspiel auftauchen, das Giacometti nach dem Krieg herausgab und das Motive der 1930er Jahre aufgriff. (Unten der *Kleine Verzweifelte*, ein Objekt, im Theaterstück *La Fleur des pois*.)

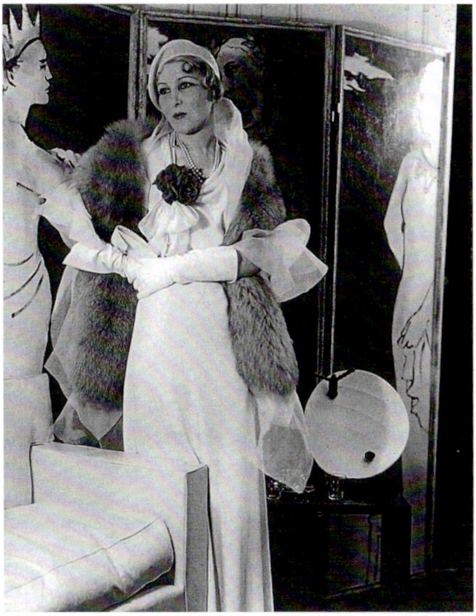

Der Geschmack der Freiheit

In den eineinhalb Jahren nach dem Tod des Vaters im Juni 1933 hielt sich Giacometti meist in der Schweiz auf, außer im Frühjahr 1934. Er regelte die Nachfolge, organisierte Retrospektiven zu Ehren von Giovannis Werk und leistete seiner Mutter Gesellschaft, ohne allerdings den Kontakt zu seinen Pariser Kreisen zu vernachlässigen.
In dieser Phase arbeitete er, in Paris und in der Schweiz, an Köpfen – gemalten und plastischen. Nachdem er zu Jahresbeginn 1935 endgültig wieder nach Paris gezogen war, ging er erneut sehr schnell auf Abstand zu den Surrealisten. Man warf ihm vor, sich nicht ausreichend für die Bewegung zu engagieren und seinen eigenen Plastiken zu großen Vorrang einzuräumen. Er weigerte sich, sich Vorgaben unterzuordnen, die er nicht selbst gemacht hatte, hielt nichts von vorgegebener Politik und verfolgte einen unabhängigen Weg, außerdem machten seine Werke „surrealistische Pläne für die nächsten Monate unmöglich": All das führte dazu, dass er am 14. Februar 1935 auf Veranlassung von Benjamin Péret definitiv aus der Bewegung ausgeschlossen wurde.
Das schmerzte Giacometti, doch andererseits befreite es ihn vom Druck der Surrealisten und der Vereinnahmung durch Breton. Eine Zeit lang näherte er sich der Bewegung *Abstraction-Création* und den Kreisen der Konstruktiven Kunst an, doch vor allem konzentrierte er sich auf seine Arbeit am menschlichen Kopf, nach Modellen oder aus dem Gedächtnis, ihm galt seine ganze Aufmerksamkeit. Am 14. Februar, dem Tag seines Ausschlusses, schrieb er an seine Mutter, dass er an einer Büste von Diego arbeitete und dass seine Studien dazu Jahre in Anspruch nehmen würden.
Im Mai 1936 nahm Giacometti an einer surrealistischen Ausstellung von Objekten bei Charles Ratton und zusätzlich gemeinsam mit Hartung, Arp, Hélion, Kandinsky und Sophie Taueber-Arp bei Pierre Loeb an einer Ausstellung von „‚Abstrakten' Malern und Bildhauern" teil. Im selben

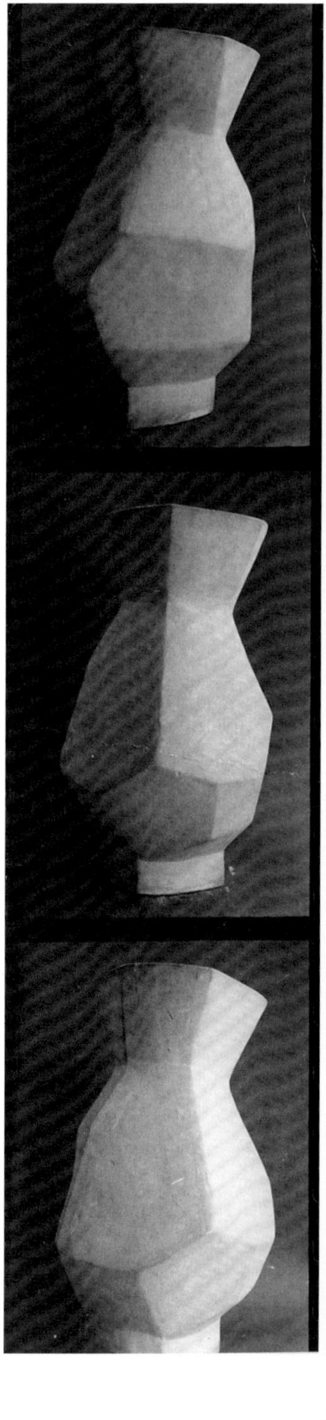

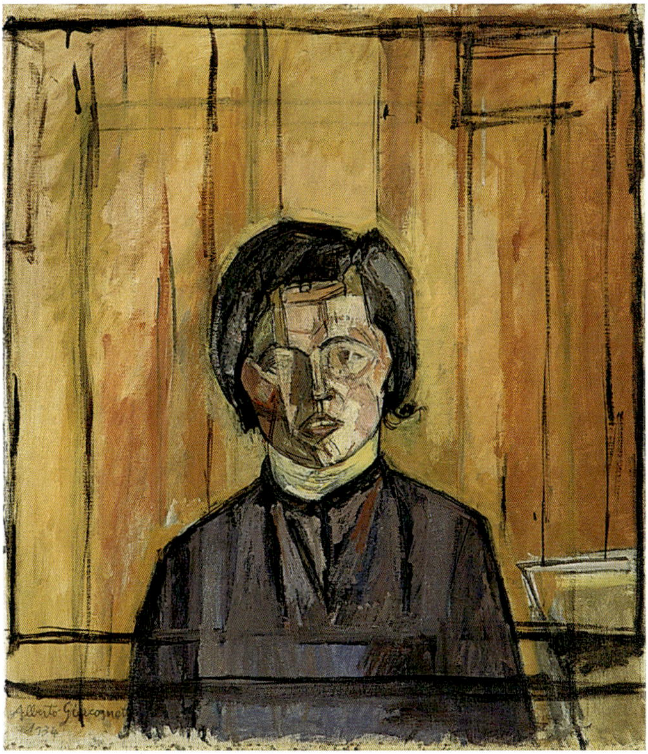

1934 malte Giacometti in der Schweiz mehrere Portraits von Maria, der Hausangestellten der Giacomettis in Stampa. Das Bild links ist wohl eines der radikalsten hinsichtlich der Sparsamkeit der Farben und seiner Komposition. Die Bretterwand des Ateliers strukturiert den Hintergrund, und mehrere schwarze Linien rahmen das Modell ein – eine Rahmung, die der Künstler in manchen seiner modellierten Büsten aufgriff. Das Gesicht ist in Facetten zerlegt, ein Auge so gut wie ausgeblendet. *Tête-crâne* (*Schädelkopf*) aus Gips (unten) stammt aus demselben Jahr, wie auch die Vergrößerung des Polyeders des surrealistischen Tisches – eine Zeit lang dachte der Künstler darüber nach, auf dem Grab seines Vaters eine Polyeder-Komposition zu platzieren.

Jahr tauchten Werke von ihm in zwei Ausstellungen des Museum of Modern Art, New York, auf, die eine über fantastische und surrealistische Kunst, die andere über Abstraktion und Kubismus. Die große Bandbreite zwischen den beiden Richtungen, die bei Giacometti noch durch seine Sympathie für die realistische Kunst von Tal Coat und Gruber ergänzt wurde, sind ein Hinweis darauf, dass er sich nicht auf eine Gruppe oder eine Bewegung beschränken konnte, zumal die einzelnen Schulen zur damaligen Zeit sehr kämpferisch und mit Alleingültigkeitsanspruch auftraten.

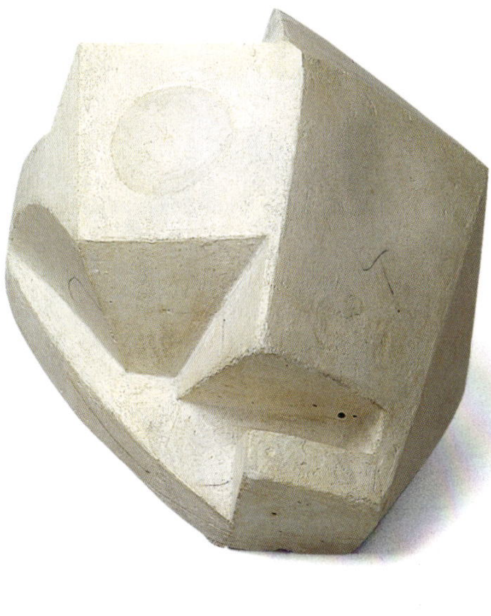

Eine Karriere, die schnell international wird

Nach dem Krieg sollte Giacometti erklären, dass er zwischen 1935 und 1940 seine Zeit damit zugebracht habe, ohne Ergebnis nach Modellen oder aus dem Gedächtnis zu arbeiten, und dass er dabei sowohl seine Freunde als auch das Interesse der Kunsthändler eingebüßt habe. Doch paradoxerweise trat er mit seinem Werk just seit diesem Rückzug von der Künstlerszene eine internationale Karriere an. Er nahm an den wichtigsten Ausstellungen zum Surrealismus und zur konstruktiven Abstraktion in Großbritannien und den USA teil, und sein surrealistisches Werk fand bis nach Japan Verbreitung.
Seine erste monografische Ausstellung in New York fand im Dezember 1934 in der Galerie Julien Levy im Fuller Building in der 57. Straße statt. Nachdem Jeanne Bucher mit ihrem Einfluss den Grundstein gelegt hatte, war Julien Levy zum New Yorker Pendant der Galerie Pierre Colle geworden und zur ersten kommerziellen Galerie überhaupt, die im Januar 1932 surrealistische Werke in New York zeigte. In der Ausstellung von 1934 wurden mehrere sehr bedeutende surrealistische Arbeiten gezeigt, wie *Das unsichtbare Objekt* in Gips, das später an die Mattas verkauft wurde, und *On ne joue plus (Es wird nicht mehr gespielt)*. Soweit sich Julien Levy erinnerte, brachte die Ausstellung keinerlei kommerziellen Erfolg. Doch ihre Wirkung auf mehrere amerikanische Bildhauer, darunter David Smith, sollte von Bedeutung sein.

1942 eröffnete Peggy Guggenheim in New York ihre Galerie Art of this Century mit einer Ausstellung, die Frederick Kiesler inszenierte.

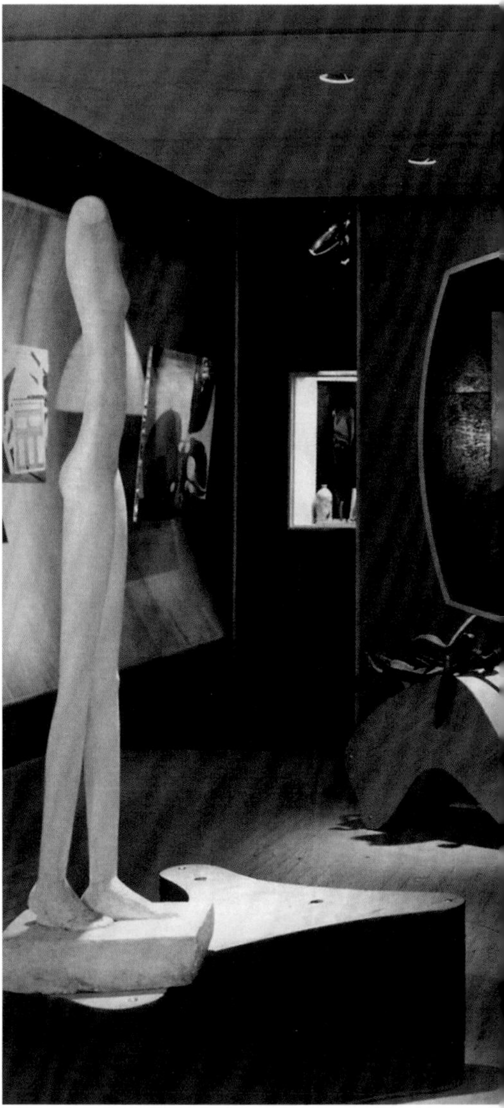

1936 – der Surrealismus zerlegte sich in internen Kämpfen und wandte sich einer retrospektiven Richtung zu, während Pierre Colle seine Pariser Galerie schloss – traf der Kunsthändler Pierre Matisse Giacometti in seinem Atelier bei der Arbeit an der *Schreitenden Frau* an. Er erwarb das Werk und zeigte es im Rahmen einer Gruppenausstellung im Januar 1937 in seiner New Yorker Galerie.

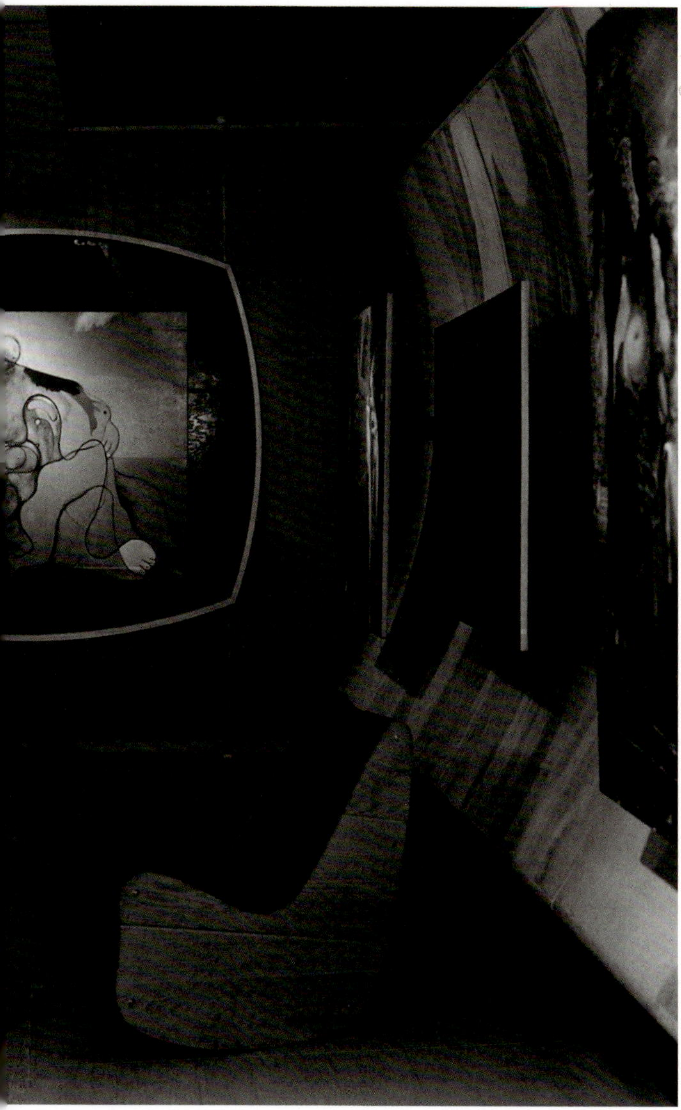

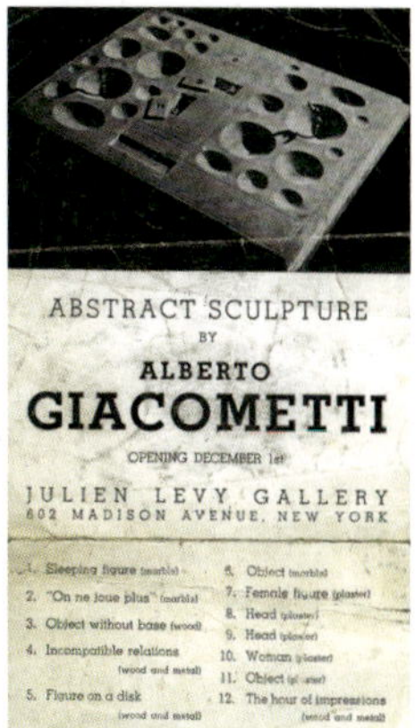

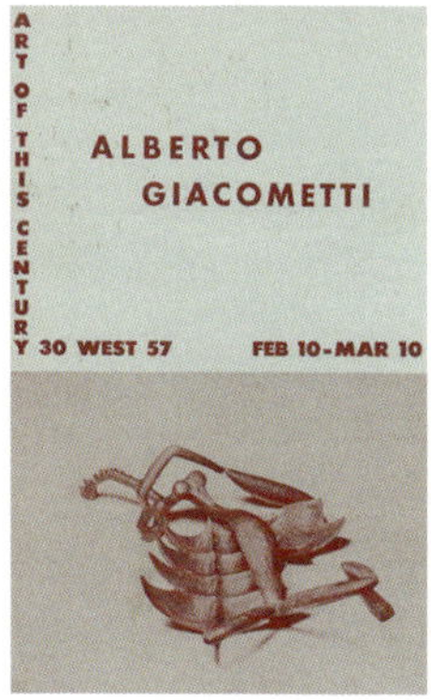

Für Julien Levys Ausstellung gingen 1934 einige bedeutende surrealistische Werke in die USA, wo sie sich heute noch befinden. Die Bronze-Fassung der *Frau mit durchschnittenen Kehle* (Bild links, Mitte) nahm Giacometti 1940 für Peggy Guggenheim in Angriff, die wenig später die *Schreitende Frau* aus Gips (Bild links, links) kaufte. Im Februar 1945 organisierte sie eine Ausstellung mit seinen surrealistischen Werken.

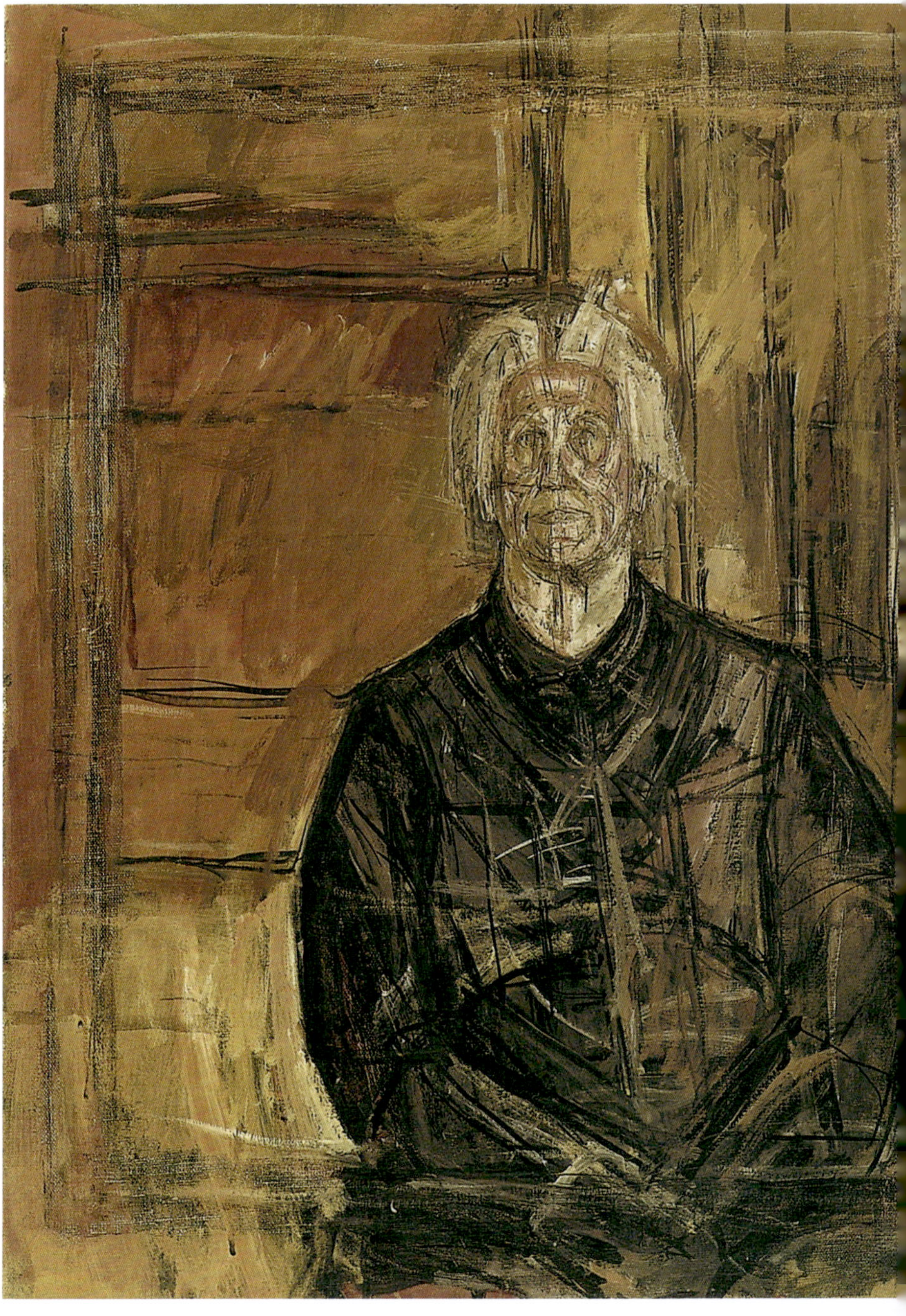

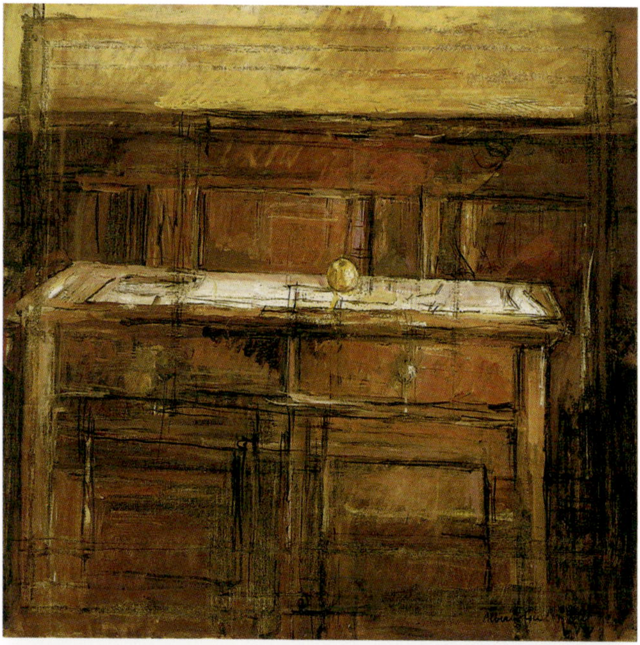

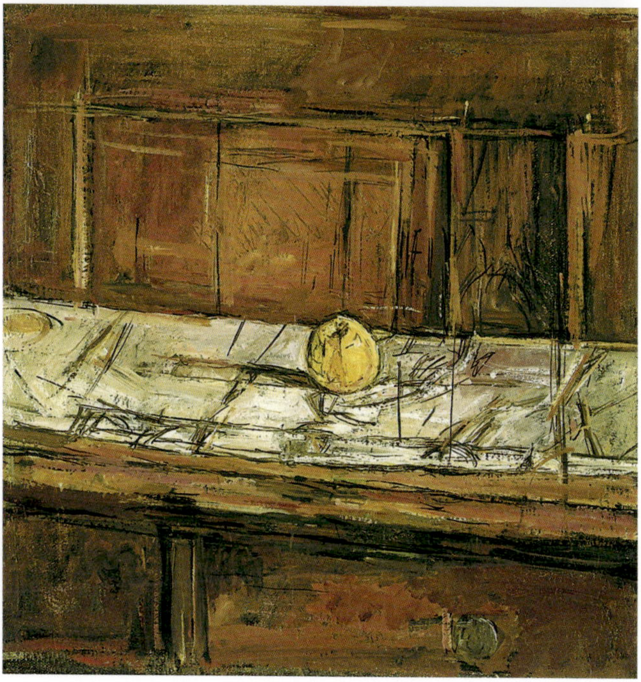

Giacometti war ein großer Verehrer Cézannes und hat die Malerei nie aufgegeben, aber erst nach dem Tod des Vaters 1933 wandte er sich ihr wieder ernsthaft zu. Seine Portraits der Jahre 1934 und 1935 sind vom bildhauerischen Werk beeinflusst; häufig nutzte Giacometti die Malerei, um einen besseren Blick für seine Skulpturen zu entwickeln. Als er in einer Galerie zufällig ein Bild von Derain entdeckte, auf dem „drei Birnen auf einem Tisch" zu sehen sind, eröffnete es ihm einen neuen Blick auf die Malerei, jenseits ihrer äußeren Erscheinung: „eine Linie ist nicht eine Linie, ein Körper ist nicht ein Körper, und alles ist widersprüchlich". Ab 1937, dem Jahr der Ausstellung der „Maler der Wirklichkeit", wurden seine Werke „materieller" und düsterer: *La Pomme sur le buffet (Der Apfel auf dem Buffet)* und *Portrait de la mère de l'artiste (Portrait der Mutter des Künstlers)* aus dem Jahr 1937 sind perfekte Beispiele einer Malerei mit sehr klassischen Sujets, in denen der gesamte Bildraum (bis zum Gesicht des Modells) von ineinander verschachtelten Rasterungen durchzogen ist, die bewirken, dass immer neue Ausschnitte in den Blickpunkt rücken, fast wie im Film.

Die Galerie von Pierre Matisse erlebte damals einen großen Aufschwung. Sie war 1931 im selben Gebäude eröffnet worden, in dem auch Julien Levy residierte, allerdings Ende 1934 in größere Räume umgezogen. Matisse teilte sich mit Pierre Loeb einen Vertrag mit Miró sowie das Interesse für Kunstobjekte aus Afrika und der Südsee, die er in seiner Galerie zeigte. Im November 1936 schloss Giacometti mit Pierre Matisse einen Exklusivvertrag für die Repräsentanz in den USA. Doch das Wachstum der Galerie wurde von der Wirtschaftskrise gebremst, und erst nach dem Krieg sollte Pierre Matisse Giacometti wirklich ausstellen.

Die Flucht in die unendliche Winzigkeit

Mehrfach hat Giacometti geäußert, dass er ein unwiderstehliches Verlangen habe, seine Werke kleiner zu machen, um die Wirklichkeit der menschlichen Sicht der Dinge zum Ausdruck zu bringen. David Sylvester gegenüber äußerte er, dass er das bereits mit 19 Jahren in Angriff nehmen wollte und es seither als einen Mangel betrachtete. Er zeichnete Birnen, und sie wurden immer kleiner. Auch während seiner kubistischen Phase war dieses Reduzieren der Größe zu beobachten. In der surrealistischen Periode, als die Werke dadurch entstanden, dass er Visionen materialisierte, schien dieses Thema Giacometti nicht mehr zu bedrücken. Doch nachdem er sich vom Surrealismus entfernt hatte und zu seiner Arbeit am Modell

„In der Schweiz, daheim, passierte es mir, dass ich ganze Tage lang nichts machen konnte, weil ich nicht zur passenden Anordnung der Dinge gelangte, die auf meinem Tisch lagen."
Giacometti im Gespräch mit Denys Chevalier, *Les Lettres Françaises*, 29.10. – 4.11.1969

In Genf nahm Giacometti Kontakt mit Albert Skira auf, der dort mit Roger Montadon die Zeitung *Labyrinthe* ins Leben rief (unten und rechte Seite, Fotos von Eli Lotar). Giacometti besuchte die Redaktion täglich. „Er klopfte mit seinem Spazierstock auf den Boden, um seine Billigung oder sein Missfallen hinsichtlich der Ideen kundzutun, die sich in unseren Gesprächen ergaben", erzählte Skira.

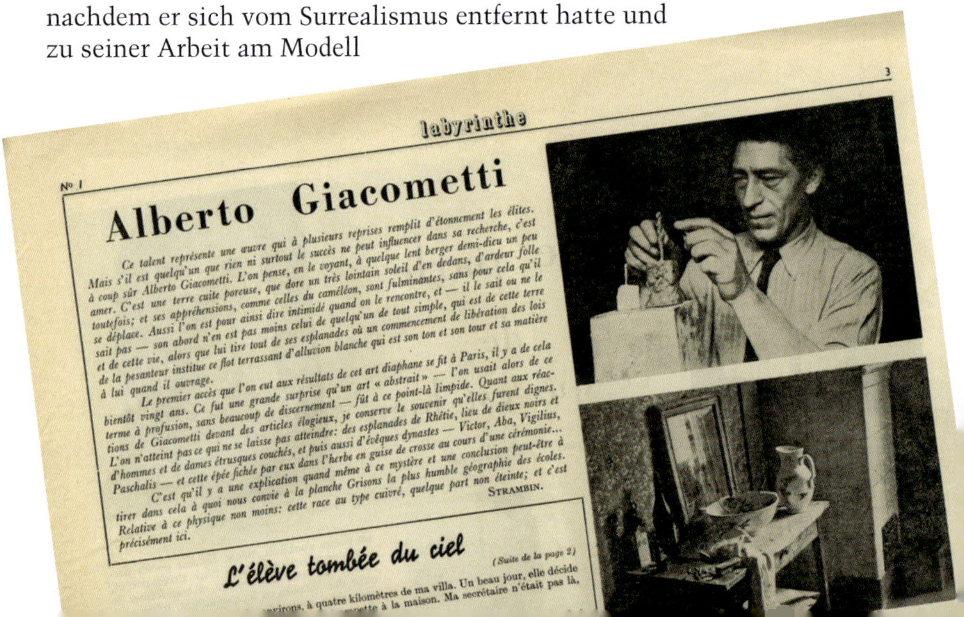

3

labyrinthe

No I

Alberto Giacometti

Ce talent représente une œuvre qui à plusieurs reprises remplit d'étonnement les élites. Mais s'il est quelqu'un que rien ni surtout le succès ne peut influencer dans sa recherche, c'est à coup sûr Alberto Giacometti. L'on pense, en le voyant, à quelque lent berger demi-dieu un peu amer. C'est une terre cuite poreuse, que dore un très lointain soleil d'en dedans, d'ardeur folle toutefois; et ses appréhensions, comme celles du caméléon, sont fulminantes, sans pour cela qu'il se déplace. Aussi l'on est pour ainsi dire intimidé quand on le rencontre, et — il le sait ou ne le sait pas — son abord n'en est pas moins celui de quelqu'un de tout simple, qui est de cette terre et de cette vie, alors que lui tire tout de ses esplanades où un commencement de libération des lois de la pesanteur institue ce flot terrassant d'alluvion blanche qui est son ton et son tour et sa matière à lui quand il ouvrage.

Le premier accès que l'on eut aux résultats de cet art diaphane se fit à Paris, il y a de cela bientôt vingt ans. Ce fut une grande surprise qu'un art « abstrait » — l'on usait alors de ce terme à profusion, sans beaucoup de discernement — fût à ce point-là limpide. Quant aux réactions de Giacometti devant des articles élogieux, je conserve le souvenir qu'elles furent dignes. L'on n'atteint pas ce qui ne se laisse pas atteindre: des esplanades de Rhétie, lieu de dieux noirs et d'hommes et de dames étrusques couchés, et puis aussi d'évêques dynastes — Victor, Aba, Vigilius, Paschalis — et cette épée fichée par eux dans l'herbe en guise de crosse au cours d'une cérémonie...

C'est qu'il y a une explication quand même à ce mystère et une conclusion peut-être à tirer dans cela à quoi nous convie à la planche Grisons la plus humble géographie des écoles. Relative à ce physique non moins: cette race au type cuivré, quelque part non éteinte; et c'est précisément ici.

STRAMBIN.

L'élève tombée du ciel

(Suite de la page 2)

... à quatre kilomètres de ma villa. Un beau jour, elle décide ... à la maison. Ma secrétaire n'était pas là.

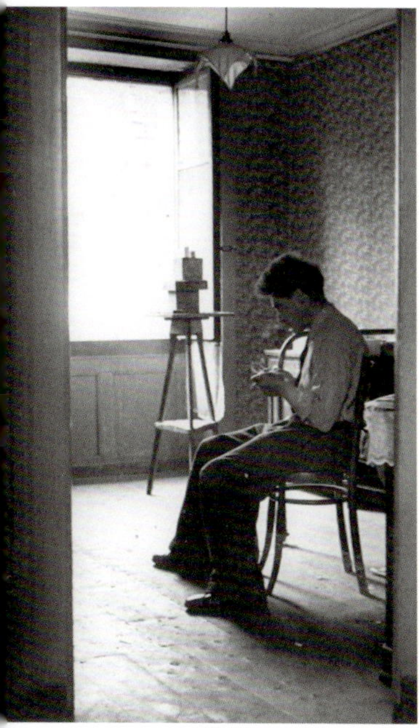

zurückkehrte, spürte er die Tendenz erneut. Doch nach 1937 begriff er, dass er die Wirklichkeit nur durch seine Vision ersetzen konnte, wenn er sie zunächst als solche anerkannte. Als er 1939 zur Schweizer Nationalausstellung eingeladen wurde, zeigte er eine wenige Zentimeter hohe Büste auf einem großen Sockel und stellte fest, dass die Arbeit an den Größenverhältnissen alle Besucher beeindruckte. Im September 1941 fuhr Giacometti für einige Tage seine Mutter besuchen und musste dann wegen des Kriegsgeschehens in der Schweiz bleiben. Er nutzte diese Auszeit, um seine Versuche bis zum Ende zu treiben, und ging erst nach Paris zurück, nachdem er eine großformatige Statue geschaffen hatte, *Femme au chariot (Frau auf dem Wagen)*. Seine kleinen Skulpturen, von denen manche 1946 in der Zeitschrift *Cahiers d'art* abgebildet waren, sind Teil der Legende des Künstlers geworden.

Das kleine Format wurde für Giacometti monumental; die Gestalt nimmt den gesamten sie umgebenden Raum ein und schafft ihren eigenen Größenmaßstab. Mitte der 1950er Jahre arbeitete Giacometti erneut im sehr kleinen Maßstab, als eine Art Vorspiel zu den *Femmes de Venise (Frauen für Venedig)* sowie als Vorbereitung auf das Denkmal der Manhattan Chase Bank in New York.

„Sie ist nicht nur klein, diese Frau, sie ist auch misslungen, sie ist nicht nur klein, sondern sie tut auch so, als ähnelte sie jemandem: für mich stellt sie obendrein jemanden Bestimmten dar.
– Wen?
– Eine Freundin, eine Engländerin.
– Warum ist sie so klein? – Ich kann nichts dafür [...] Die Skulptur, die ich von dieser Frau machen wollte, entspricht alles in allem ganz genau dem Anblick, den sie mir geboten hat, als ich sie in einiger Entfernung auf der Straße sah. Ich hatte also das Bedürfnis, sie so groß abzubilden, wie ich sie auf die Entfernung wahrgenommen habe."

Giacometti im Gespräch mit Pierre Dumayet, 1963

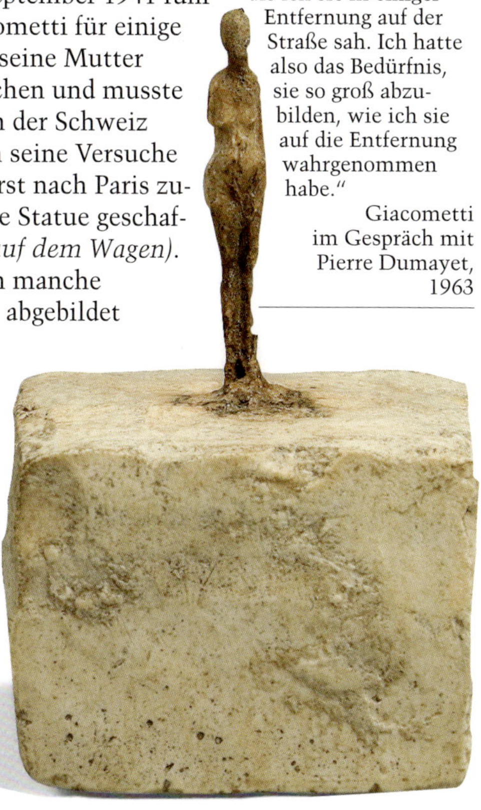

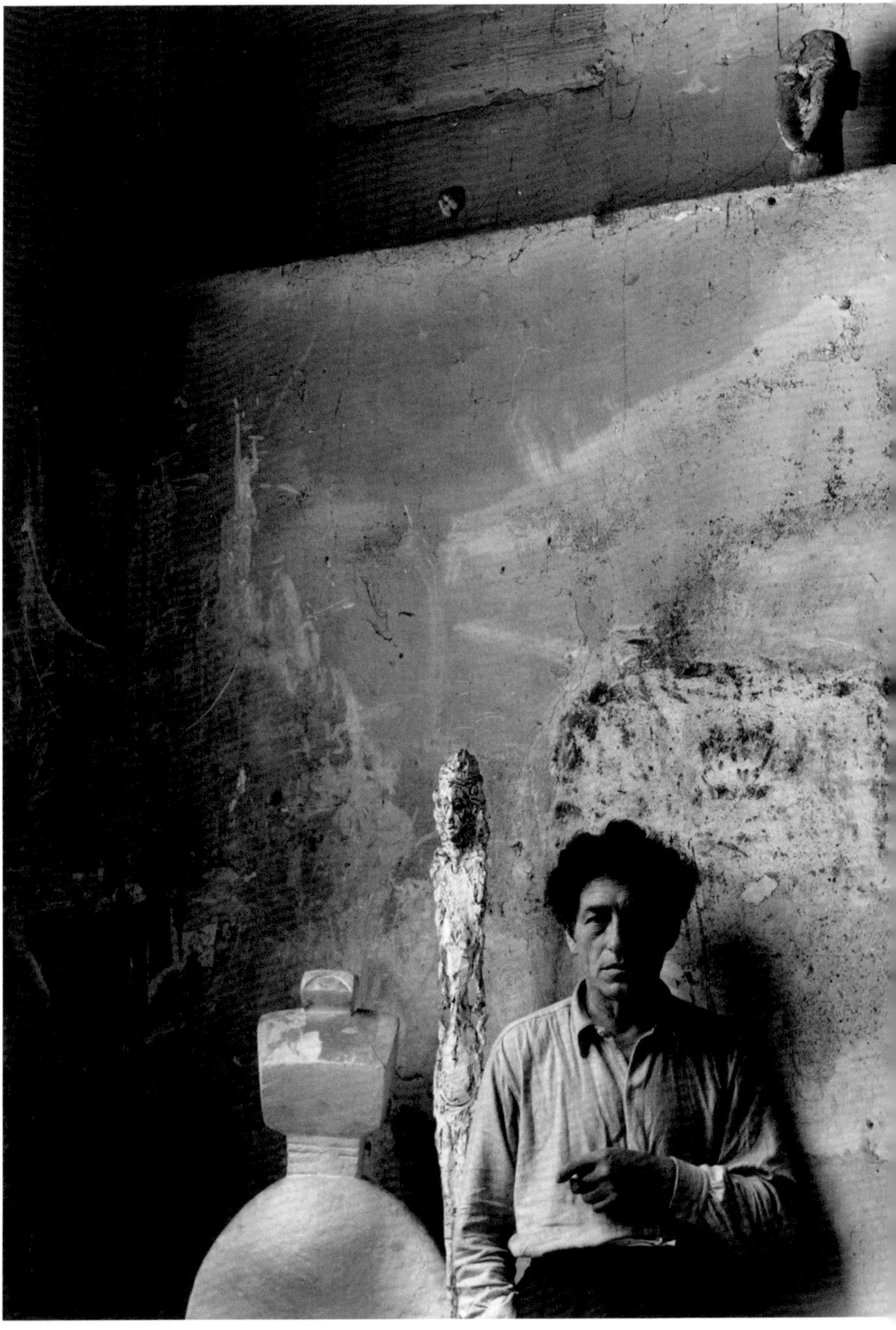

„Nachdem er neue Untersuchungen angestellt hat, konnte ich mich voller Begeisterung davon überzeugen, dass Giacometti in seinen Skulpturen eine Synthese aus seinen früheren Schwerpunkten gelungen ist, von der mir das Entstehen des Stils unserer Zeit immer abzuhängen schien.“

André Breton,
Le Figaro littéraire, 5. Oktober 1946

KAPITEL 3

EIN KÜNSTLER, DEN MAN NICHT EINORDNEN KANN

Im hochpolitischen Kontext der Nachkriegszeit wurde die Kunst in Geiselhaft genommen: Die UdSSR positionierte sich zugunsten des Sozialistischen Realismus, während die USA die Abstraktion favorisierten. Giacometti verweigerte jede Vereinnahmung seiner Kunst, seine Sympathien galten aber der Linken. Als er 1949 die Einladung erhielt, an einer Ausstellung „abstrakter Skulptur“ für die Biennale von Venedig 1950 teilzunehmen, schlug er vor, sie „nicht figurativ“ zu nennen.

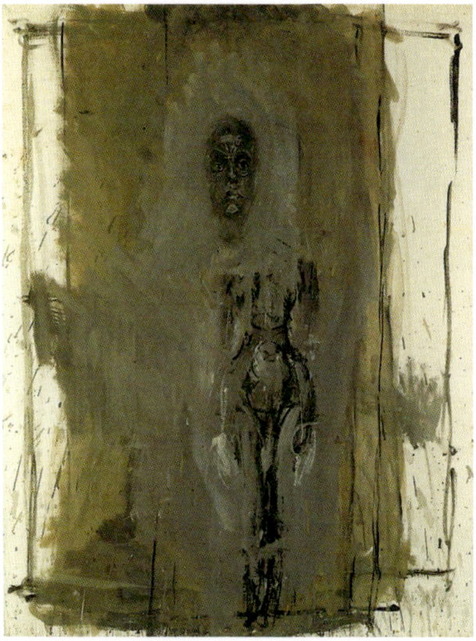

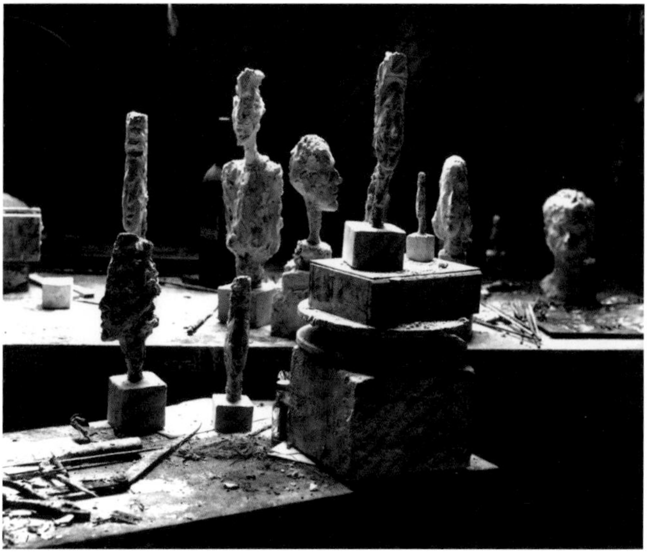

Einer der ersten Fotografen, die nach dem Krieg wieder bei Giacometti auftauchten, war 1946 Marc Vaux, der wahrscheinlich im Auftrag von Zervos für die Zeitschrift *Cahiers d'art* zu ihm kam. Er fotografierte einzelne Werke und Werkgruppen. Seine Bilder vom Atelier betitelte er mit „Skulpturen im Entstehen". Man erkennt darauf (links) ein fertiges Portrait von Marie-Laure de Noailles aus dem Jahr 1946 und einen Kopf von Rita Gueffier aus den 1930er Jahren. Die winzigen Figurinen (unten) sind wie eine Fortsetzung der Büsten, die Marc Vaux schon 1939 für *Verve* fotografiert hatte.

Im September 1945 kam Giacometti nach Frankreich zurück und tauchte sofort wieder in die Kreise der Vorkriegszeit ein, vor allem in den um Simone de Beauvoir und Sartre. Auch knüpfte er wieder an seine Kontakte der 1930er Jahre an: Marie-Laure de Noailles, Georges Bataille, Pierre Loeb. Paris war im August 1944 befreit worden, Giacometti kam also eher spät zurück – und wurde umso sehnsüchtiger erwartet. Sehr schnell machte in den Cafés das Gerücht von den kleinen Figuren die Runde, die er in seinen Taschen herumtrüge, „in einer Streichholzschachtel". War das nur eine Legende, die auf die Veröffentlichung von Eli Lotars Fotografien in *Labyrinthe* im Oktober 1944 zurückging, Bilder, auf denen man Giacometti mit sehr kleinen Kunstwerken sieht? Oder bezog sich das Gerücht auf die winzigen Skulpturen, mit denen er vor dem Krieg in Paris begonnen und von denen er einige 1941 unter den Bodenbrettern des Ateliers versteckt hatte? Oder doch auf die kleinen Bronzen, die Marc Vaux fotografiert hat und

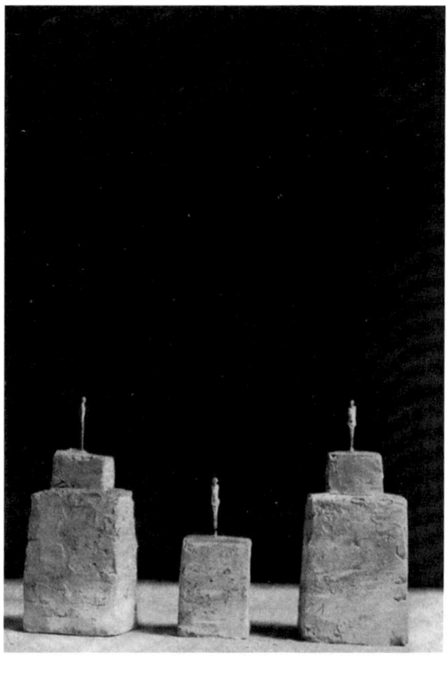

die 1946 in den *Cahiers d'art* veröffentlicht wurden? Wie auch immer – Annette, die junge Frau, die er in Genf kennengelernt hatte und die ihm 1946 nach Paris folgte, gab zu Protokoll, dass er keine derartigen Gipsfiguren aus der Schweiz mitgenommen habe.

Die Eroberung eines neuen Stils

Mit seiner Rückkehr begann Giacometti, an Figuren unterschiedlicher Größe zu arbeiten. Mit rauer Oberfläche und wildem Aussehen, Büsten und fadendünne Gestalten, männliche und weibliche, geformt aus

Paris wurde im August 1944 befreit, doch Giacometti kehrte erst ein Jahr später zurück, als er die zwanghafte Verkleinerung der Figuren hinter sich gelassen hatte. *Femme au chariot* (*Frau auf dem Wagen* 1943–1945; unten) ist eine vergrößerte Version der Figuren mit einem hölzernen Wagen.

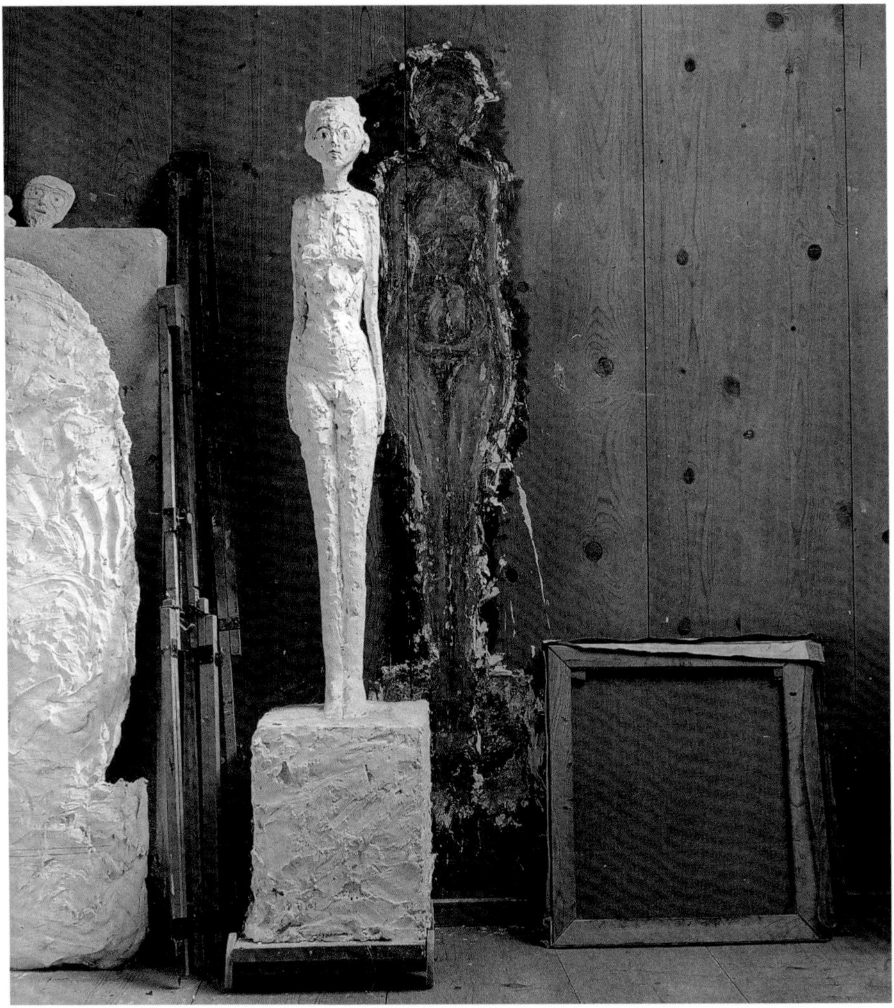

„Klumpen im Raum", wie Sartre es ausdrückte. Breton, der seit 1946 wieder in Paris war, bereitete 1947 eine Ausstellung vor, die die Rückkehr des Surrealismus auf der Pariser Bühne markierte. Eine Zeit lang hoffte er, Giacometti wieder in die Gruppe der Surrealisten eingliedern zu können, doch der wehrte sich einmal mehr gegen Bretons Herrschaftsanspruch und wollte nicht an

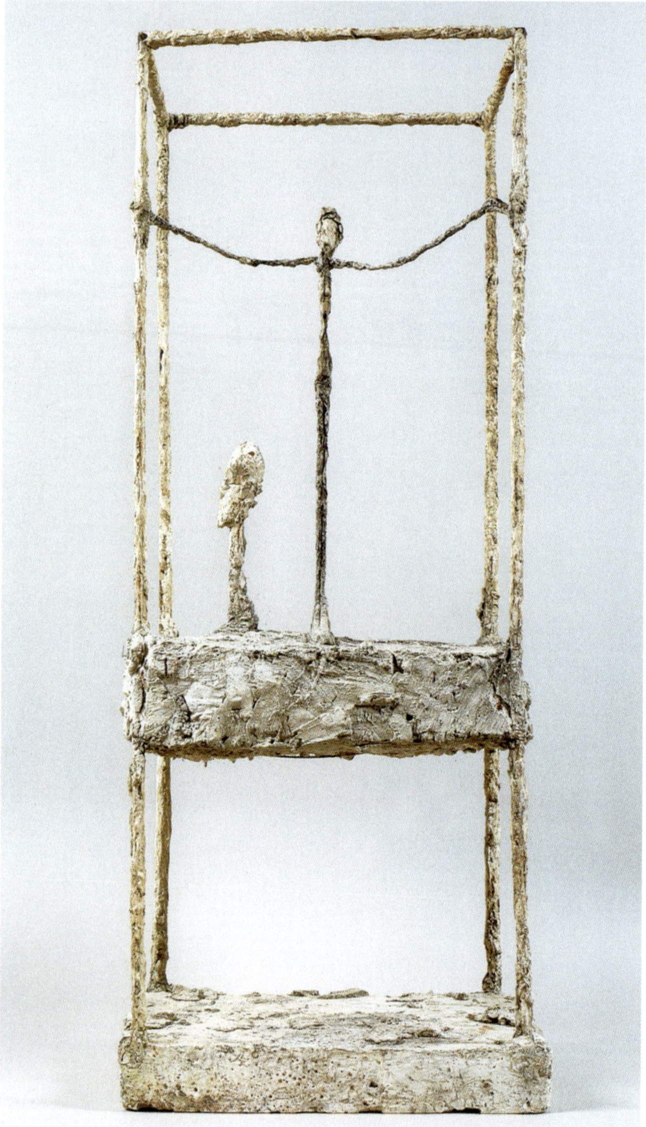

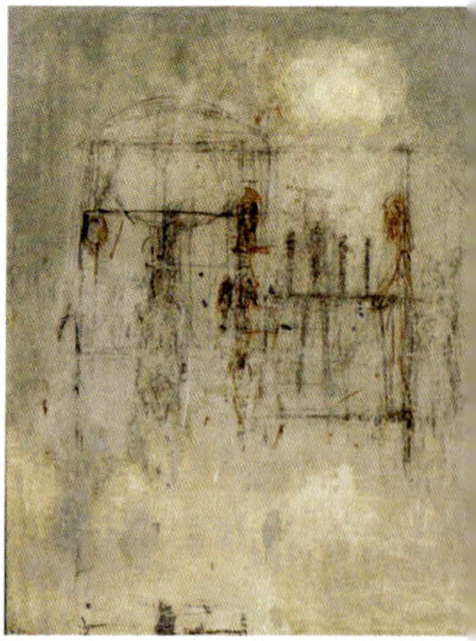

Die erste Version von *Käfig* (links) entstand nach einer Vision, des Künstlers 1949: eine Frau mit erhobenen Armen öffnet den Vorhang eines Schlafzimmers. Wie in seiner surrealistischen Phase betrachtete Giacometti „die Skulptur als vor [ihm] vorhanden". Er zeichnete sie auf die Wand in der Rue Hippolyte-Maindron, wie ein Projekt zwischen *Quatre femmes sur socle (Vier Frauen auf einem Sockel)* und *Quatre figurines sur piédestal (Vier Figurinen auf einem Sockel)*. Im Juli 1949 zeigten Waldemar George und Denise René eine Version von *Käfig* in der Ausstellung „Skulptur in Frankreich von Rodin bis heute". 1950 überarbeitete Giacometti das Werk so, dass es nicht mehr am Boden stand und der Eindruck von der „Frau mit erhobenen, ausgebreiteten Armen" verschwand....

Rechts die Surrealisten im März 1953 im Café La Place Blanche.

der Ausstellung „Der Surrealismus 1947“ teilnehmen, die im Juli in der Galerie Maeght stattfand. Noch 1953 wollte Breton Giacomettis *Grande Figure (Große Figur)* von 1947 in einer Ausgabe der Zeitschrift *Flair* (die aber nicht erschien) als surrealistisches Werk präsentieren. Und Giacometti machte gern mit, als die Gruppe im

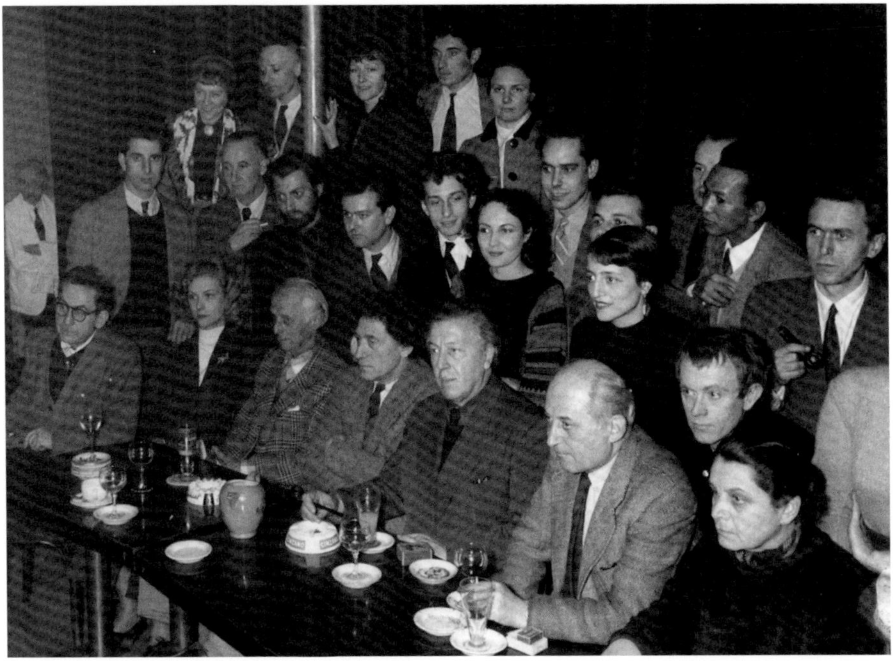

Café La Place Blanche für ein Foto posierte, das in der Zeitschrift erscheinen sollte.

Doch auch wenn sich Giacometti sträubte, sich von einer Gruppe vereinnahmen zu lassen, waren die Skulpturen, die er um 1947 bis 1950 schuf, stark vom Surrealismus geprägt: Sehr häufig sind sie zu Kunstwerken gewordene Träume oder Visionen und greifen die Themen seiner Skulpturen vom Beginn der 1930er Jahre auf, wie den Käfig, das Rad, das Tablett oder Fragmente menschlicher Figuren; auch der Zufall spielt eine große Rolle bei seinen Kompositionen. Im Übrigen ließ sich Giacometti darauf ein, für die Ausstellung bei Pierre Matisse neue Versionen seiner surrealistischen Schaffensperiode zu kreieren, etwa die *Schwebende Kugel.*

1947 startete Sartre in *Les Temps modernes* seine Offensive gegen Breton, dessen Einstellung er ablehnte („Alles läuft darauf hinaus, dass es eine Geisteshaltung gibt, von der aus Leben und Tod aufhören, als Gegensätze betrachtet zu werden“): „Wenn Breton glaubt, seine inneren Experimente am Rand der revolutionären Aktivität und parallel zu ihr fortsetzen zu können, ist er […] zum Scheitern verurteilt […] das Proletariat, das sich im Kampf engagiert, muss, […], jederzeit in der Lage sein, Vergangenheit und Zukunft, Wirklichkeit und Fantasie, Leben und Tod zu unterscheiden.“

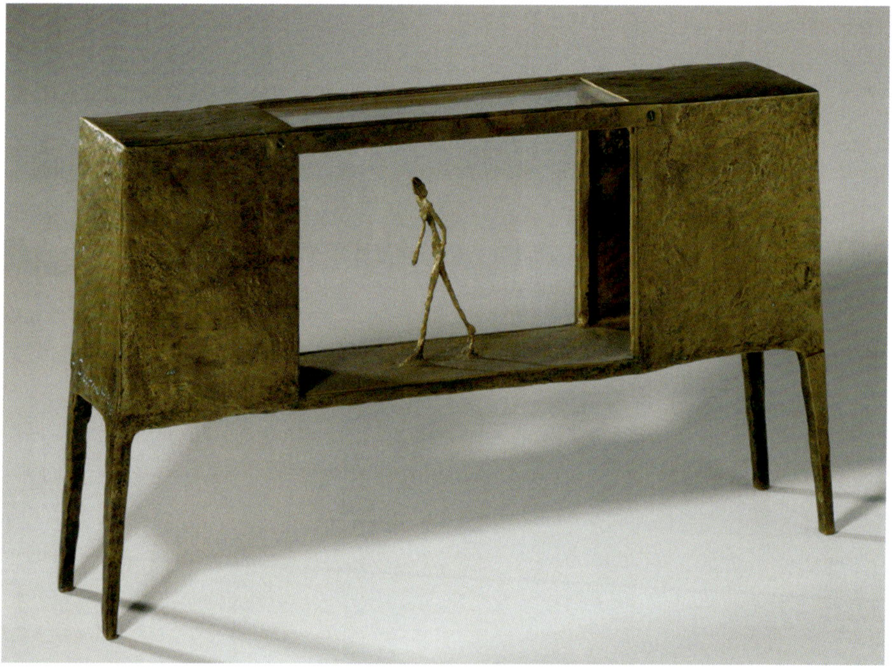

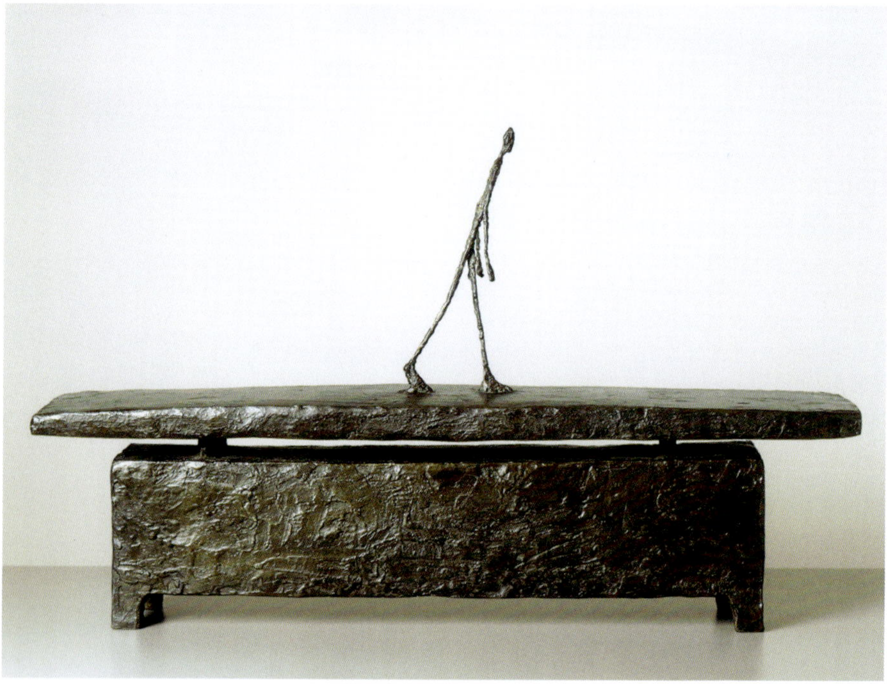

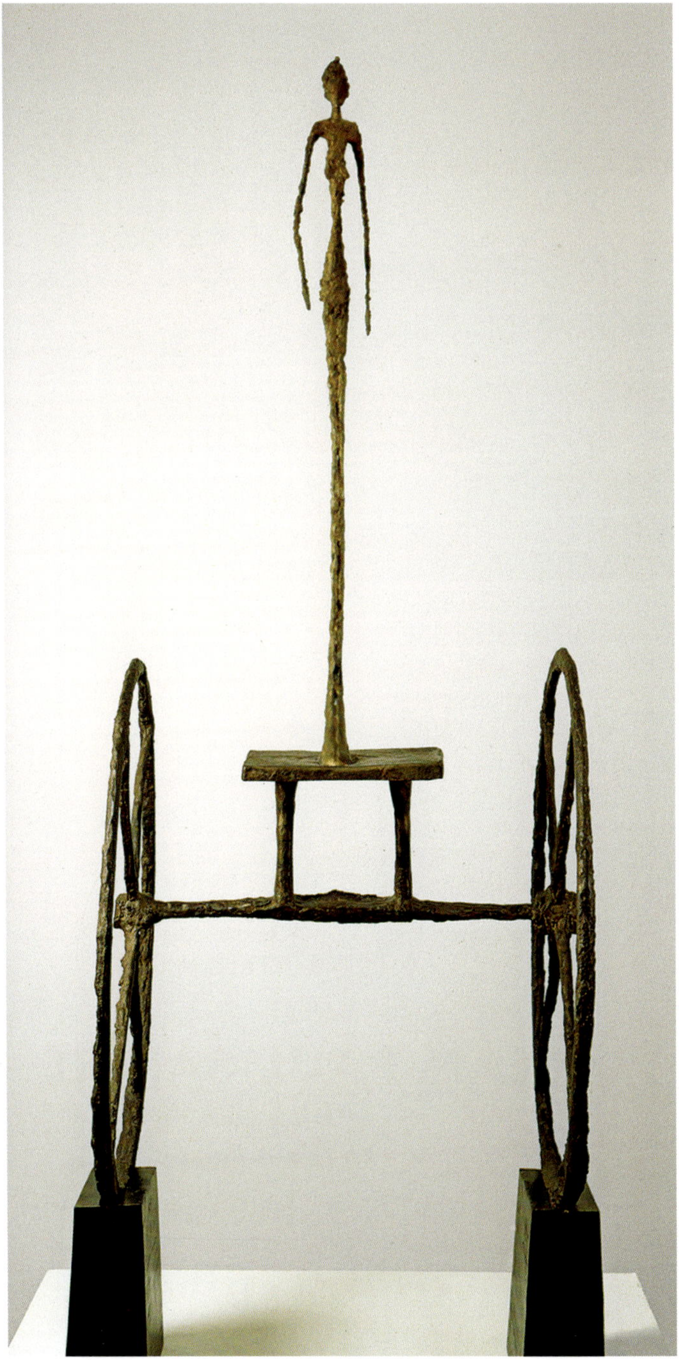

Diese beiden schreitenden Personen, eine weibliche und einc männliche (linke Seite, oben: *Figurine dans une boîte entre deux boîtes qui sont des maisons – Kleine Figur in einer Schachtel zwischen zwei Schachteln, die Häuser darstellen* und unten: *Moi me hâtant dans une rue sous la pluie – Ich, auf der Straße und in Eile, es regnet*), zeigen, dass für Giacometti der Weg wichtiger war als das Ziel. Das Herumprobieren und das Scheitern interessierten ihn genauso, wenn nicht mehr, als die Erfolge. *Der Wagen* (links, 1950) entstand aus der Erinnerung: ein Klinikwagen für Medikamente, den er 1938 gesehen hatte und vor seinem geistigen Auge im Zusammenspiel mit etruskischen Skulpturen und römischen Wagen sah. Die drei Skulpturen waren Überbleibsel flüchtiger Visionen. „Der Wagen war für mich das einzige Mittel, um die Figur so erhöht zu positionieren, wie ich sie vor mir sah; was ich vermeiden wollte, war ein neutraler Sockel, der schwer auf dem Boden liegt, das erschien mir falsch, ich wollte einen Leerraum unter den Füßen der Figur."

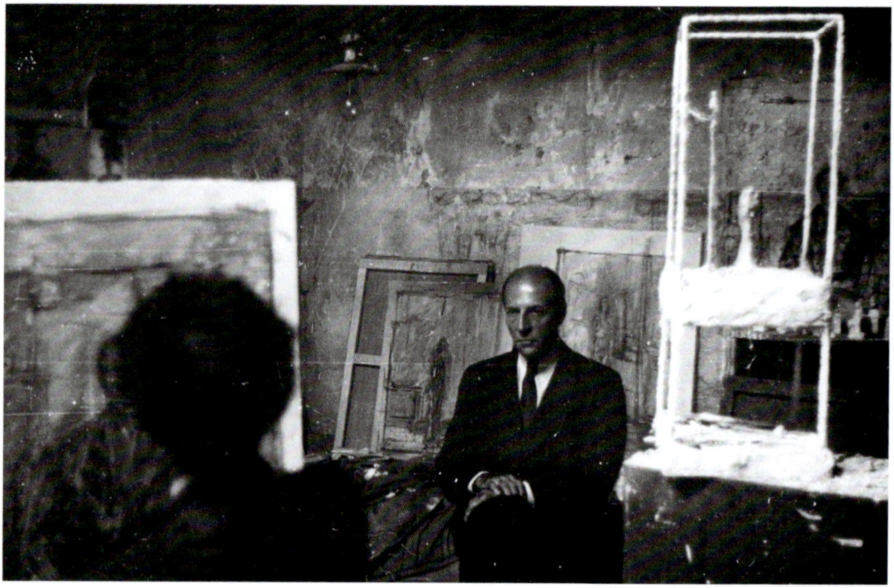

Sobald er wieder in Paris war, war Giacometti ein gefragter Name bei den Kunsthändlern. Die empfingen seit 1946 wieder amerikanische Kunden, die ab 1947 sogar noch zahlreicher auftauchten, um zeitgenössische Kunst aus Paris zu erwerben. Der Markt hatte die Region jenseits des Atlantiks erobert, und Giacometti war wieder in Kontakt mit dem Kunsthändler Pierre Matisse, der das Risiko auf sich nahm, beträchtliche Summen in Bronzeabgüsse für eine erste Ausstellung zu investieren, die zunächst für 1947 geplant, aber dann auf Januar 1948 verschoben wurde.

Das Portrait von Pierre Matisse, das Giacometti 1950 gemalt hat (oben), ist nicht erhalten. Giacometti kürte Sartre und nicht Breton zum Verfasser des Vorworts seiner ersten Ausstellung nach dem Krieg (unten).

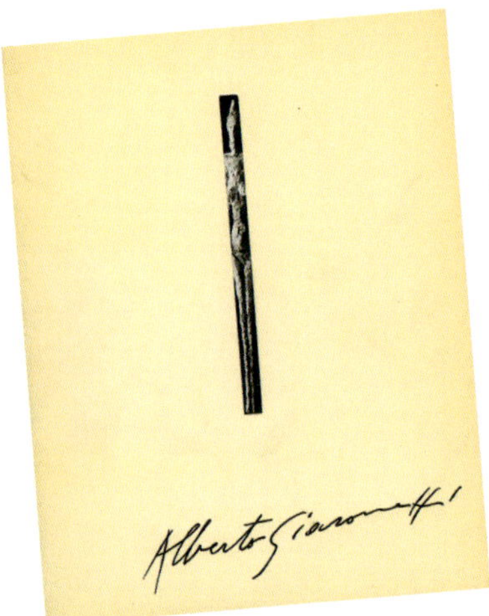

INTRODUCTION

by

JEAN-PAUL SARTRE

AND

A LETTER FROM

ALBERTO GIACOMETTI

JANUARY 19 TO FEBRUARY 14

1948

Ab 1948 hatte Giacometti das Bedürfnis, in Paris repräsentiert zu sein, um die Wirkung seiner Arbeit in der Öffentlichkeit auszuloten. Erst wollte er mit der Galerie Louis Carré zusammenarbeiten, entschied sich dann aber für eine andere unter den lebendigsten Galerien der damaligen Zeit, nämlich die von Aimé Maeght. Maeght hatte im Dezember 1945 Cannes den Rücken gekehrt und innerhalb sehr kurzer Zeit auch mithilfe von Louis Clayeux eine Galerie aufgebaut, die mit den bedeutendsten von Paris mithalten konnte. Nachdem Giacometti seit 1929 bewusst auf Verträge verzichtet hatte, traf er nun mit Pierre Matisse und Aimé Maeght einvernehmliche Abmachungen: Ab 1951 teilten sich die beiden Galerien seine Bronzeabgüsse, mit Ausnahme eines ersten Abgusses für seinen persönlichen Bedarf (épreuve *d'artiste*); Gemälde gab es nur wenige, und sie wurden meist anlässlich von Ausstellungen verkauft. Die Pariser Galerie hatte die Vertretung für Europa inne und verpflichtete sich, nicht an Amerikaner zu verkaufen. Natürlich kam es zu Reibereien und Zwischenfällen in den Geschäftsbeziehungen, da die vermögendsten Sammler Amerikaner waren, denen es nichts ausmachte, nach Paris zu kommen und die Konkurrenz zwischen den Galerien zu befeuern, wie etwa G. David Thompson oder Joseph H. Hirshhorn. Am 11. Oktober 1964, als Louis Clayeux ausschied, brach Giacometti endgültig mit der Galerie Maeght. Dennoch hatte er zuvor der Stiftung, die Marguerite und Aimé Maeght in Saint-Paul-de-Vence ins Leben gerufen hatten, seine Rechte an einem außergewöhnlichen Konvolut seiner Werke zum reinen Bronzeabguss-Preis angeboten.

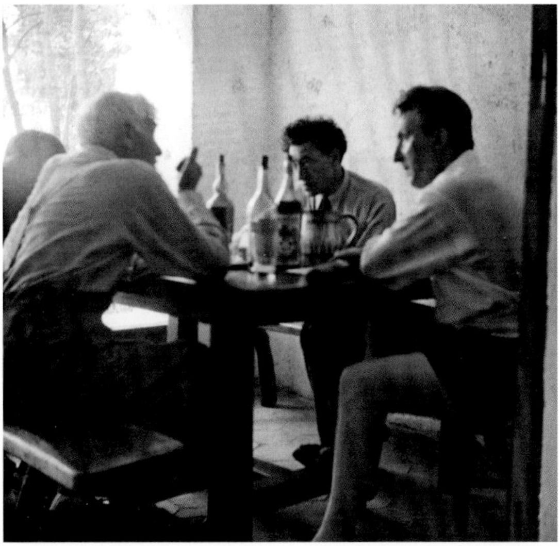

Die Fotografien für den Katalog von 1948 wurden ebenso wie das Foto von Pierre Matisse aus dem Jahr 1950 (linke Seite) von Patricia Matisse in Giacomettis Atelier aufgenommen. Sie wurde als Patricia Kane geboren und war, bevor sie 1949 Pierre Matisse ehelichte, mit dem Maler Roberto Matta Echaurren verheiratet. Giacometti schätzte die Bilder, die eine starke Körnung haben und ohne künstliches Licht entstanden sind; er zog sie professionellen Fotos vor. Ab 1951 stellte Giacometti in der Galerie von Aimé Maeght aus. Zu dessen Künstlern gehörte auch Georges Braque, dem Giacometti 1952 einen Text widmete (oben: Braque, Giacometti und Maeght in Vence).

Ein illustrer Bewohner von Montparnasse

Alberto Giacometti wurde in den 1950er Jahren zu einer der berühmtesten Gestalten von Montparnasse. Allabendlich kehrte er im Sélect oder im La Coupole zum Essen ein, wo er immer am selben Tisch saß; sein Atelier in der Rue Hippolyte-Maindron war ein Fixpunkt auf den Reiserouten der großen internationalen Sammler. Die sehr besondere Atmosphäre im Atelier, die extreme Kargheit der Einrichtung – in den Augen der Gäste aus dem Ausland das perfekte Beispiel für die Pariser Bohème – und die wie in Stein gemeißelten Gesichtszüge des Künstlers selbst waren wie geschaffen für diese große Zeit des Fotojournalismus. Denise Colomb, Robert Doisneau, Inge Morath, Arnold Newman, Gordon Parks, Henri Cartier-Bresson, Irving Penn und viele andere verbreiteten das Bild des Künstlers und seiner einzigartigen Umgebung in der ganzen Welt.

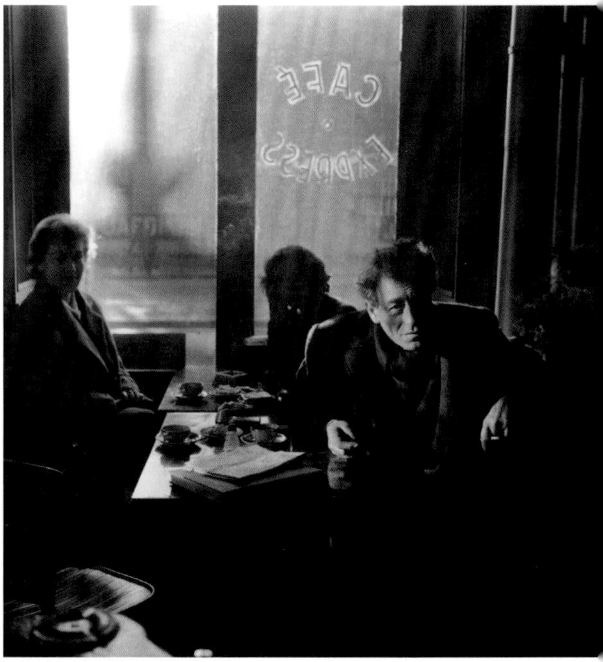

Sein Atelier war winzig, das war unabdingbar für sein Schaffen, doch Giacometti war kein Masochist, und wenn es seine Gesundheit erforderte, ging er wie vor dem Krieg zum Schlafen ins Hotel. Für ihn war das Zentrum der Weltkunst Paris, und 1959 beschloss er, seine Begeisterung für die Stadt in Lithographien für den Verleger Tériade zu verewigen, nachdem er eine Zeit lang darüber nachgedacht hatte, eine Reise in die französische Provinz zum Gegenstand eines Buches zu machen. Zunächst trug das Buch den Titel *Sous le ciel de Paris* (Unter dem Himmel von Paris), ehe es 1969 schließlich unter dem Titel *Paris sans fin* (Paris ohne Grenzen) erschien. In 150 Bildern findet man darin die Orte, die Giacometti häufig aufgesucht hat: das Atelier,

Seit 1948 Artikel in *Vogue* und *Harper's Bazaar* erschienen, war Giacomettis unkonventioneller Lebensstil Teil der Legende um ihn. Der Besuch von Cafés und Brasserien gehörte ganz selbstverständlich zu seinem Tagesablauf. Dort las er Zeitung, verfasste seine umfangreiche Korrespondenz und bereitete seine Texte zur Veröffentlichung vor. Hier traf er auch seine Freunde zu unendlich langen Diskussionen und beobachtete das Leben um sich herum. Auch zahlreiche Zeichnungen von Gästen, von Flaschenhaltern, vom Tresen, von Leuchten entstanden hier auf Blättern, in Notizheften und sogar auf Tischdecken.

das Schlafzimmer, die Cafés, die Druckerei Mourlot, das Büro von Tériade, noch mal das Atelier – die Bilder wiederholen sich in einem unendlichen Kreislauf. Obwohl Giacometti sehr an Paris hing, fuhr er regelmäßig nach Graubünden zu seiner Mutter, um sich von seinem Pariser Leben zu erholen: von den endlosen Arbeitssitzungen zwischen spätem Vormittag und frühem Morgen, mit nur einer richtigen Mahlzeit und vier Packungen Zigaretten pro Tag. In die Schweiz kamen, wenn überhaupt, nur seine Freunde Henri Cartier-Bresson oder Ernst Scheidegger, um ihn zu fotografieren, Journalisten verirrten sich nicht dorthin.

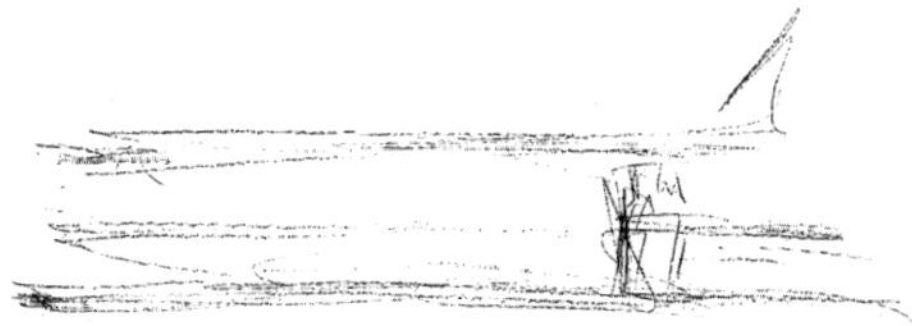

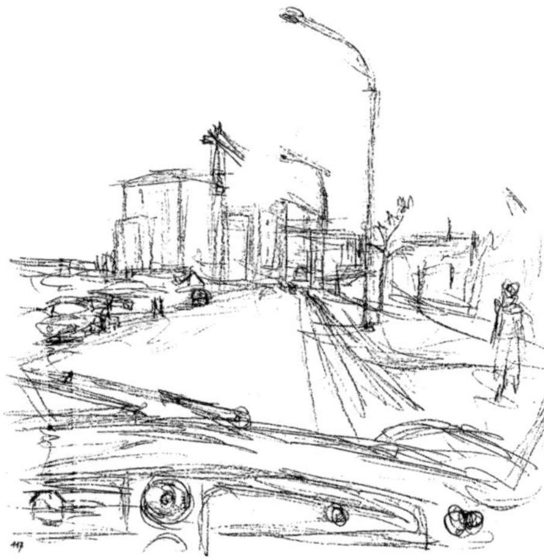

Treue Freunde und ein ergebener Bruder

Alberto Giacometti hatte einige enge Freundschaften in verschiedenen Kreisen etabliert, die nichts miteinander zu tun hatten. In der surrealistischen Phase ergab sich der erste: René Crevel (der 1935 Selbstmord beging), Paul Éluard, Max Ernst, André Breton. Außerdem

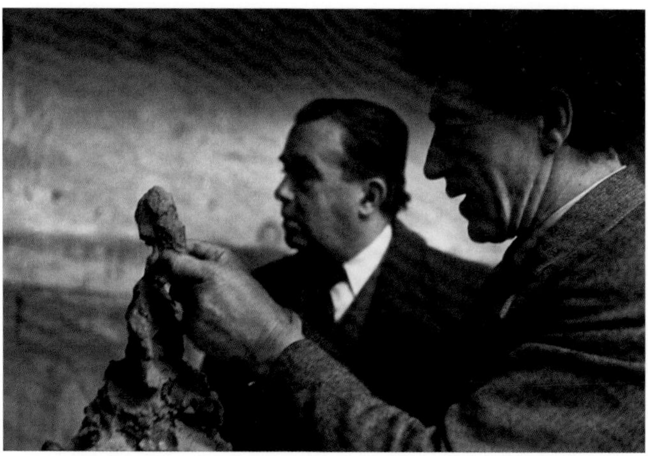

Giacomettis Paris war das der einfachen Leute und Arbeiter: Er besuchte Vernissagen seiner Künstlerfreunde, mied aber das mondäne Leben. Er liebte Cabarets und „bars à poules" (Bars, in denen Prostituierte verkehren) wie Chez Adrien, wo er 1958 Caroline kennenlernte. In dem Sportwagen, den er ihr schenkte, erkundete er die Banlieue und die Baustelle des neuen Flughafens Orly (oben) für das Buch, das er mit Tériade plante (links, im Atelier). Giacometti liebte den technischen Fortschritt und das Arbeiten in der Stadt, die ihm „ein wunderbares Gefühl von Lebendigkeit vermitteln".

knüpfte er Verbindungen mit Schriftstellern wie Tristan Tzara und René Char sowie Verlegern wie Tériade, die auch nach 1945 noch da waren. In der Gruppe um die Zeitschrift *Documents* fand seine erste Begegnung mit Carl Einstein statt, nach dem Krieg blieb er mit Georges Bataille und vor allem Michel Leiris in Verbindung. Während des Krieges entwickelte sich eine Beziehung zu Simone de Beauvoir und dann zu Jean-Paul Sartre, mit dem er sich nach seiner Rückkehr nach Paris regelmäßig traf. In Künstlerkreisen knüpfte er vor dem Krieg enge und dauerhafte Freundschaften mit Balthus und Francis Gruber (der 1948 jung starb), aber auch mit wenig bekannten Malern wie Constant Rey-Millet, Roger Montandon, Gaston-Louis Roux, die wie er intellektuell waren und besessen von der Suche nach der richtigen Bildsprache. Giacometti ließ diese Freunde von seiner Bekanntheit profitieren und drängte etwa seinen Galeristen Pierre Matisse, eine Ausstellung mit Bildern von Rey-Millet in New York zu zeigen. Alberto Giacometti ließ oft einfließen, dass er ohne die Mitarbeit seines Bruders Diego, der ihm ab Ende 1929 als Assistent zur Seite stand, seine Arbeiten nicht hätte durchführen können. Nachdem Diego zunächst gern selbst gemalt hatte, damit aber ohne die Hilfe Albertos nur wenig Erfolg hatte, gab er jegliches eigene Kunstschaffen auf und lernte stattdessen, die Innenkonstruktion von Albertos Skulpturen zu bauen, das Abformen in Gips zu übernehmen, Oberflächen zu bearbeiten – und das alles ausschließlich im Dienst seines Bruders. Diegos autodidaktische Herangehensweise passte Alberto Giacometti perfekt ins Konzept, der es aus seiner Erfahrung bei den Surrealisten schätzte, wenn Zufall, Fehler und die Mithilfe von anderen ins Spiel kamen: Francis Ponge hat es mit seiner Formulierung auf den Punkt gebracht, dass manche Ungeschicklichkeit in Giacomettis Werken sie vor der Virtuosität bewahre. Nichtsdestotrotz gab Giacometti seinem Bruder immer genaue Anweisungen, und so blieb Diego ein ausführender Arbeiter. Er war nicht nur ein ergebener Assistent, sondern auch ein treues Modell, er posierte unermüdlich von den 1930er

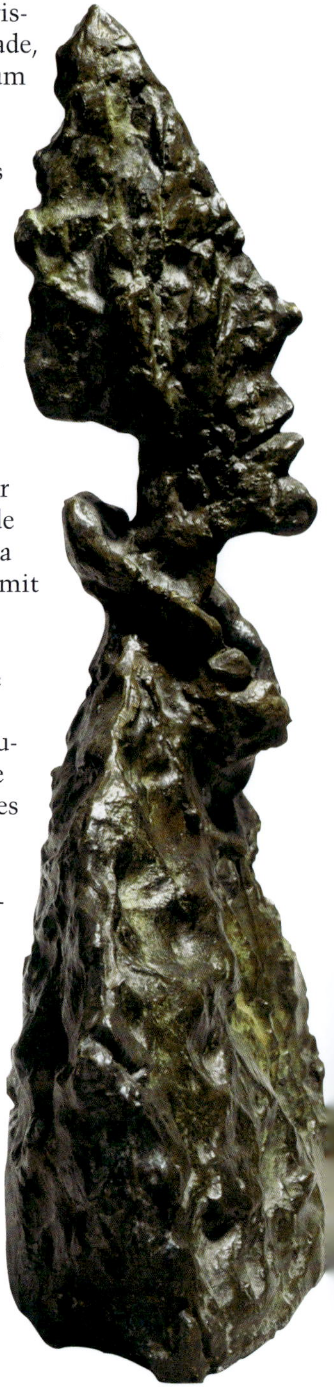

bis in die 1950er Jahre für seinen Bruder – für Gemälde ebenso wie für Skulpturen. Unzählig sind auch die gemalten oder geformten Männerköpfe, für die Diego in Albertos Kopf als Vorlage diente. Sein geisterhaftes Bild taucht wie ein Nachbild auf der Netzhaut in der gesamten Serie der „schwarzen Köpfe“ auf, die Alberto zwischen 1951 und 1962 malte. Um 1914 war Diego Giacometti der Erste gewesen, der seinem Bruder für eine Skulptur Modell stand; 1963 sollte Giacometti über ihn sagen: „Er hat mir zehntausendmal Modell gestanden; wenn er posiert, erkenne ich ihn nicht wieder [...]. Wenn ich einen Kopf aus dem Gedächtnis fertige, sagen die Leute: ‚Das ist Diego.‘ Mir war das nicht klar.“

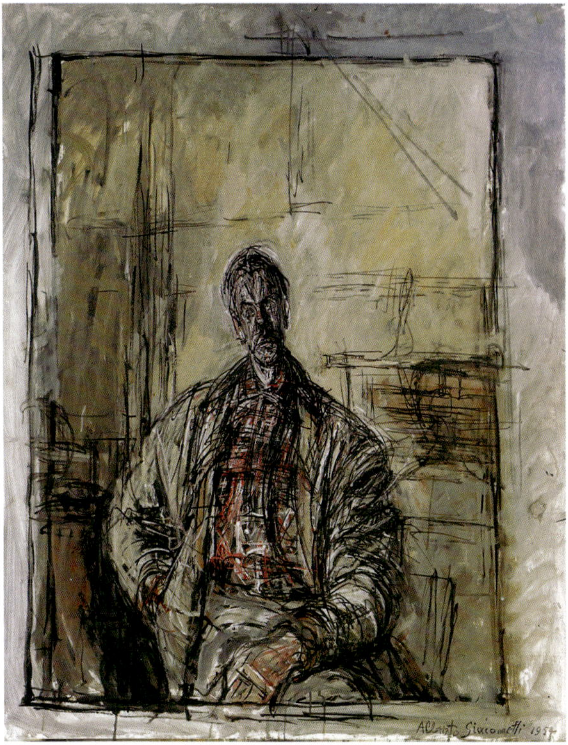

Annetta, der Fels

Giacomettis wichtigste Modelle nach seiner Rückkehr nach Paris in der Nachkriegszeit waren Isabel Nicholas und dann ab 1947 Annette Arm. Bei Aufenthalten in der Schweiz seine Mutter, die das Regiment als Hausherrin in Stampa und Maloja führte. Daher sprach Giacometti von „bei mir“, wenn er von seinem Pariser Atelier sprach, und von „bei meiner Mutter“, wenn er in seinem Haus in der Schweiz war. Seltsamerweise besuchte ihn Annetta Giacometti kein einziges Mal in Paris, nicht einmal anlässlich seiner Ausstellungen: Paris blieb das Territorium ihres Sohnes. Sie war Jahrgang 1871 und starb zwei Jahre vor ihm, im Januar 1964.
Sie war es gewöhnt, für ihren Mann zu posieren, und war 1913 auch das erste Modell für die Zeichnungen ihres

Linke Seite: *Diego au blouson (Diego in der Jacke)*, 1953.

1954 schuf Giacometti eine Serie von Büsten mit flachen Köpfen aus dem Gedächtnis, in denen sich Diegos Gesichtszüge mit seiner eigenen charakteristischen Löwenmähne mischen. Im selben Jahr malte er eines der schönsten Bilder von seinem Bruder (oben), auf dem die Hand im Vordergrund riesig ist und sich der Kopf am Scheitelpunkt des Oberkörpers geradezu verliert.

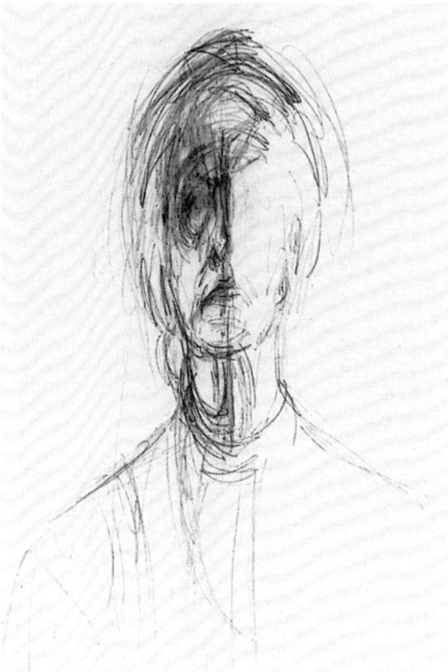

„Ich betrachte Deformationen als ganz unfreiwillig. Mir geht es nur darum, das wiederzugeben, was ich sehe."

Giacometti

Auch seine Mutter bildete Giacometti in der für ihn ab 1947 charakteristischen langgezogenen Form ab (links, im Bleistiftportrait, und unten, in Stampa).

Sohnes. Der flache Kopf nach ihrem Vorbild war einer der ersten Versuche Giacomettis, seine Sicht auf die Dinge in eine Plastik zu übertragen und sich dabei von akademischen Vorgaben zu befreien: Er eliminierte die dritte Dimension und bildete das Gesicht stilisiert auf einer kreisrunden Fläche ab, wobei er den intensiven Blick in einem Bündel senkrechter und waagerechter Linien darstellte, die Wangen und Stirn durchziehen. Zwischen 1934 und 1937 war Annetta das maßgebliche Modell für ihren Sohn, wohingegen das seltsamerweise während des Krieges, als er in Genf nahe bei ihr lebte, nicht der Fall war. 1950 stellte sich Giacometti die Aufgabe, nicht mehr nur seine Wahrnehmung der menschlichen Figur in die Malerei zu übertragen, sondern auch seine Wahrnehmung der sehr genau definierten Beziehungen, die die Figur mit allen sie umgebenden Objekten in einem pulsierenden und sich weitenden Raum eingeht. Das gelang ihm mithilfe eines prächtigen Geflechts aus bunt leuchtenden Fäden. Die zwei Modelle, die er für diesen in der Schweiz durchgeführten Versuch auswählte, waren seine Mutter und seine Frau Annette. 1951 probierte der Künstler etwas noch Schwierigeres:

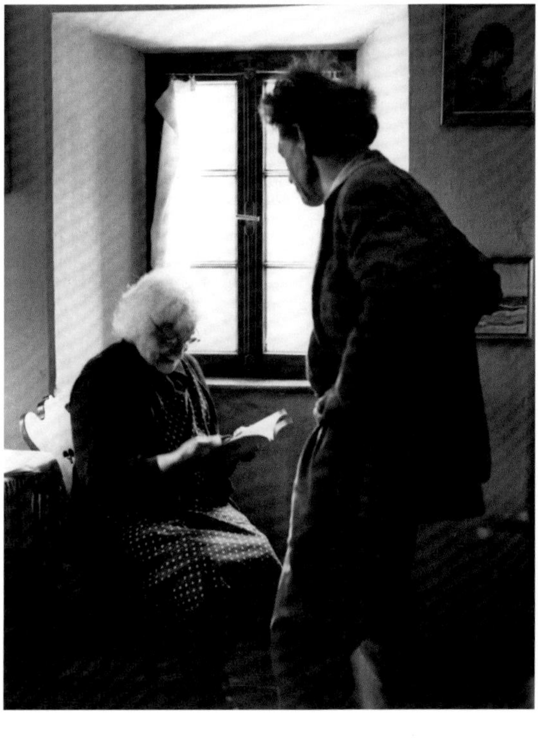

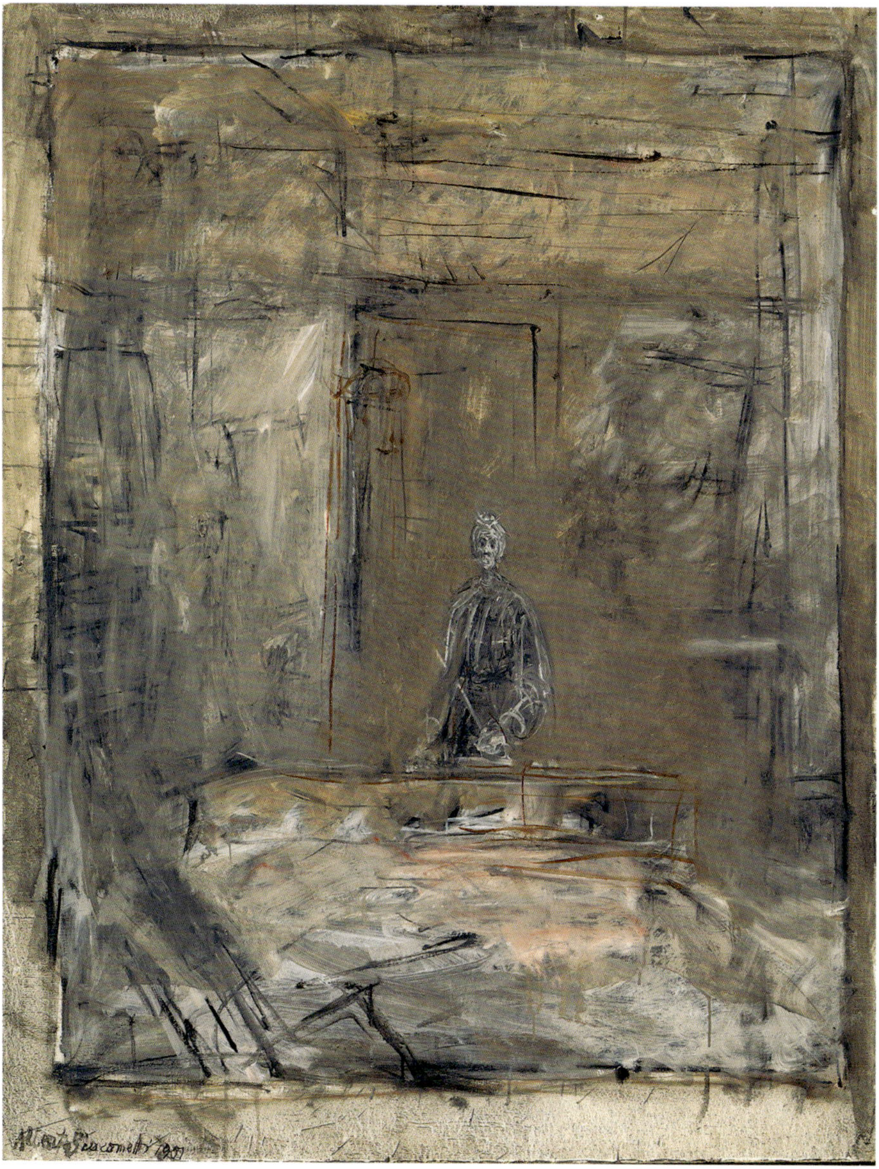

Er will die Atmosphäre wiedergeben, die Luft, die die Figur umgibt, während die Figur kleiner wird und der Raum sich ausdehnt. Wahrscheinlich hat er die Bilder aus dem Gedächtnis gemalt, die geisterhaften Figuren, mit spiralförmigen Strichen gezeichnet, nehmen eine vertraute Pose ein: Isabel Nicholas, im Atelier sitzend,

Der schwarze Rahmen begrenzt die Szene und strukturiert die Perspektive des Sujets, das sich wie in einem Spiegel zu reproduzieren scheint.

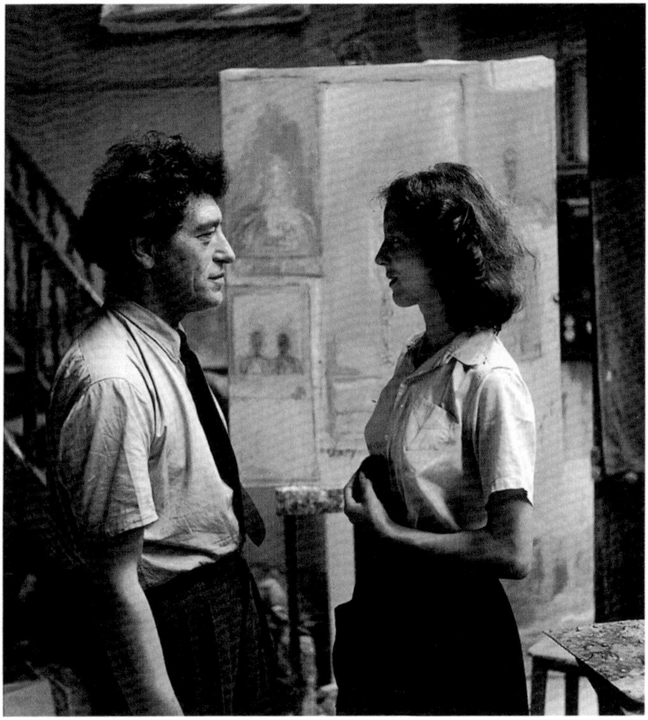

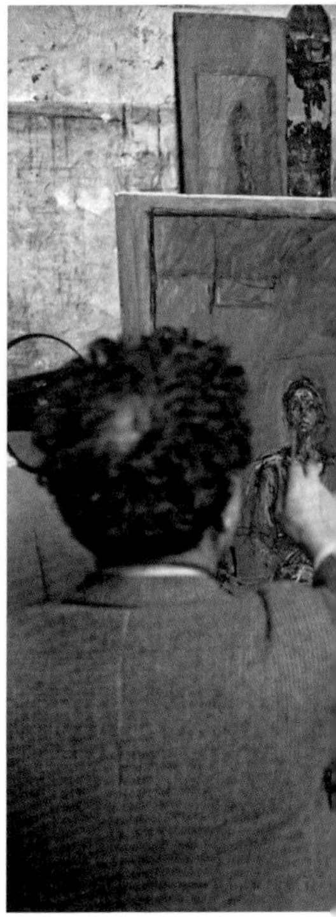

war im Jahr 1949 der Prototyp dafür gewesen, die Mutter, wie sie 1951 in Stampa ihren Besen hält, eine Weiterentwicklung. Danach werden die Gemälde von der Mutter seltener, und ab 1962 erscheint Annetta Giacometti nur noch auf Zeichnungen.

„Die einzige Frau, mit der ich leben kann"

Die Frau, die danach zu seinem bedeutendsten weiblichen Modell werden sollte, wurde im Oktober 1923 unter dem Namen Annette Arm im schweizerischen Pregny geboren. Ihren Aufzeichnungen zufolge lernte sie Giacometti an einem Oktoberabend des Jahres 1943 in der Brasserie de l'Univers in Genf kennen, wo ein Treffen von Sympathisanten der Résistance stattfand. Vom ersten Augenblick an fühlte sich Giacometti von ihr angezogen. Jean Starobinsky, der sie gleichzeitig kennenlernte, hat sie als „junge Frau, die ‚den Dingen ins Auge blickt', die ‚geradeaus' schaut, spricht und lebt" beschrieben, „ungeheuer freimütig und zugleich ungeheuer zurückhaltend, wunderbar geradeaus". Sie und

Als Gefährtin, Modell und Assistentin war Annette Giacometti wie Diego ein unentbehrlicher „Gegenstand" von Giacomettis Werk. Isabel Nicholas stellte fest, dass sie sich von Anfang an in die bohèmehafte Atmosphäre des Ateliers einpasste, die ihrem Wesen perfekt entsprach. Ihre Familiensituation in der Schweiz ähnelte der von Giacometti: ein liberaler und solidarischer Vater, der ihr sehr nahe stand, und Geschwister, bei denen sie zum einen Komplizenschaft, zum anderen den Hang zu bürgerlichen Konventionen und protestantischer Strenge erlebte.

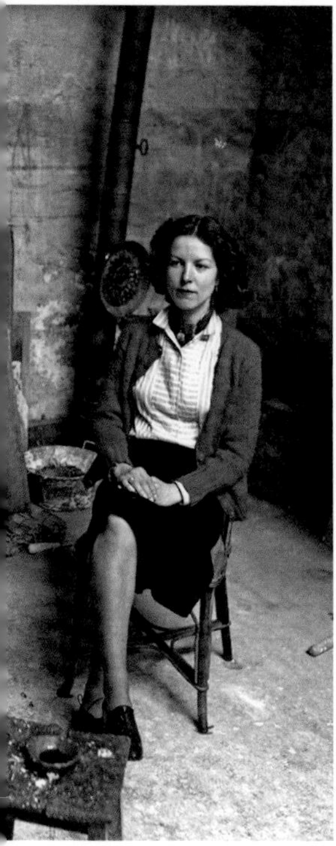

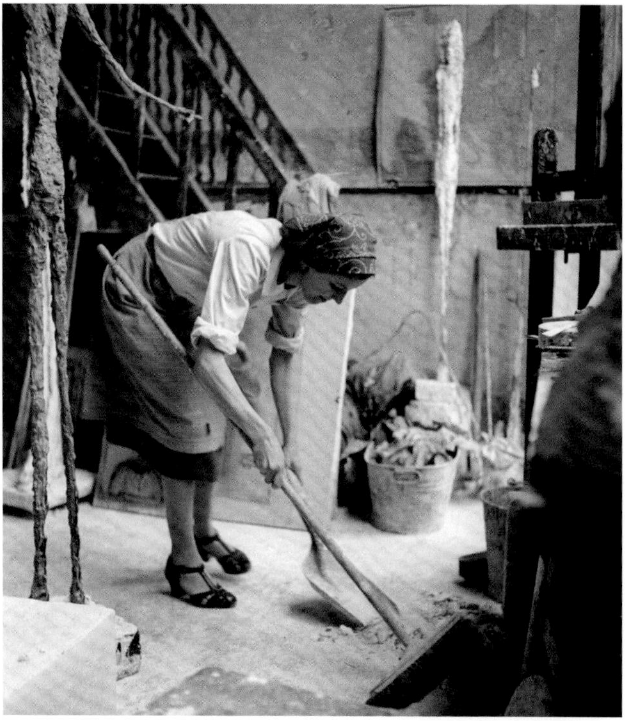

Giacometti verabredeten sich zum Abendessen und für gemeinsame Abende in der Brasserie La Centrale in der Rue de la Confédération. Zwischen 1. Februar 1944 und 30. Juni 1946 arbeitete Annette Arm als Sekretärin bei der Hilfskommission des internationalen Roten Kreuzes, die sich um Flüchtlinge kümmerte. Im September 1945 wurde sie mehrfach abgemahnt, weil sie wegen der schlaflosen Nächte mit Giacometti zu spät kam. Als Giacometti abgereist war, frequentierte sie weiterhin dieselben Künstler- und Intellektuellenkreise und lernte im Mai 1946 Simone de Beauvoir kennen, als sie zu Besuch in Genf war; die Beauvoir beschrieb sie wie folgt: „Ihre Augen verschlangen die Welt: sie wollte sich nichts und niemanden entgehen lassen; sie liebte es, wenn es hoch herging, und konnte über alles lachen." Als der Krieg zu Ende war, lief Annettes Vertrag mit dem Roten Kreuz aus, und im Juli 1946 folgte die junge Frau Giacometti nach Paris. Obwohl sie keine Künstlerin war und auch nicht vorgab, eine zu sein, mietete sie sich am 1. Oktober 1947 ebenfalls ein Atelier in

Im Chaos des Ateliers einen Haushalt zu führen konnte nur von jemandem vollbracht werden, der das Werk perfekt verstand. Annette beobachtete ihren Mann jeden Tag bei der Arbeit. „Im Moment hat er die Gipsfigur drangegeben und fängt wieder mit dem Kopf und der großen Frau in Ton an. Mit dem schreitenden Mann ist er, glaube ich, jetzt zufrieden. Ich habe den ganzen Gips aus dem Atelier geräumt […], 5 Säcke damit gefüllt, das Atelier steht voll mit Sachen, dazu kommen noch Gipsskulpturen und neue aus Ton", schrieb sie im Oktober 1959.

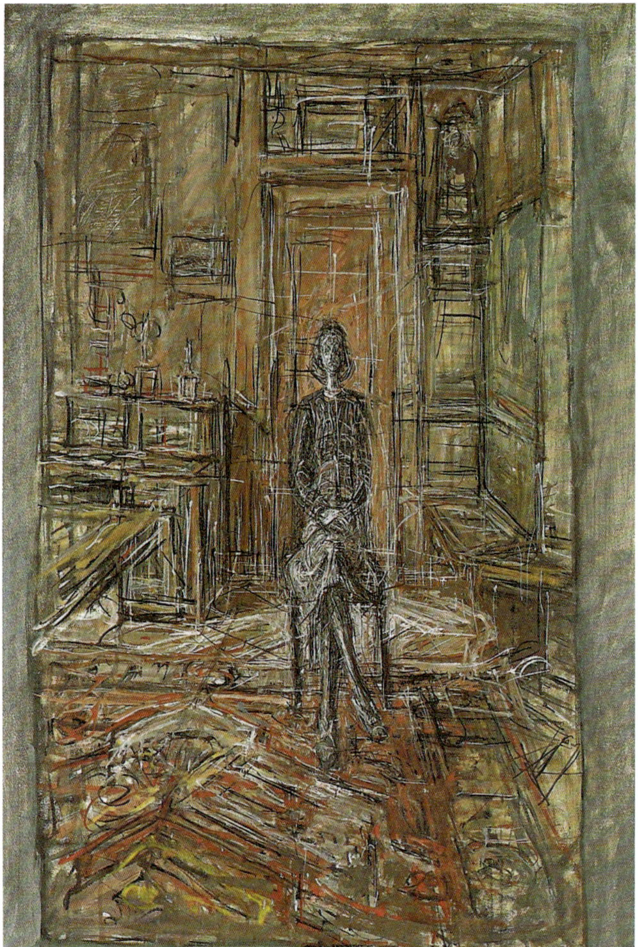

Die schmale Silhouette von Annette als Akt (unten) lieferte das Vorbild für viele modellierte Figuren.

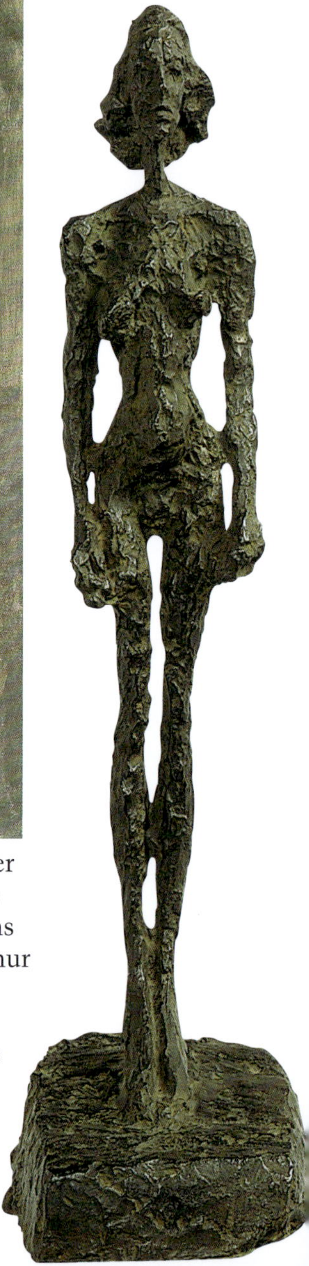

der Rue Hippolyte-Maindron 46 und ließ sich in seiner Nähe nieder. Annette sollte eine herausragende Rolle bei den kreativen Prozessen ihres künftigen Ehemanns spielen, den sie im Juli 1949 heiratete. Sie war nicht nur sein bedeutendstes weibliches Modell, sondern kümmerte sich auch um das Atelier, hielt es in Ordnung, heizte es, während Giacometti schlief. Sie schrieb die Texte ihres Mannes mit der Maschine ab und korrigierte dabei sein Französisch, kaufte ihm Möbel, manchmal wählte sie sogar die Drucke für die Ausstellungen aus. Da ihr Konventionen zutiefst

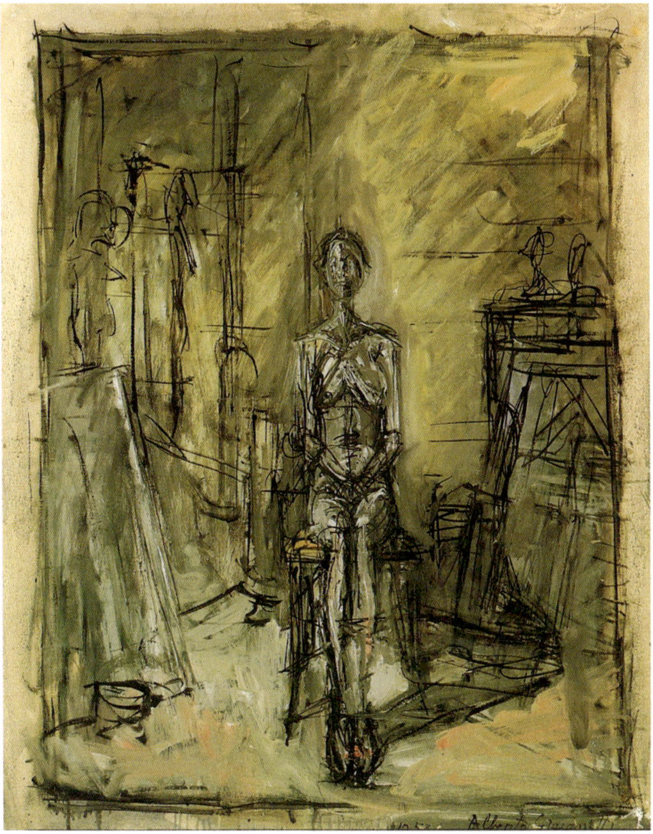

1949 heiratete Giacometti Annette und konnte sie seiner Familie in der Schweiz vorstellen, die an strengen bürgerlichen Konventionen festhielt. 1950 saß sie in artiger Pose Modell im Wohnzimmer in Stampa (linke Seite). In Paris posierte sie nackt, sitzend oder stehend, feierlich wie eine Göttin. Aus Annette Giacomettis Briefen geht hervor, wie gern sie ihrem Mann Modell stand und wie sie sich im Vorfeld darauf freute. Jede Sitzung war ein neues Abenteuer.

„Wenn meine Frau mir Modell steht, verliert sie im Lauf von drei Tagen jede Ähnlichkeit mit sich selbst. Ich erkenne sie absolut nicht wieder [...] Ich bin ungefähr der einzige, der Büsten nach lebendem Vorbild macht – von meiner Frau, meinem Bruder. Die Leute, die sie kaufen, sind meistens Liebhaber moderner Kunst. Sie kaufen nicht, weil die Büsten jemandem ähnlich sehen; sie kaufen, weil sie sie für ganz und gar erfunden halten. [...] Ich glaube, dass das, was sie trotz allem interessiert, ohne dass sie es sich einzugestehen wagen, dieses kleine Bisschen Ähnlichkeit ist."

Giacometti

fremd waren, gewöhnte sie sich sofort an das chaotische Leben zwischen Hotel und unbequemem Atelier und bewahrte sich dabei die poetische und fantasiesprühende Frische, in die Giacometti sich verliebt hatte.
Dass sich plötzlich Berühmtheit und materielle Unabhängigkeit einstellten, beeindruckte sie ebenso wenig wie ihren Mann. Sie liebte Poesie und Musik, las viel, ging gern in Bars und ins Theater, kurz: sie führte ein ziemlich unabhängiges Leben, und dennoch stand sie immer als Modell zur Verfügung. In den meisten weiblichen Akten von Giacometti erkennt man unschwer Annettes Silhouette, auch wenn sie im Grunde nie das eigentliche Sujet war. Ihr gemaltes oder modelliertes Abbild wandelte sich mit der Zeit, von den fein und zart gestalteten Köpfen der Nachkriegszeit bis zu den expressiven Gesichtszügen der 1960er Jahre.

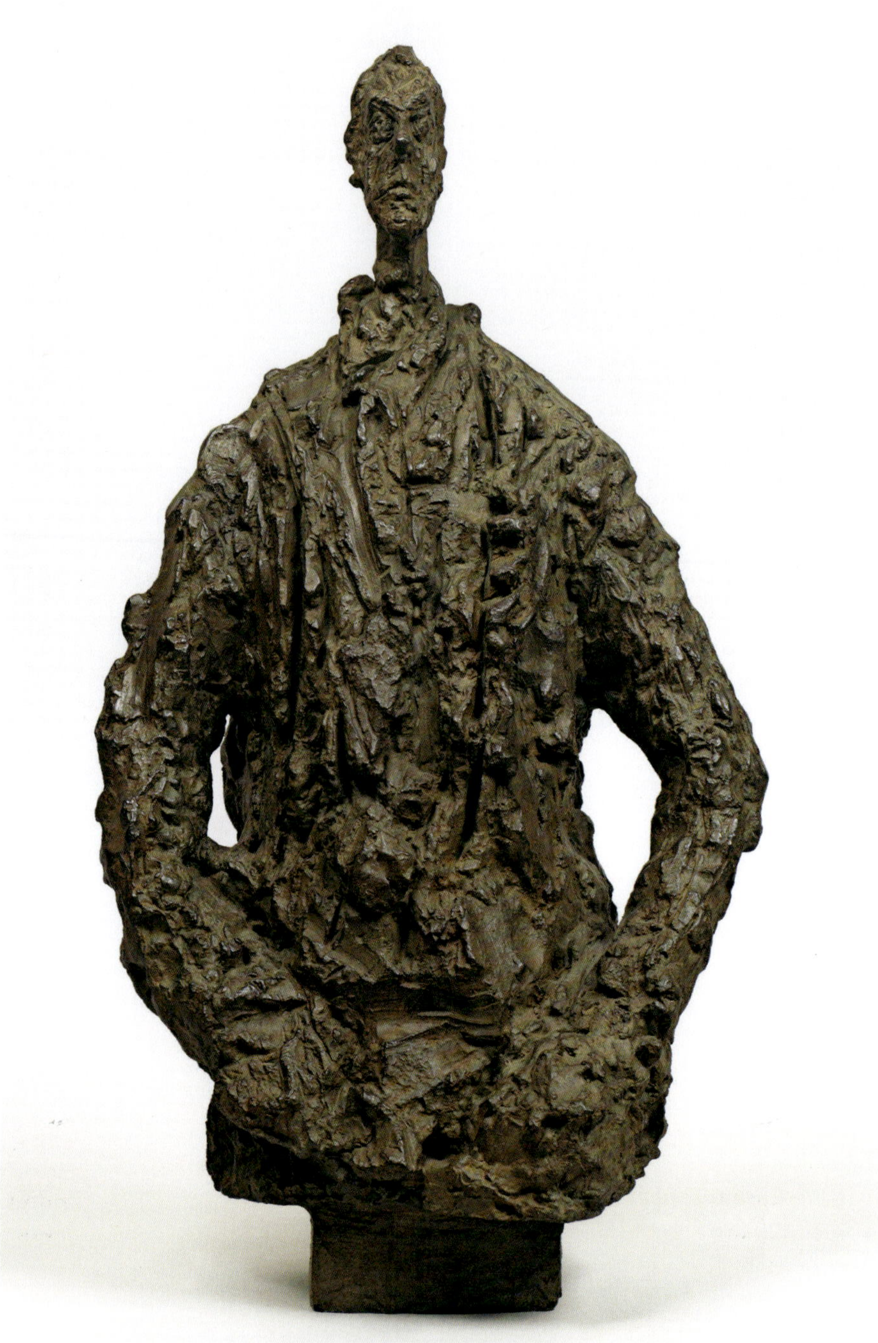

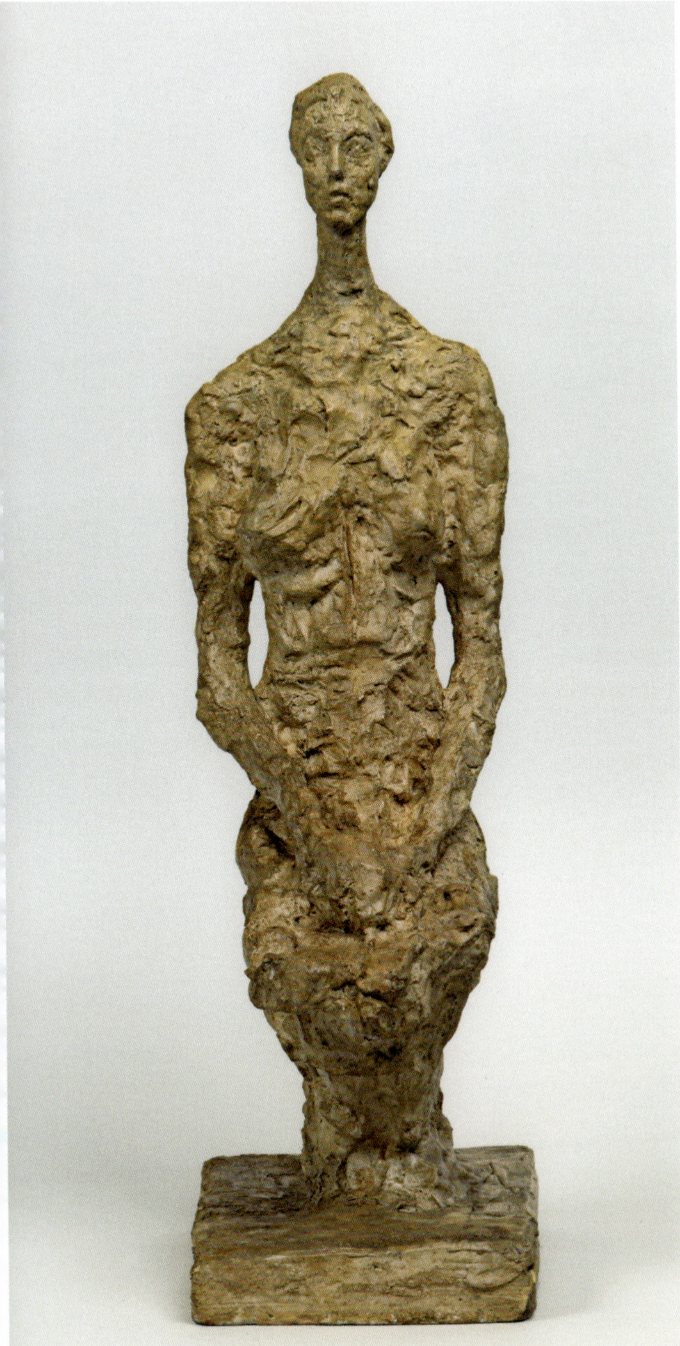

Diego und Annette sitzen Giacometti hier auf einem Stuhl des Ateliers in der Rue Hippolyte-Maindron in vertrauter Pose Modell: Diego mit den Händen im Schoß (linke Seite) und Annette mit ineinander gelegten Händen zwischen ihren fest geschlossenen Schenkeln (links). Giacometti versuchte wie immer, seiner Sicht so nah wie möglich zu kommen, und er stellte sein Modell so lebendig dar, wie er es mit ganzer Intensität wahrnahm. Indem er es auf einem Würfel oder auf einem Material abbildete, das sich im Schatten verlor, gelang es ihm, wie auf seinen Gemälden, die Konturen zu verwischen an Stellen, wo der Blick nicht mehr genau hinreichte: Die Skulptur verliert ihre Materialität, und er lässt uns sehen, was er wahrnimmt. Wie Sartre es 1954 im Hinblick auf seine Gemälde formuliert hat: „Solange ich nur für sein Gesicht und seinen Oberkörper Augen hatte, war ich überzeugt, dass er Füße hätte, ich glaubte sogar, sie zu sehen. Doch wenn ich hinschaue, verflüchtigen sie sich, sie verschwinden in einem lichten Nebel, ich weiß nicht mehr, wo die Leere beginnt und der Körper endet. [...] um sie zu sehen, genügt es, sie nicht wirklich anzuschauen."

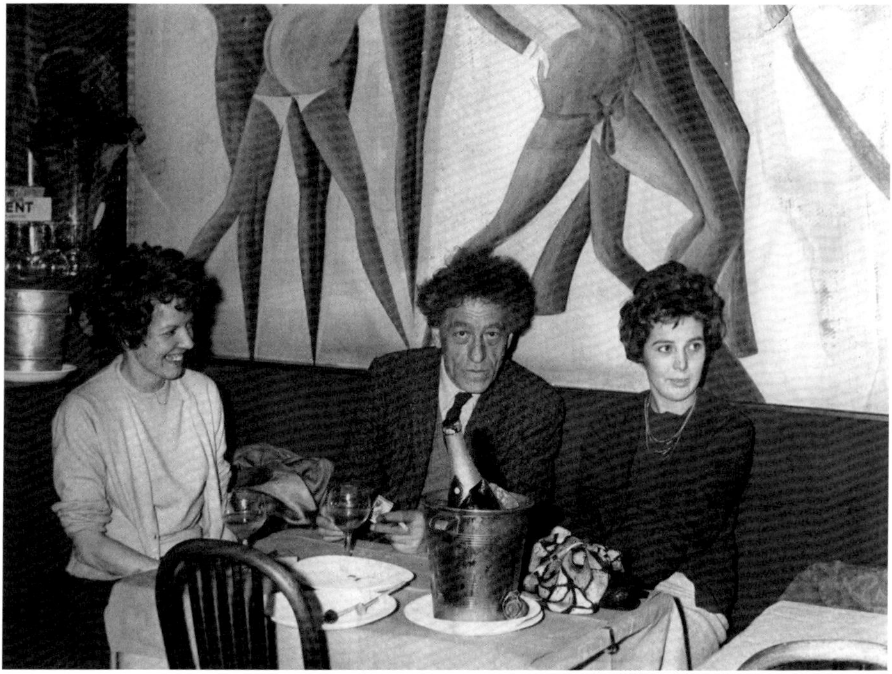

Giacometti besuchte regelmäßig die Cabarets von Montmartre und Montparnasse (oben: 1961 mit Annette und Caroline im La Villa). In der Bar Chez Adrien traf er sich mit den „Hühnern" Ginette, Dany und Caroline.

Caroline, die Abenteuerlustige

Ende 1958 lernte Giacometti eine junge Frau mit schönen, grüngoldenen Augen kennen, als er eine der von ihm bevorzugten „Aufriss-Bars" besuchte. Sie war im Mai 1938 geboren, also gerade einmal zwanzig, und nannte sich Caroline. Ihr wildes Gebaren und ihr Drang, die bürgerliche Moral herauszufordern, erinnerten an Jean Genet und faszinierten Giacometti zunehmend. 1959 verliebte er sich in sie. Und Caroline konnte von dem alternden, reichen und berühmten Mann nicht lassen. Manche ihrer üblen Genossen setzten ihn unter Druck, um Geld von ihm zu erpressen, sie misshandelten ihn sogar körperlich. Mehrere Freunde bangten ernsthaft um ihn.

Dennoch setzte sich Giacometti, als Caroline für ihre Vergehen Gefängnis drohte, beim Richter für sie ein. Als sie im September 1960 aus dem Gefängnis kam, schenkte er ihr einen luxuriösen Sportwagen und ließ sich von ihr herumfahren, um manche der Zeichnungen aus *Paris sans fin* anzufertigen. Ab Oktober 1960 stand ihm Caroline Modell für eine Zeichnung, die sie

„Hier in Stampa und im ganzen Tal gibt es absolut nichts, was an ‚Adrien' rankommt. Und weil man ihn [...] gebeten hat, einen Gedichtband zu illustrieren, hat [Giacometti] gesagt, dass das einzige Buch, auf das er Lust hätte, ‚Eine Nacht chez Adrien' in Zusammenarbeit mit Ihnen wäre!"

Annette Giacometti an Yanaihara, 1957

wahrscheinlich wegen ihrer Farbtöne „Meine Grisaille" nannte. Die einzige Büste, die der Künstler von ihr modelliert hat, zeigt sie mit in herausforderndem Gestus angehobenem Kinn. Ihre stürmische Beziehung dauerte zwei Jahre, bis September 1961; da weigerte sich Caroline, die gekränkt war, weil er sich mit vielen Frauen umgab, ihn zu heiraten, und ging, um ihn zu provozieren, eine Ehe mit einem anderen Mann ein. Trotzdem stand sie ihm weiterhin Modell, und ihre Art, seine volle Aufmerksamkeit zu beanspruchen, schlug sich in den Portraits nieder, auf denen sie in erdrückender Präsenz zu sehen ist, mit den Beinen und einem massiven Körper im Vordergrund, der sich zu einem winzigen Kopf hin verjüngt.
Als Giacometti nach einer schweren Operation wegen seiner Magenkrebs-Erkrankung 1963 die Arbeit wiederaufnahm, stellte er Caroline ganz anders dar, entsprechend seiner expressionistischen Ausdrucksform der beiden letzten Lebensjahre. Das Gesicht der jungen Frau war nun schwarz oder vom Farbauftrag fast unkenntlich gemacht.
1964 setzte es sich Caroline erneut in den Kopf, Giacometti heiraten zu wollen, und ließ sich 1965 scheiden. Dass Giacometti den Großteil dieses Jahres mit Annette auf Reisen nach New York, London und Dänemark verbrachte, diente sehr wahrscheinlich dem Zweck, sich dem Druck zu entziehen, den die junge Frau gegen ihn aufbaute.

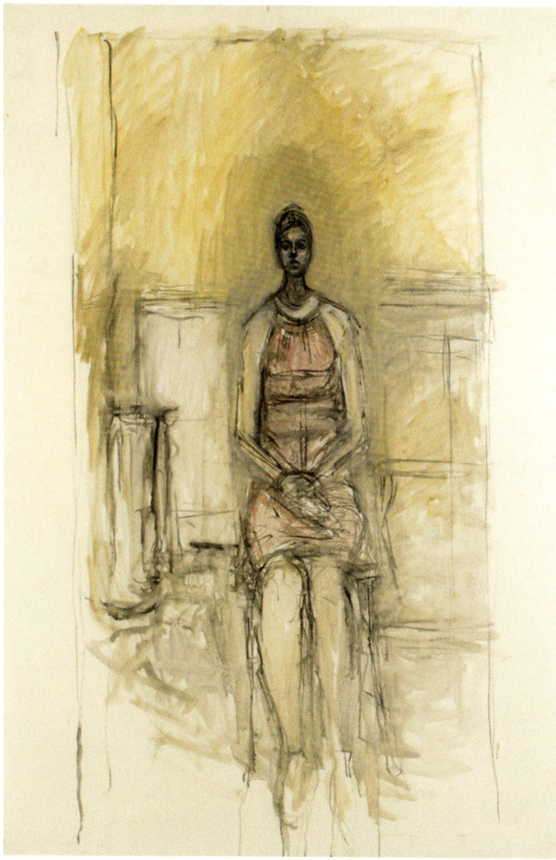

Caroline, die nie nackt Modell stand, trug für Giacometti mehrmals ein rotes Kleid.

„Giacometti verstärkt […] unsere Verwirrung, indem er zum Beispiel einen weit entfernten Kopf auf einen nahen Körper setzt, sodass wir nicht mehr wissen, wie wir uns hinstellen sollen, geschweige denn wie wir es im wahren Wortsinn bequem haben können."
Jean-Paul Sartre, 1948

Yanaihara

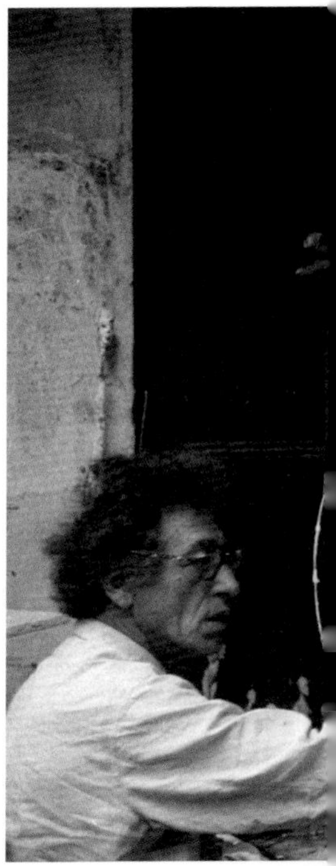

„Ich stelle mir immer die Bäume der Rue d'Alésia vor und sehe Sie, wie Sie im Café sitzen und Zeitung lesen, oder bei der Arbeit in Ihrem Atelier, das den Spielplatz für unser Abenteuer darstellt. Oh, wie sehr es mich danach verlangt, Ihnen Modell zu stehen!", schrieb am 4. Januar 1957 Isaku Yanaihara aus Tokyo an Alberto Giacometti. Yanaihara war der Sohn des Universitätsrektors von Tokyo und hatte 1941 über die Phänomenologie Hegels promoviert. Er las Sartre und war 1947 in Japan Mitbegründer einer Zeitschrift, die von *Temps modernes* inspiriert war. Er war Assistent am Philosophielehrstuhl der Universität Osaka und wollte nach Paris gehen. Um seinen Aufenthalt zu finanzieren (damals durfte man kein Bargeld aus Japan mitnehmen), erhielt er vom Centre national de la recherche scientifique eine Beihilfe für Recherchen an einem Literaturlehrstuhl in Paris. Er traf am 15. Oktober 1954 ein, doch Giacometti lernte er erst im November 1955 durch Vermittlung des japanische Dichters Eiji Usami kennen, der einige Monate zuvor einen Artikel über den Künstler geschrieben hatte. Die beiden Männer

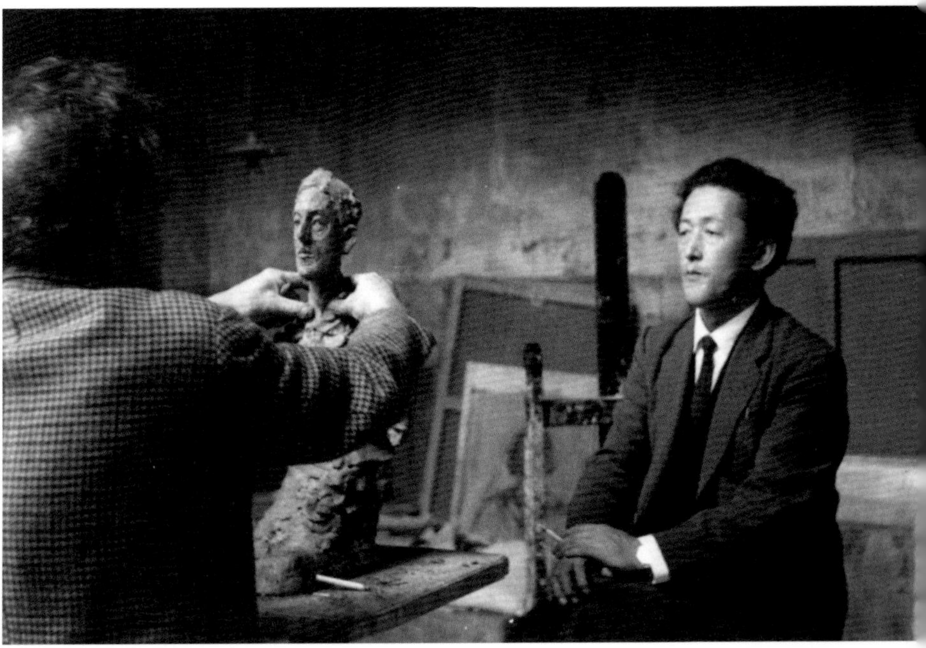

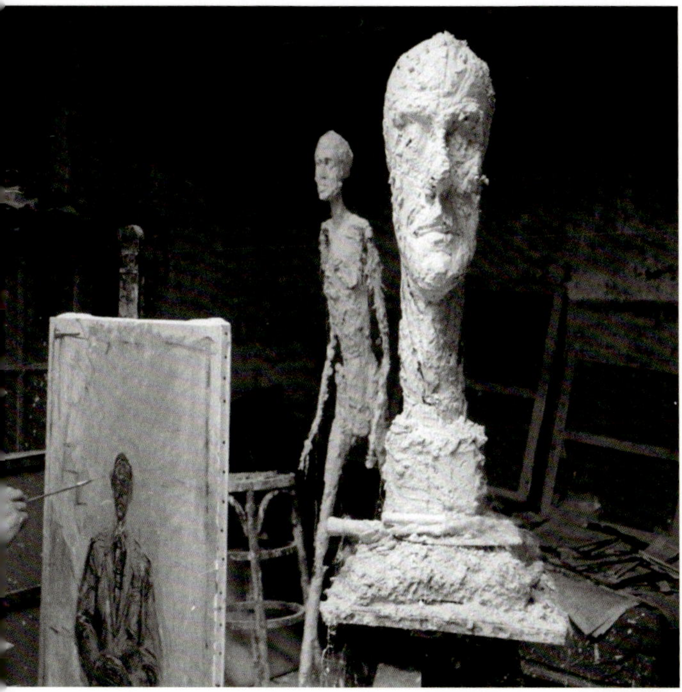

Ab 1956 war Yanaihara das Modell zahlreicher Gemälde, von denen 21 erhalten sind, und zweier Büsten. Im Juni 1957 wurden die Gemälde der ersten Sitzungsserie und die, die aus der Erinnerung entstanden sind, in der Galerie Maeght ausgestellt, und Giacometti war – was selten vorkam – zufrieden: „Ihre drei Portraits hängen nebeneinander und allein an derselben Wand […], und das ist das Beste in der ganzen Ausstellung. Man sieht sie sehr gut vom anderen Ende des Raumes, und sie leuchten sehr stark […] und wirken ganz und gar nicht wie Wiederholungen." Die Büste von 1961 (unten) schloss die Serie ab.

tauschten sich von da an regelmäßig aus – Giacometti machte ihn mit Sartre bekannt –, doch erst nachdem sein Auftrag an der Universität ausgelaufen war und er ihn nicht erneuerte, begann er Giacometti Modell zu stehen.

Die erste Sitzung fand am 6. Oktober 1956 im Nebenraum des Ateliers statt, zunächst für Zeichnungen, dann für Gemälde. Yanaihara erwies sich schnell als außergewöhnliches Modell, denn er hielt stundenlang durch und hatte darüber hinaus einen intellektuellen Ausdruck, der sich automatisch auf Giacomettis Gedankengänge einstellte, die er reflektierte und erweiterte. Im Unterschied zu anderen Modellen, die gern redeten, zog er es vor, dem Künstler seine Konzentration zu lassen.

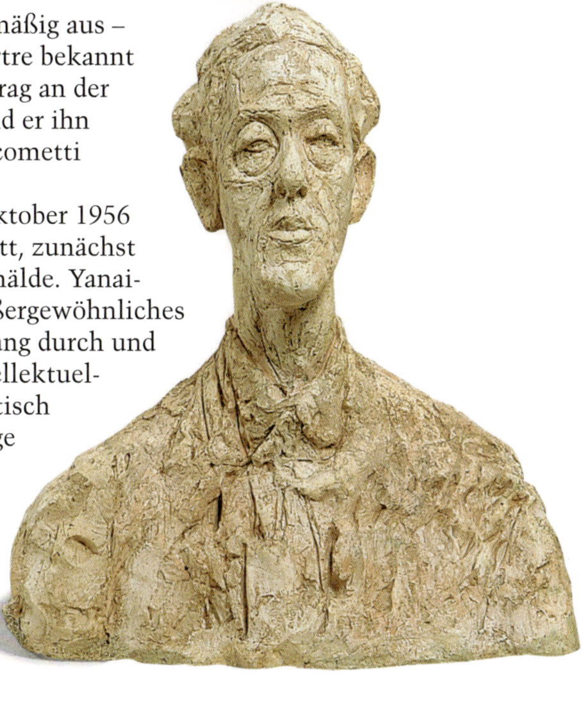

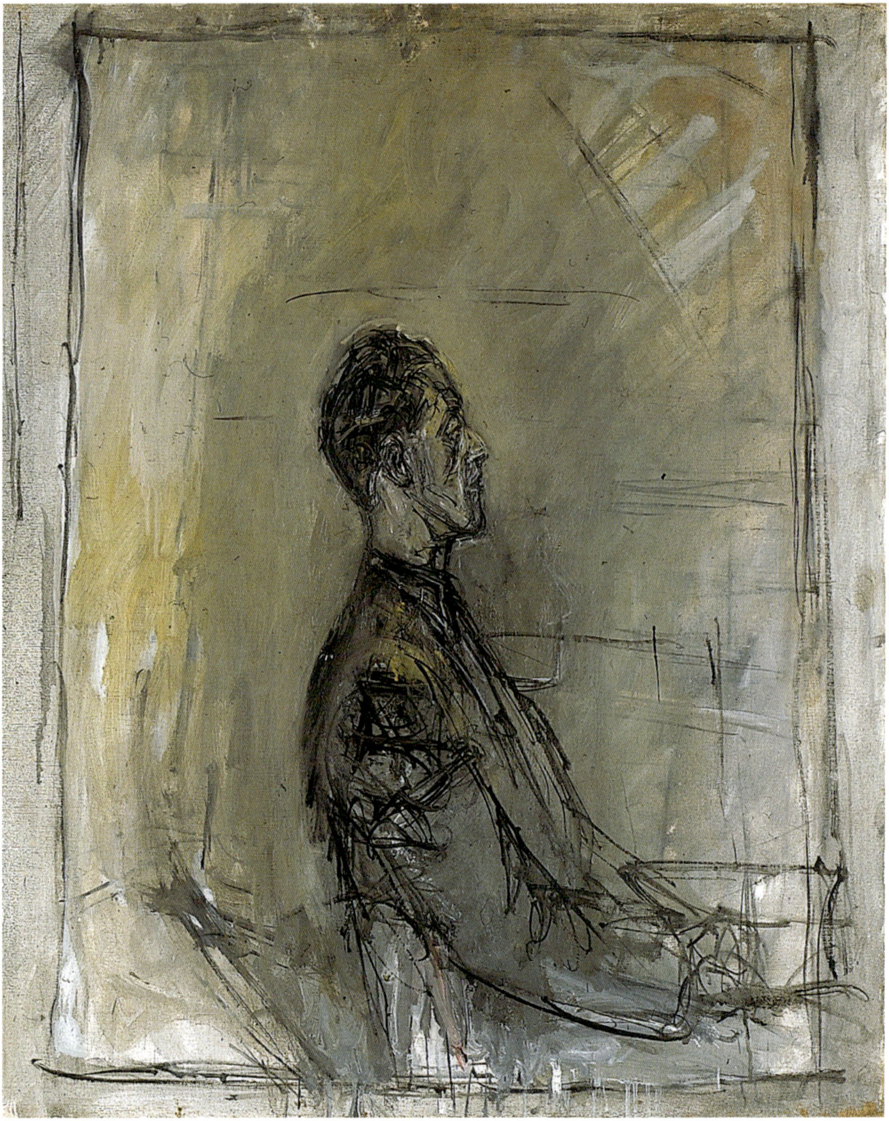

Von der ersten Sitzung an war Giacometti begeistert von den Möglichkeiten, die sich in der Zusammenarbeit mit dem Japaner für ihn auftaten, und erkannte darin die Gelegenheit zu einem neuen „Abenteuer". Diesen Eindruck teilte sein Modell von Beginn an, und Yanaihara verschob seine Abreise nach Japan auf Mitte Dezember. So sollte das Abenteuer von 1957 bis 1961 alljährlich

Giacometti zeichnete manchmal im Profil, wie die alten Ägypter. Das Portrait von Yanaihara, das er am 16. Oktober 1956 malte, blieb bis zum Schluss in seinem Besitz.

im Sommer Neuauflagen erfahren, mit Ausnahme von 1958. Während seiner Paris-Aufenthalte machte Yanaihara mehr oder weniger detaillierte Aufzeichnungen – meist Satzfetzen, unzusammenhängende Worte, die schwer zu entziffern sind – und vor allem Dutzende Fotografien. Er sollte die Notizen und Bilder für Artikel und für das Buch nutzen, das er 1956 schreiben wollte, das allerdings erst 1969 erschien.
Zwischen Modell und Künstler gab es eine totale Komplizenschaft im Bestreben, die künstlerischen Grenzen auszudehnen und das Immaterielle anzustreben, auch wenn sie sich damit der Auslöschung annäherten. Yanaihara wurde zum Komplizen seiner eigenen Tilgung. Mehrfach stimmte er zu, obwohl Annette oder Diego dagegen waren, dass Giacometti das begonnene Kunstwerk zerstörte und neu anfing. Der Künstler war erstaunt, mit welchem Durchhaltevermögen er Modell stand; das ging so weit, dass Yanaihara Annette gegenüber erklärte, er könnte tausend Jahre Modell stehen, und dabei betonte, dass seine Geste freiwillig wäre, im Unterschied zu Annettes, die als Ehefrau oder Diegos, der als Bruder posiere. Der Japaner experimentierte mit den langen Sitzungen, um sie als einzigartige Meditationsübung zu nutzen, und er sollte sogar versuchen, diese Erfahrung nach seiner Rückkehr nach Japan beizubehalten. Am 11. Februar 1957 schrieb er an Giacometti: „Ich sitze von Zeit zu Zeit unbeweglich in meinem Zimmer, als säße ich vor Ihnen."

Die erste Büste von Yanaihara (unten, 1960) unterschied sich stark von der aus dem Jahr 1961, die viel heiterer wirkt (S. 79). Die hier abgebildete erscheint wie geknetet und mit Schmissen versehen, der Ton scheint zu gären. Auf der Stirn formen die Einschnitte ein Kreuz, möglicherweise ein Hinweis auf Yanaiharas katholischen Glauben – oder sollte es sich gar um eine Anspielung auf den Golem handeln, die Statue aus Lehm, der durch Einschreiben des Namens Gottes auf der Stirn Leben eingehaucht wird?

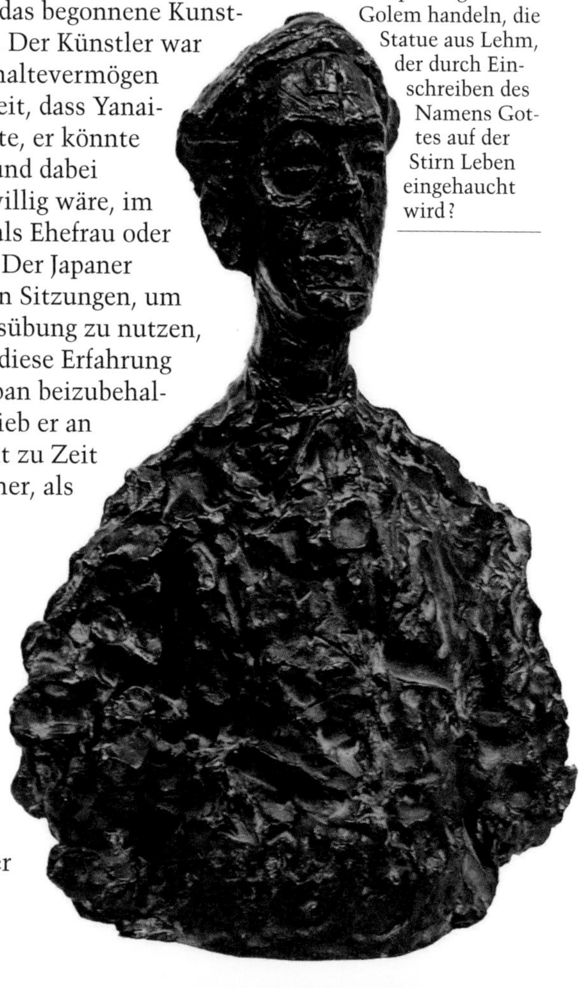

Lotar

Eli Lotar war von 1964 bis 1965 Giacomettis letztes männliches Modell, und das zu einer Zeit, als er die meisten seiner männlichen Büsten aus dem Gedächtnis in einer Mischung aus dem Aussehen Diegos und aller anderen Modelle, auch der weiblichen, schuf. Lotar stand

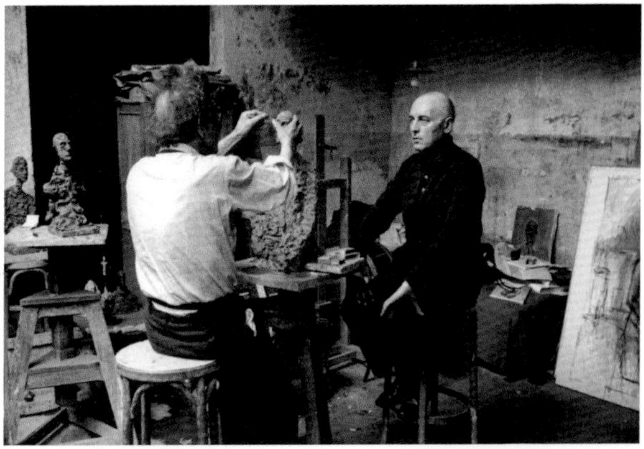

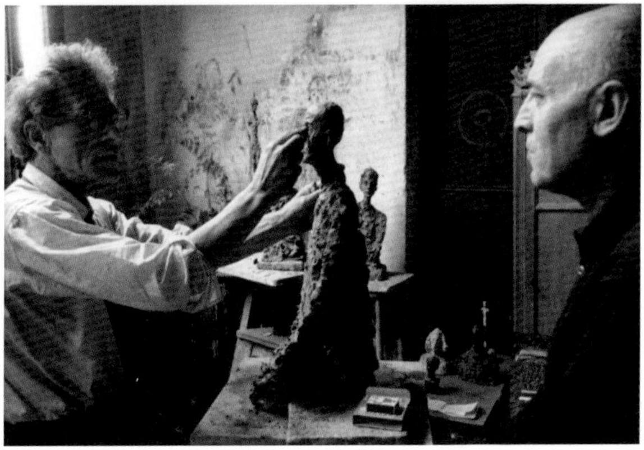

für Skulpturen Modell, die in drei Formen erhalten sind und die alle erst nach dem Tod des Künstlers gegossen wurden. Eli Lotar wurde als Sohn rumänischer Eltern in Paris geboren und hatte sich in den 1930er Jahren einen gewissen Namen als Fotograf gemacht, als er mit Zeitschriften wie *Documents*, *Minotaure* und *Verve* zusammenarbeitete. Sicher war er Giacometti in diesem Zusammenhang schon begegnet, doch erst während des Kriegs haben sie in Genf Kontakt zueinander aufgenommen. Auf Bitten des Verlegers Albert Skira, Herausgeber der Zeitung *Labyrinthe*, fotografierte Lotar das Hotelzimmer, das Giacometti als Atelier diente; der Künstler war von den Bildern begeistert. Lotar war psychisch nicht stabil und erlebte nach dem Krieg eine lange Phase des Verfalls, bis er schließlich 1958 aufgrund von Schulden einige Monate ins Gefängnis musste. Anfang der 1960er Jahre lebte er von der Großzügigkeit alter Freunde, unter ihnen Giacometti, für den er kleine Erledigungen und Arbeiten übernahm. Da es ihm weiterhin nicht gut ging und er seine Talente als Filmemacher und Fotograf nicht mehr nutzte, wurde er ganz selbstverständlich Mitglied des wachsenden Kreises von Parasiten und Schwindlern, die Giacometti seit Mitte der 1950er Jahre umgaben. 1964 und 1965 stand er dem Künstler Modell und löste Diego ab, der sich mehr und mehr seinen eigenen Arbeiten widmete. Der italienische Schriftsteller Giorgio Soavi hat die intensive Begegnung zwischen dem alten Künstler in Ekstase und dem gesellschaftlich total

Eli Lotars Fotos von den Sitzungen im Atelier aus den Jahren 1964 und 1965 (oben) stehen unter vielerlei Aspekten für Giacomettis Begegnung mit dem Tod. Den Krebs, von dem er durch die Operation geheilt wurde, hat er überlebt, doch der Gedanke, dass ihm nur noch wenig Zeit blieb und er einen begrenzten Weg zur Verfügung hatte, verfolgte Giacometti. Er wollte sie nutzen, um seine Vision eines Körpers, der sich im Zustand der Zersetzung befindet, einzufangen.

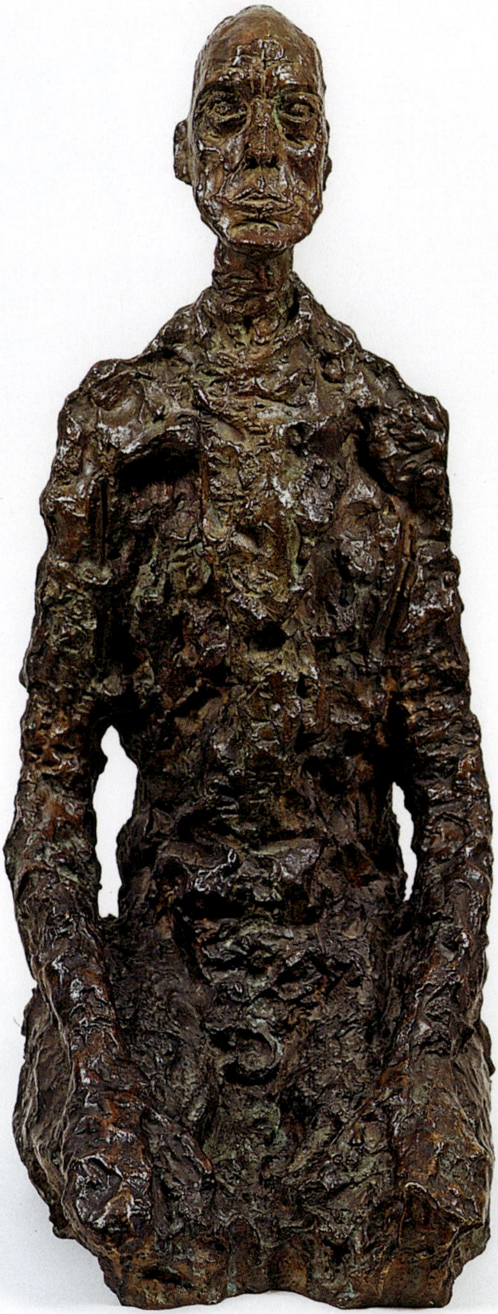

Von den vielen Sitzungen mit Eli Lotar sind nur zwei Büsten und ein Kopf erhalten, sie dokumentieren eine unendliche Suche. Die letzte Büste (links) stand noch in Ton geformt und in feuchte Tücher gehüllt im Atelier, als Giacometti zum letzten Mal in die Schweiz aufbrach, um sich, wie er glaubte, einer Routineuntersuchung zu unterziehen. In den Tagen nach dem Tod seines Bruders ließ Diego Giacometti einen Abguss davon anfertigen.

„Einmal fand ich in seinem Atelier eine Büste von Yanaihara, die er sehr schnell geformt hatte und deren zahlreiche Messerspuren an Stenoschrift erinnerten. Ich war begeistert und sagte zu ihm: die musst du unbedingt gießen lassen, lass sie genauso, wie sie ist, aber er antwortete: ‚nein, nein, nein, warte mal ab', und er hat die Büste weiter bearbeitet, aber mit seinen Händen, nicht mit dem Messer, und in kürzester Zeit war sie verschwunden. Er sagte: ‚Das macht nichts, ich mache sie heute Nacht neu.' Er wollte nie den einfachen Weg gehen, auch wenn er etwas Überzeugendes geschaffen hatte; dann wurde er sofort von Misstrauen gepackt und hat es [...] zerstört, um seine Suche fortzusetzen."

Pierre Matisse, 1969

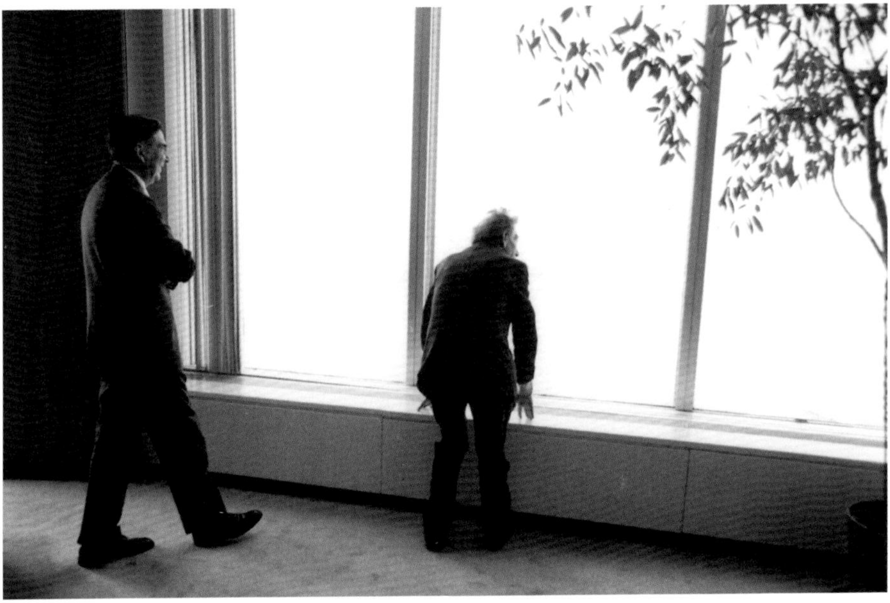

abgemeldeten Modell beschrieben. Lotars Abstieg verlieh ihm nach Giacomettis Wahrnehmung umso mehr Größe. Die Monumentalität der drei Bildnisse erinnert an den *Sitzenden Schreiber* oder an Reliquien-Büsten der Renaissance.

Das Monument für New York

Im April 1929 schrieb Giacomettis Vater an seinen Sohn: „Der Augenblick für große Arbeiten im Außenraum wird kommen, für jeden kommt die Stunde, wenn man dessen würdig ist." Doch Giacomettis früh geäußerter Wunsch, eine monumentale Arbeit zu schaffen, zeitigte im Lauf seiner Karriere nur wenige Auswirkungen. Es ist zwar belegt, dass er mehrere seiner Werke gedanklich in Maßstäben zwischen Miniatur und Überlebensgröße konzipiert hat, dennoch gibt es von ihm keine Arbeit, die Besucher betreten oder in der sie sich niederlassen könnten, obwohl er, wie er Pierre Matisse 1947 erklärte, den Wunsch dazu seit den 1920er Jahren hegte. Wahrscheinlich ist, dass Giacometti eine Zeit lang hoffte, ein Projekt in Stein ausführen zu können, das er 1929 entworfen hatte und das in seiner Originalgröße nur von Fotografien des Gipsmodells bekannt ist – ein echtes „Environment", bevor es diesen Begriff überhaupt

1965 reiste Giacometti zum ersten Mal nach New York, als das Museum of Modern Art eine Retrospektive zu seinen Ehren zeigte. Im Jahr zuvor hatte das Museum neue Räumlichkeiten eröffnet, an deren Finanzierung er sich beteiligt hatte, indem er 1960 eine Skulptur für eine Auktion zum Fundraising spendete. Die Höhe der New Yorker Wolkenkratzer beeindruckte ihn, und auf dem Foto oben sieht es so aus, als würde ihm beim Blick aus dem Fenster der Chase Manhattan Bank schwindlig. Angeblich hat er dann, als er über den Platz vor dem Gebäude ging, auf dem sein monumentales Projekt stehen sollte, den Wunsch geäußert, es nicht zu verwirklichen.

gab, das aus verschiedenen auf dem Boden verstreuten Elementen besteht: ein Kegel, eine lange Vertikale, eine Schlange, ein Schälchen; der Boden dazu ist flach und hat eine kreisförmige Vertiefung. Das Modell blieb bis mindestens 1934 im Atelier des Künstlers, wahrscheinlich weil er auf einen Auftraggeber wartete, was in Zeiten der Wirtschaftskrise wenig aussichtsreich war; es wurde nie verwirklicht. Von diesem Projekt ist nur eine modellierte Fassung aus Holz in der Größe eines Kaminaufsatzes erhalten, die der Innenausstatter Jean-Michel Frank fotografieren ließ, ehe Peggy Guggenheim das Projekt erwarb.

Für Giacometti musste jedes Werk die Option monumentaler Größe implizieren. Unten *Projet pour une place (Plan für einen Platz)*, die Figur für die Noailles, *Homme et femme (Mann und Frau)*, *Käfig* und *Famille (Familie)* in Vergrößerungen für den Außenraum.

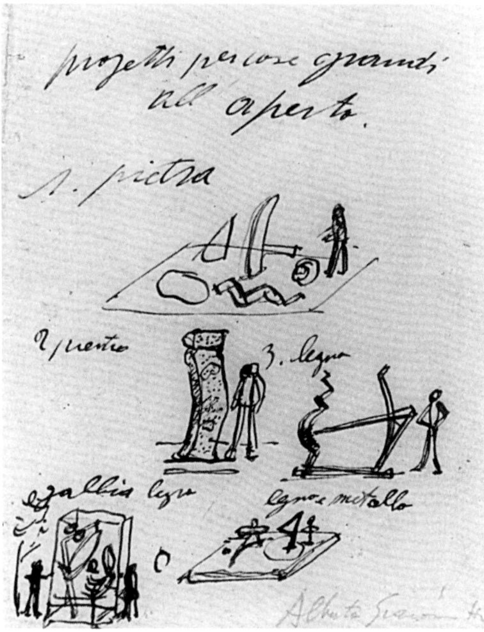

Als sich die Noailles Ende 1929 bei ihm meldeten, weil sie für einen Bereich des Gartens der Villa, die sie sich von Mallet-Stevens in Hyères hatten bauen lassen, eine Skulptur von ihm wollten, ersann Giacometti ein geheimnisvolles aufrechtes Wesen, eine einzeln stehende monumentale Figur, die er 1932 aus Stein fertigstellte. Erst 1958 ergab sich eine neue Gelegenheit, etwas Monumentales zu schaffen. Der Architekt Gordon Bunshaft, ein Sammler von Giacomettis Arbeiten, nahm über Pierre Matisse Kontakt mit dem Künstler auf, um bei ihm ein monumentales Werk in Auftrag zu geben, das er vor dem von ihm entworfenen Gebäude der Chase Manhattan Bank in New York aufstellen wollte. Giacometti nahm den Auftrag an und benötigte ein Jahr, zwischen Februar 1959 und dem Frühjahr 1960, um ihn auszuführen. Die Arbeit erlaubte es ihm, noch einmal mit Größenordnungen für den öffentlichen Raum zu experimentieren, eine Herausforderung, die ihn seit den 1930er Jahren reizte, als er an der Skulptur für den Garten der Noailles gearbeitet hatte. 1965 sollte er dem englischen Kunstkritiker David Sylvester erzählen: „In mir gab es immer den Wunsch, herauszubekommen, was ich an Größtmöglichem errei-

„Die große Skulptur ist nur eine Vergrößerung der kleinen. […] Die Ägypter haben fünf Meter hohe Skulpturen vor ihre Tempel gesetzt, die man erst in einem Abstand von vierzig Metern als Skulpturen wahrnimmt."

Giacometti

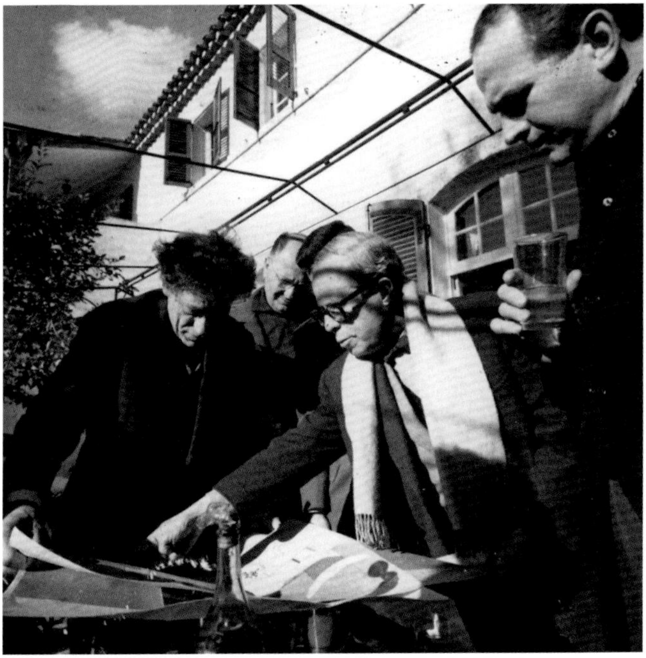

Hier beugt sich Giacometti gemeinsam mit José Luis Sert (mit weißem Schal), dem Architekten der Fondation Maeght, über die Pläne, um zu sehen, wie seine Skulpturen im Hof angeordnet werden, in Bezug zueinander und zur Landschaft. Der erste Spatenstich fand 1960 statt, die Einweihung in Anwesenheit von Malraux im Juli 1964.

chen könnte; als ein Architekt mir vorschlug, Skulpturen für einen Platz zu schaffen, habe ich Ja gesagt, weil es eine gute Gelegenheit war, diese Geschichte zu Ende zu bringen."

Das Werk ging thematisch in eine Richtung wie zuvor schon *Petite Place (Kleiner Platz)* aus dem Jahr 1950: eine große Frau, ein monumentaler Männerkopf, und dann fügte der Künstler noch einen *Schreitenden Mann* hinzu. Wie schon 1930, befinden sich die Figuren auf dem Boden, und Passanten sind eingeladen, zwischen ihnen hindurchzugehen, allerdings stehen die modellierte Frau und der Mann auf einem Sockel, als handele es sich um Vergrößerungen kleiner Skulpturen und als sei der Betrachter, der im Verhältnis zu den Skulpturen kleiner gemacht wird, aufgefordert, auf dem Tisch des Ateliers spazieren zu gehen. Schnell stieß Giacometti auf Schwierigkeiten, als er das Größenmaß ausloten wollte, denn er wollte nicht „eine Skulptur schaffen, die [allein] aufgrund ihrer Dimension für Eindruck sorgt", und es machte ihm zusätzlich Sorgen, dass er den Bestimmungsort in New York nicht kannte. Im April 1960 ließ Giacometti eine große Frau, einen großen Kopf und zwei

Schreitende Männer in Bronze gießen, weil der Architekt, der der Kommission der Bank sein Projekt präsentieren musste, ihn dazu drängte. Er platzierte sie auf der Straße und ließ sie dann in einen Garten schaffen, kam zu dem Schluss, dass das nicht passte, und sagte ab. Die Werke, die er aus diesem Anlass geschaffen hat, vier große Frauen, zwei *Schreitende Männer* und ein monumentaler Kopf, entwickelten anschließend ein Eigenleben. Die Form von dreien der vier großen Frauen ließ an Carolines Körper mit den breiten Hüften denken. Alle erinnerten an „Bäume mit schlanken, nackten Stämmen [...] wie Menschen, die mitten im Gehen erstarrt sind", so wie Giacometti es 1950 bei einem Aufenthalt im Wald empfunden hatte. Im Garten der Fondation Maeght, wo seine großen Figuren stehen, stellte Giacometti

Im Hof der Fondation Maeght wurden nicht nur Elemente des für New York konzipierten Monuments platziert, sondern auch die Frauengruppe für Venedig. 1964 wurde der Giacometti-Saal eröffnet, dessen Einrichtung er persönlich überwachte. Seit 1961 gab es den Plan, je einen Raum Braque, Giacometti, Miró und Chagall zu widmen.

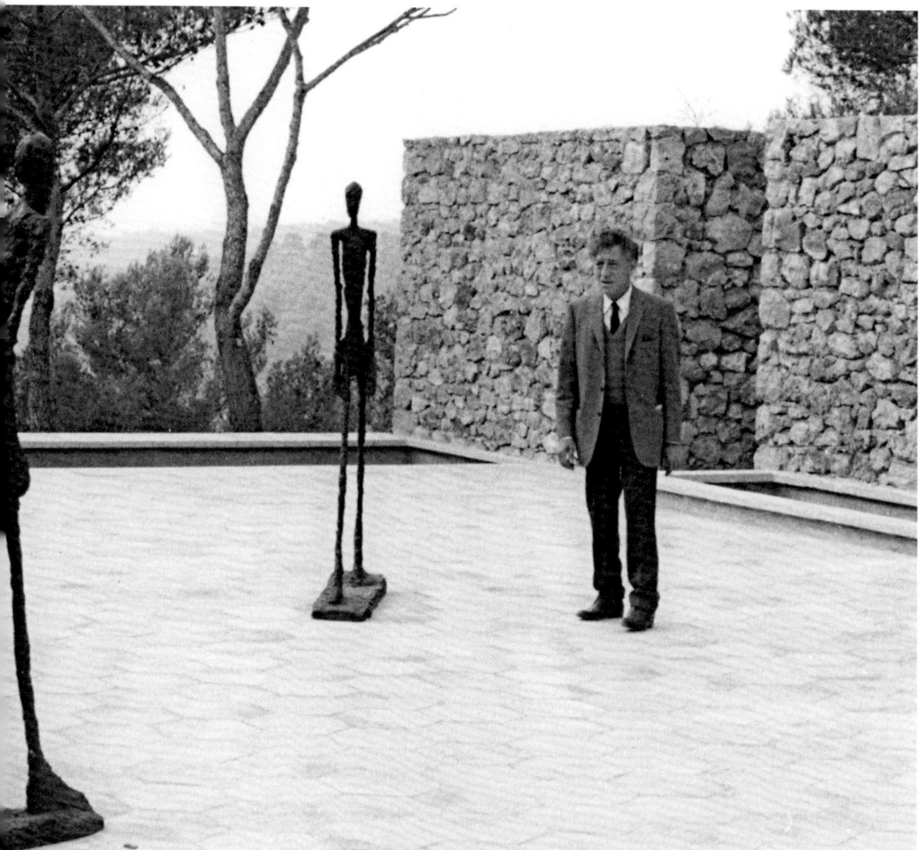

1964 zwei *Schreitende Männer,* zwei große Frauen und einen Kopf auf. „Die Menschen versammeln sich ständig und trennen sich wieder, dann nähern sie sich einander an, um eine neue Verbindung zu versuchen. So formen und überformen sie pausenlos lebende Kompositionen von unglaublicher Komplexität. Ich will in allem, was ich mache, die Totalität des Lebens einfangen." [1964]

Die Lust auf einen Ort, der sein Schaffen sichtbar macht

1953 begann der Sammler G. David Thompson, ein Stahlmagnat aus Pittsburgh, der im Zweiten Weltkrieg ein Vermögen gemacht hatte, beim Galeristen Pierre Matisse Werke von Giacometti zu erwerben. Thompson war ein zwanghafter Sammler und kaufte schon lange europäische Kunst – vor allem seit 1928 Paul Klee. Obwohl seine Sammlung Hunderte unterschiedlichster Werke (Renoir, Cézanne, Soutine, Braque, Picasso, aber auch Burri, Motherwell usw.) umfasste, waren Arbeiten von Klee und Giacometti am zahlreichsten vertreten, und der Gründungsdirektor des Museum of Modern Art in New York, Alfred H. Barr jr., konnte diese beiden Konvolute 1960 in seine Sammlung aufnehmen, die weltweit ohne Beispiel waren.
1955 entschied Thompson, dass Giacometti in dem Museum, das der Industrielle zu gründen beabsichtigte, einen eigenen Saal haben sollte, mit einer Gesamtschau seines Werks. Er kaufte, häufig direkt vom Künstler, einzigartige und außergewöhnliche Werke in der Absicht, sie ins Museum zu bringen, was Giacometti entgegenkam. Nach dem Unfalltod seines Sohnes und weil er selbst mit schweren gesundheitlichen Problemen zu kämpfen hatte, wollte Thompson seine Sammlung 1959 verkaufen, und eine Auswahl tourte 1960 und 1961 durch mehrere europäische Museen.

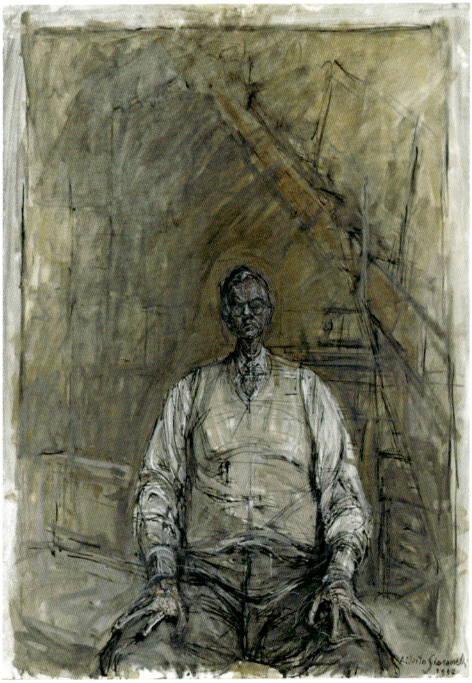

Der Sammler G. David Thompson wusste genau, was er wollte, seine imposante Präsenz ist nicht zuletzt auf seinen Portraits wahrnehmbar. 1955 dankte er Giacometti, der ihm zwei Portraits geschickt hatte: „Ich bin begeistert, dass ich sie habe, aber denken Sie bitte daran, dass Sie mir Ihr Wort darauf gegeben haben, sie in Pittsburgh zu vollenden. Aber vollendet oder nicht, ich bin erleichtert, sie hier zu haben. Ich hatte schon Angst, Sie würden eines an Maeght verkaufen und das andere an Matisse. […] Wenn ich sie ansehe, wecken sie angenehme Erinnerungen an Sie und Annette."

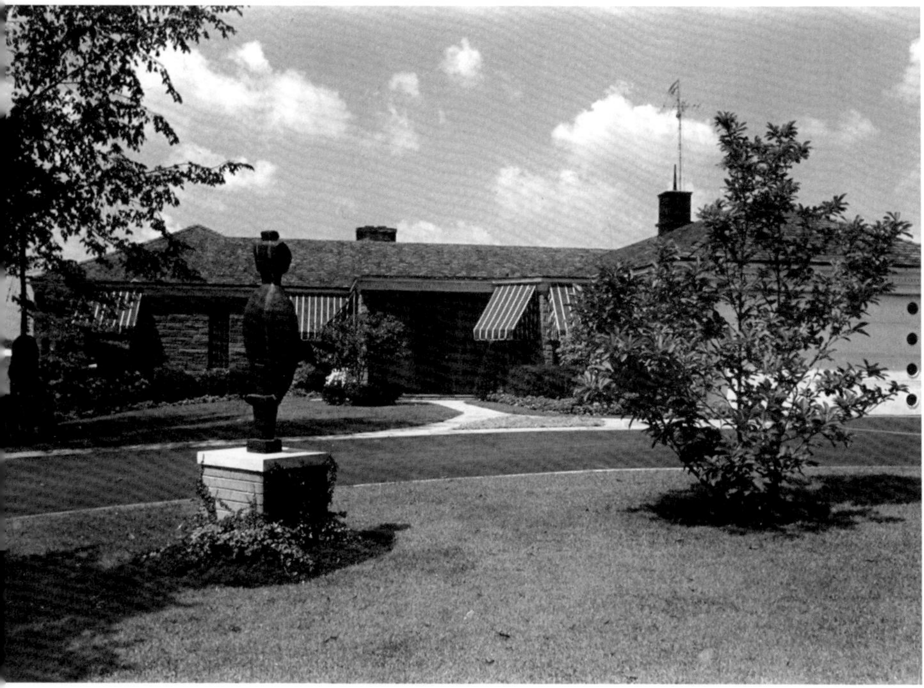

Der Verkauf des Sammlungsteils mit Giacomettis Werken, den er bis 1961 vergrößerte, war mit einer Klausel verbunden, die eine Aufsplitterung untersagte. Nachdem Thompson einige Absagen amerikanischer Museen kassiert hatte, trat er auf Initiative des Kunsthändlers Ernst Beyeler, der im März 1960 die Klee-Sammlung an das Land Nordrhein-Westfalen verkauft hatte, mit Schweizer Museen in Verhandlungen. Doch in der Schweiz wurde eine ausführliche Pressekampagne gegen die Verschwendung öffentlicher Gelder für einen lebenden Künstler entfacht, und das Projekt scheiterte. Diese Art von Demontage verunsicherte Giacometti ab 1959 zutiefst – ein Gefühl, das sich erst auflöste, als im September 1963 eine Bürgervereinigung unter der Führung von Hans C. Bechtler mit dem Ziel ins Leben gerufen wurde, die Sammlung mit privaten Mitteln zu kaufen, die 1965 die Fondation Alberto Giacometti bilden sollte. Dieser Teil von Thompsons Sammlung ist heute zwischen dem Kunsthaus Zürich, dem Kunstmuseum Basel und dem Kunstmuseum Winterthur aufgeteilt.

Auf seinem Anwesen Stone's Throw baute Thompson ein Museum für seine Sammlung. Er schickte Giacometti Fotografien von der Baustelle. Vor dem Museum plante er, die *Löffelfrau* wie einen Hinweis aufzustellen (oben). Als seine Sammlung auf Europatour ging, fasste er seinen Plan zusammen: „Ich bin überzeugt, dass die ästhetische Wirkung von mehr als 200 Werken weniger stark ist als eine einzige Wand mit dem gesamten Fächer von Schwitters' Werk oder einem Raum für nur einen Künstler wie Klee, Giacometti […] oder Picasso."

Jahre der Anerkennung und Ende

Die erste monografische Ausstellung zu Giacomettis Werk fand 1954 im Santa Barbara Museum of Art statt, doch schon 1955 gab es drei bedeutende monografische Ausstellungen in Museen in New York, London und Deutschland.

1956 vertrat er Frankreich auf der Biennale von Venedig. 1961 erhielt er den ersten Preis für Skulptur beim Carnegie International in Pittsburgh für einen *Schreitenden Mann.*

Maximale Bestätigung erfuhr er, als ihm für seine persönliche Ausstellung 1962 der große Skulpturenpreis der Biennale von Venedig zuerkannt wurde. Im selben Jahr wurde er in Frankreich mit dem Großen Nationalpreis für die Kunst ausgezeichnet. 1965 fanden zeitgleich große Retrospektiven seines Werks in der Tate Gallery in London und im Museum of Modern Art in New York statt. Die New Yorker Ausstellung reiste in die Museen von Chicago, Los Angeles und San

1963 plante der Arts Council eine Retrospektive in der Tate Gallery für 1965, und David Sylvester wurde zum Kurator bestimmt (rechte Seite, unten, mit Giacometti). Bemühungen des Arts Council, Giacometti von seinem Wunsch abzubringen, die große Halle zu nutzen, deren „riesige Dimensionen auch die großen Werke verschwinden lassen", blieben wirkungslos. Der Künstler arbeitete mit vollem Einsatz am Aufbau mit (unten und rechts) und schuf sogar einige Werke extra für die Ausstellung.

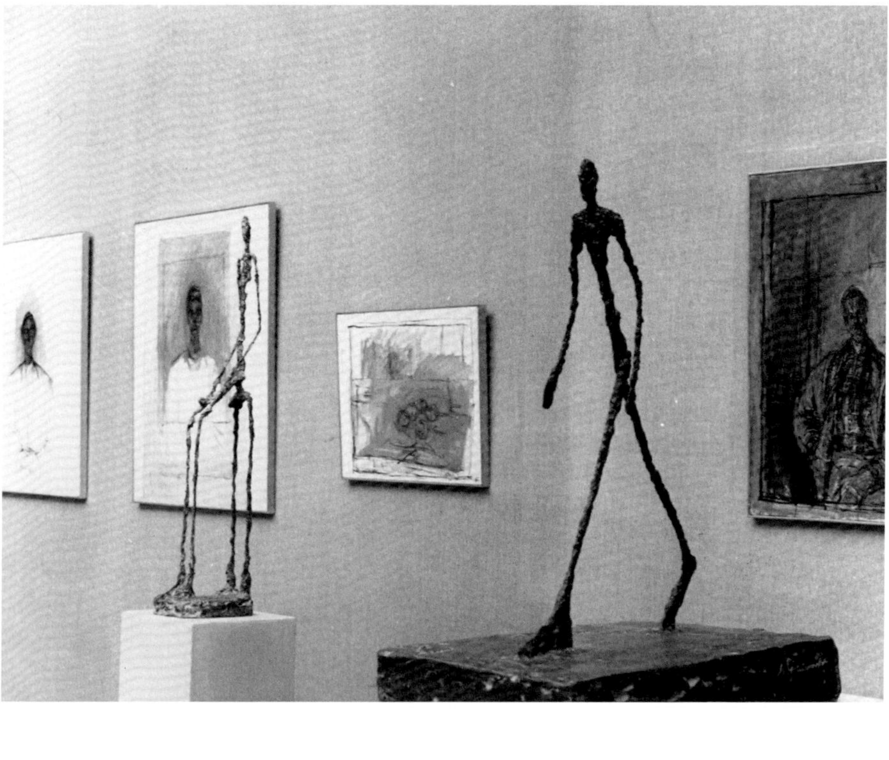

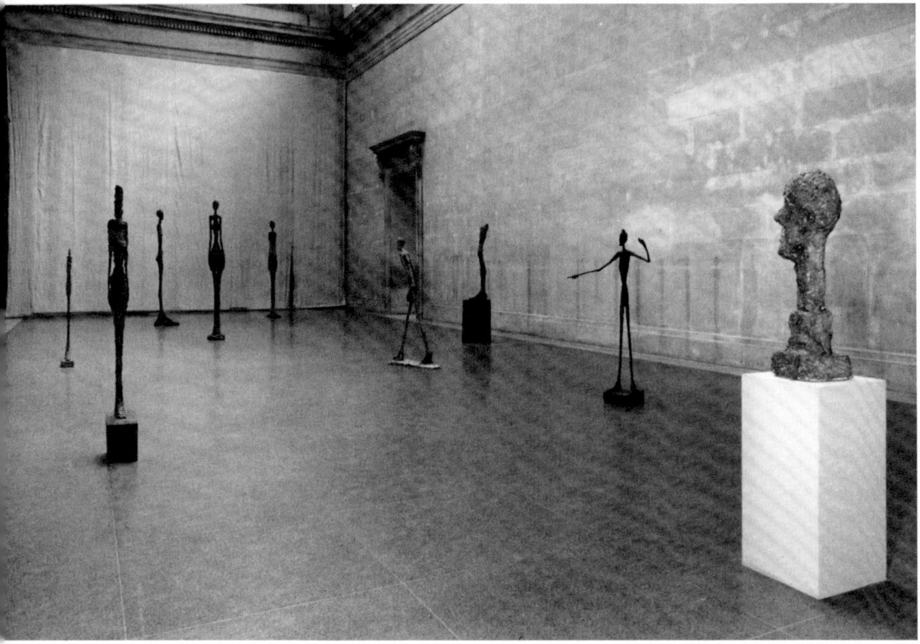

Francisco. Die Londoner Ausstellung wurde in abgewandelter Form im Louisiana Museum in Dänemark gezeigt. Giacometti, der sonst nie reiste, fuhr ausnahmsweise nach New York, um die Ausstellung zu sehen, dann nach London und nach Dänemark. Seit er im Februar 1963 eine Krebsoperation am Magen überstanden hatte, war er nicht mehr bei guter Gesundheit und wurde immer schwächer. Ende 1965 kam er für Untersuchungen ins Krankenhaus und starb am 11. Januar 1966 mit 64 Jahren an Herzversagen.

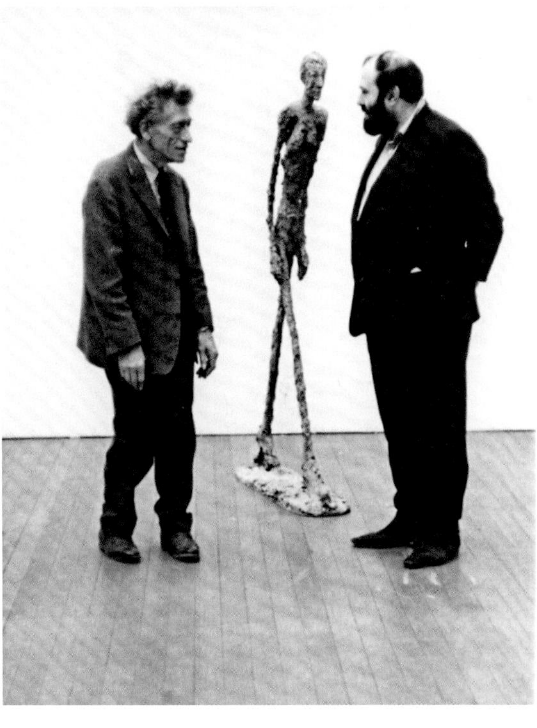

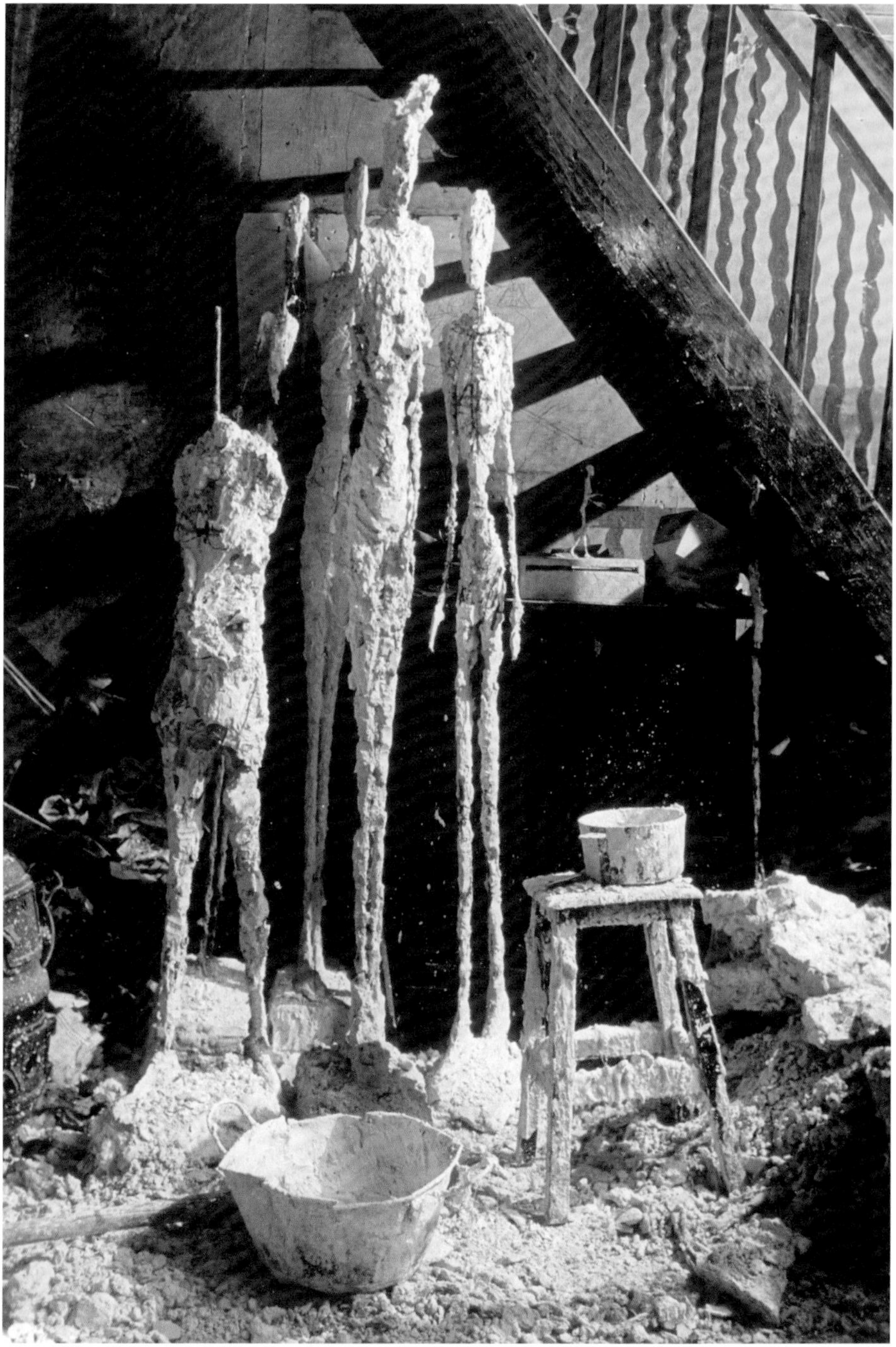

„Wenn ich Ihr Gesicht male, bedeutet das den ersten Schritt in eine unbekannte Welt, die noch niemand zu erkunden versucht hat. Glauben Sie nicht, dass das ein viel gefährlicheres und interessanteres Abenteuer ist als eine Reise nach Ägypten? Ja, wir stehen an einem Punkt, von dem aus wir uns in ein Abenteuer stürzen – in ein unerforschtes Land –, das zu den größten überhaupt gehört."

Alberto Giacometti an Isaku Yanaihara, 1956

KAPITEL 4

EINE UNENDLICHE SUCHE

Im Oktober 1947 fotografierte Brassaï für die Zeitschrift *Harper's Bazaar* Giacomettis im Entstehen begriffene Werke, ehe im Januar 1948 bei Pierre Matisse in New York die Ausstellung eröffnet wurde. Von nun an erinnerte das Atelier an ein Ausgrabungsfeld und die Arbeit an einen Tauchgang ohne Sauerstoffgerät (rechts das Deckblatt zu *Paris sans fin*).

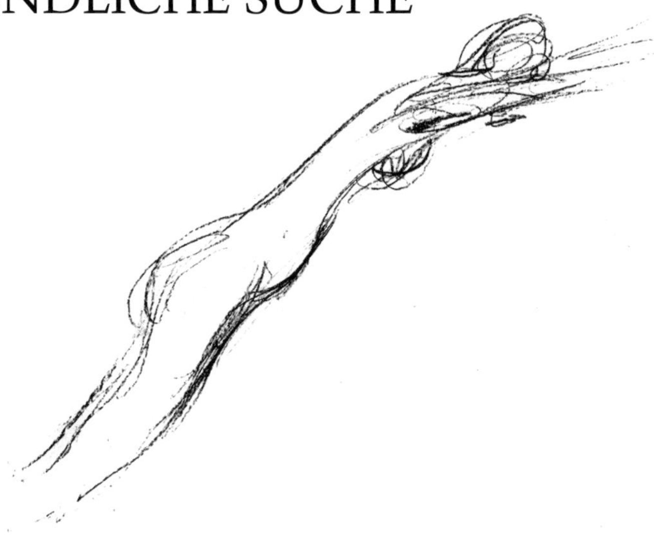

Die Bildhauerei als Herausforderung

Als Giacometti Ende des Sommers 1945 aus der Schweiz zurückkam, machte er sich daran, das ewig flüchtige Erscheinungsbild der Form abzubilden, indem er „seltsame Vogelscheuchen aus weißen Krusten" formte, die „sich um lange rotbraune Fäden zusammenballen", wie Jean-Paul Sartre sie 1948 beschrieb. Der Künstler verfolgte nebenbei seine Suche nach der „absoluten Distanz", dieses Größenmaß in der Darstellung, das immanenter Teil des Werks ist und sich dem Betrachter aufdrängt. Nur um diesen Preis, glaubte er, könnte man Leben in die Skulptur bringen.

Die Fragmente, die Giacometti nach dem Krieg schuf, waren keine Hommage an die Ruinen der Antike, sondern gaben eine Nahaufnahme wieder, eine Art Filmstill aus der Welt des Kinos: eine Hand (die ein Arm ist), einen Kopf auf einem Stängel (mit erstem Titel „Bouche ouverte" – „Offener Mund"), ein Bein, das auf einem hohen Sockel steht, damit man es von unten betrachten kann. Gleichzeitig ist das Fragment so riesig wie der unendliche Abstand, der nach Giacometti zwischen linkem und rechtem Nasenflügel liegt: Der Teil steht fürs Ganze, wie bei der rhetorischen Figur der Synekdoche, die er 1947 für *La Main (Die Hand)* anwandte und in abgewandelter Form 1958 für *La Jambe (Das Bein)*. Das Studium dieser Körperteile ließ ihn 1947 bei der *Grande Figure (Große Figur)* ankommen und zwischen 1958 und 1960 bei den *Grandes femmes (Große Frauen)* für das New Yorker Monument. In beiden Fällen arbeitete Giacometti direkt am frischen Gips (ohne vorher in Ton zu modellieren, um anschließend in Gips abzuformen). Diese Rückkehr zum Gips, der ungebändigt wirkte und nicht poliert wurde, brachte es mit sich, dass manche bereits erreichte Feinheit des Modellierens mit der Hand auf der Strecke blieb. Giacometti bemühte sich ständig darum, sich selbst zu überraschen, seit der surrealistischen Phase spielte der Zufall eine große Rolle für ihn. Hinzu kam seit der *Grande tête (Großer Kopf)* von 1934 ein Misstrauen gegenüber abgeschlossener Ausführung – die er als tot wahrnahm. Deshalb ließ er sich beim

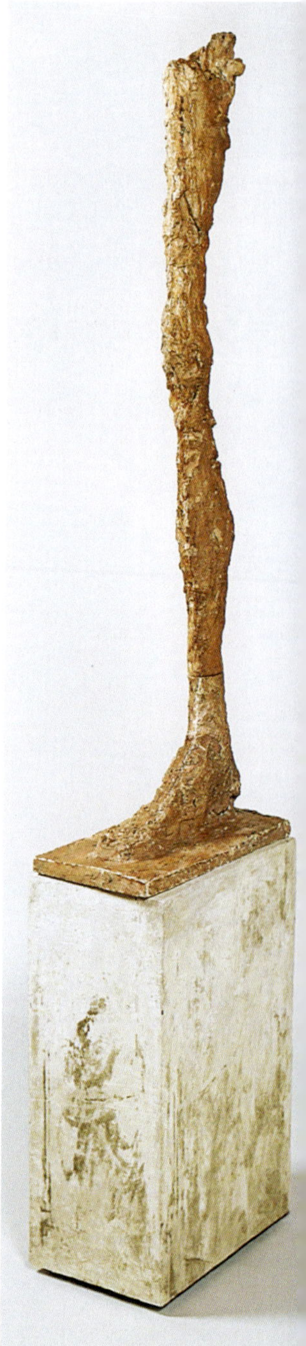

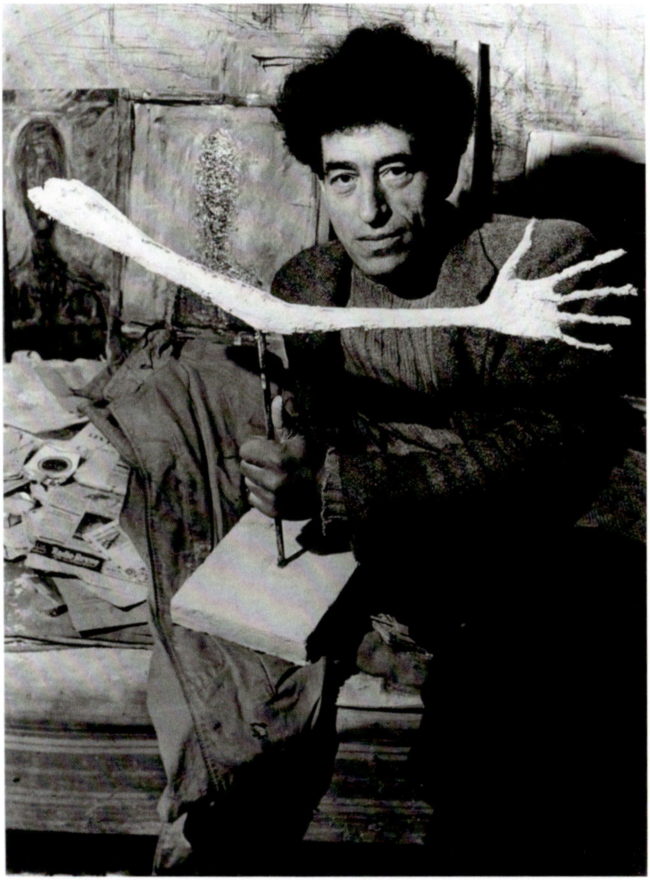

Abformen in Gips von seinem Bruder helfen, der Autodidakt war, und nahm hin, dass sich bei Abgüssen Fehler ergaben. Sein Augenmerk lag ausschließlich auf der Anordnung der Stücke im Raum und ihrer Ausrichtung im Verhältnis zum Untergrund. In der Zeit, als er an den *Femmes de Venise (Frauen für Venedig)* arbeitete, wandte sich Giacometti von der reinen Betrachtung von vorn ab, stattdessen verschlang der Raum von nun an seine Figuren von allen Seiten, stehende Akte wie Büsten. Dann verzichtete er nach und nach auf alle Details, die das Sujet in die Banalität abgleiten lassen könnten: Haare, Arme, Schädel, den Körper selbst. Als er inmitten seines Schaffens starb, waren seine stehenden Akte kaum mehr als vertikale Zeichen und seine Büsten bestanden nur noch aus Augen und Mündern.

„Ich kann nicht gleichzeitig Augen, Hände und Füße einer Person sehen, die zwei oder drei Meter vor mir steht, doch der einzelne Ausschnitt, den ich betrachte, zieht das Gefühl nach sich, dass alles existiert."

Giacometti zu *Das Bein*, 1960

In *La Main* (*Die Hand*, 1947, links) und *Tête sur tige* (*Kopf auf Stängel*, 1947/48, unten) ist ein Fragment eines Körpers wie schwebend auf einen dünnen Stiel platziert. Für *La Jambe* (*Das Bein*, 1958, linke Seite) entwarf Giacometti einen Sockel, der kürzer war als die flache Platte unter dem Fuß.

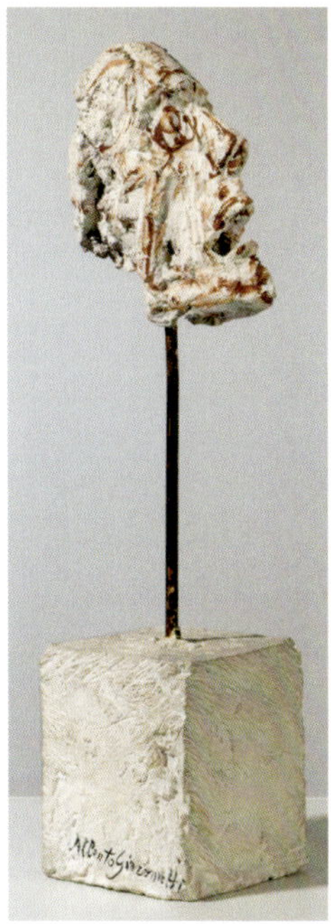

Paradoxe Malerei

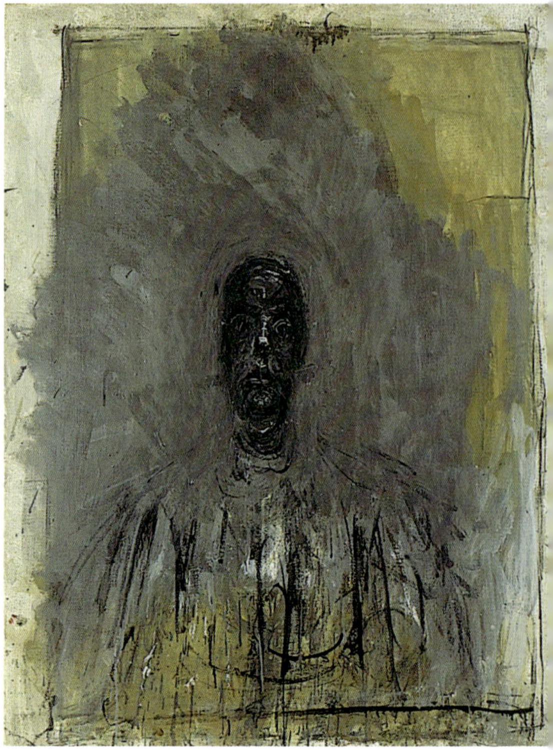

„Je mehr ein Gemälde die Wirklichkeit abbilden will, umso mehr berühren mich die Elemente, die zunächst keineswegs wesentlich zu sein scheinen, aber am Ende sind es vielleicht genau diese Elemente, die meine Sicht des Gegenstands neu schaffen" (Giacometti über Braque, Mai 1952). Das genaue Studium von Cézanne und seine daran anschließenden surrealistischen Erfahrungen eröffneten Giacometti das Verständnis dafür, dass sich das Sujet, wenn es in den Mittelpunkt des Werks rückt, in eine gefährliche Klippe verwandeln und das Werk in die Belanglosigkeit stürzen kann. Als er ab 1934 in der Malerei die neuen Wege erforschte, die er zur selben Zeit in der Skulptur beschritt, verzichtete er auf das Sujet, ohne allerdings an der anderen Klippe zu zerschellen: an der Abstraktion, die er für sich schnell als Sackgasse wahrnahm, sowohl beim Modellieren als auch in der Malerei. Ab dieser Zeit hielt er sich an Motive, die man akademisch nennen könnte: Portraits, Akte, Stillleben, Landschaften, Interieurs, Blumenbouquets. Allerdings lotete Giacometti die Grenzen der Übertragung seiner Sichtweisen in eine Art der Darstellung aus, die alles andere als akademisch war. Seine Malerei der unmittelbaren Nachkriegszeit ließe sich als Zeichnen in der Malerei beschreiben, ein Spinnennetz von feinen Farblinien, die Gegenstände und Figuren in einem graubraunen Raum untereinander verbinden. Dann gab er diese Art, Farbe zu verwenden, die sich nahe am *all-over* bewegte, nach und nach auf und wandte sich unendlich abgestuften Grautönen zu, die nichts als Licht ausdrückten. Im Januar 1952 beklagte er in einer Ausgabe der Zeitschrift *XXe siècle*, die „Neue Raumkonzeptio-

„Beim Malen hält [Giacometti] neben der Palette ungefähr zehn Pinsel in der linken Hand. Außer einem dicken sind alle anderen ausgesprochen fein. Die Pinsel werden speziell von Lefebvre-Foinet hergestellt, dem berühmtesten und ältesten Farbenhändler von Montparnasse, es gibt sie nirgendwo sonst [...]. Den einzigen dicken Pinsel verwendet er, wenn er andere Teile als das Gesicht malt."

Isaku Yanaihara, 1957

nen" zum Thema hatte, dass er nicht die Malerei realisieren könnte, die ihm vorschwebte: „Oh, ich sehe ein wunderbares, meisterhaftes Bild, aber es ist nicht von mir, es ist von niemandem."
Wie seine Skulpturen teilten sich auch Giacomettis Gemälde in Arbeiten aus dem Gedächtnis und solche nach einem vor ihm liegenden Motiv auf. Die geisterhaften „schwarzen Köpfe", Bilder seines Bruders oder seines japanischen Modells, bestanden aus so vielen Farbschichten, dass sie schon fast zu Skulpturen wurden – eine in Malerei gravierte Erinnerung. Seinen Schriften kann man entnehmen, dass erinnerte Bilder für ihn fast physische Realität annahmen. Die Malerei ermöglichte es ihm auch, seine Skulptur zu sehen: viele gemalte Personen waren tatsächlich Gemälde von Büsten im Atelier. Mit seinen Gemälden versuchte Giacometti das Erscheinungsbild der Dinge wiederherzustellen, den flüchtigen Eindruck, den sie in einem bestimmten Licht und einem bestimmten Raum erzeugten, Verbindungen, die sie untereinander etablierten, wie auch das gedachte Bild, das sie hervorbrachten.

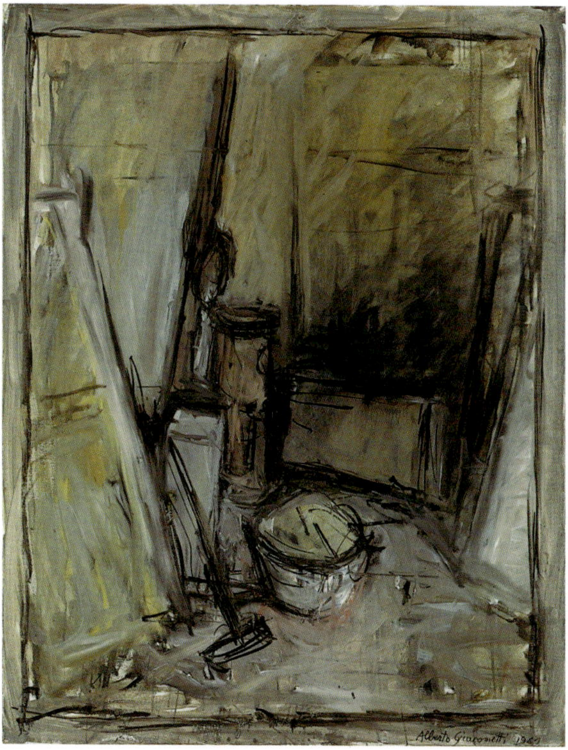

Für die beiden Zeichnungen der folgenden Doppelseite, *Plat, verre et encrier (Teller, Glas und Tintenfass)*, 1938, und *Chambre d'hôtel (Hotelzimmer)*, 1965, benutzte er den Radiergummi als technisches Mittel: bei einer, um die Inkonsistenz der Dinge zu vermitteln, bei der anderen, um die im Zimmer herrschende Atmosphäre greifbar zu machen, in dem alle Objekte durch Linien miteinander verbunden sind. (Oben: *Coin d'atelier avec poêle et balais – Ecke des Ateliers mit Ofen und Besen*, 1961.)

Zeichnungen die sich selbst auslöschen

Giacometti hat von jeher leidenschaftlich gern gezeichnet und dabei reichlich vom Radiergummi Gebrauch gemacht, vor allem, wenn seine Sujets kleiner wurden, als er es beabsichtigt hatte. Der Radiergummi hinterließ eine Aura um das Motiv und wurde zum wesentlichen Bestandteil der Zeichnung. Der Künstler verwandte die Wischtechnik per Radiergummi zunehmend seit Anfang

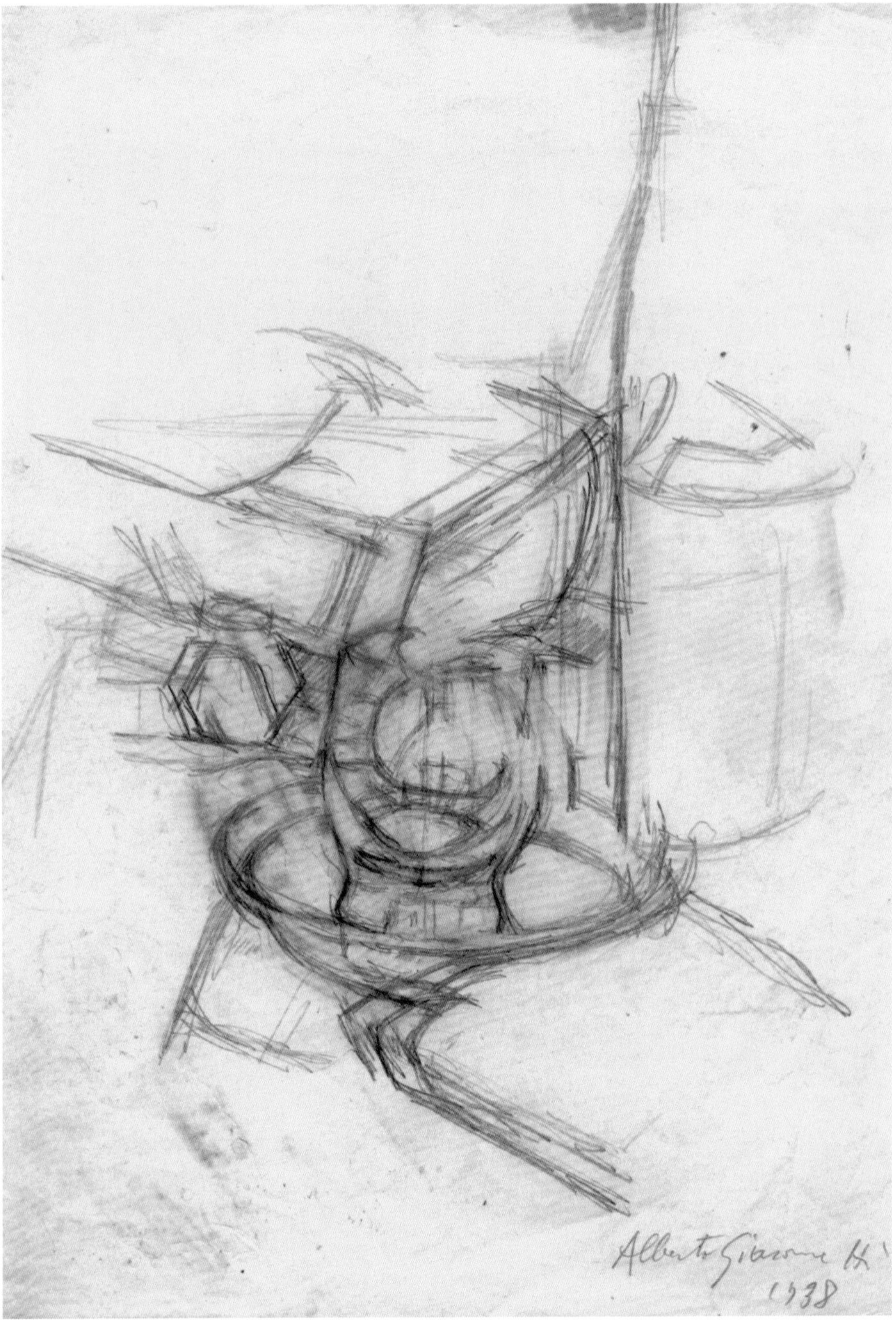
1938

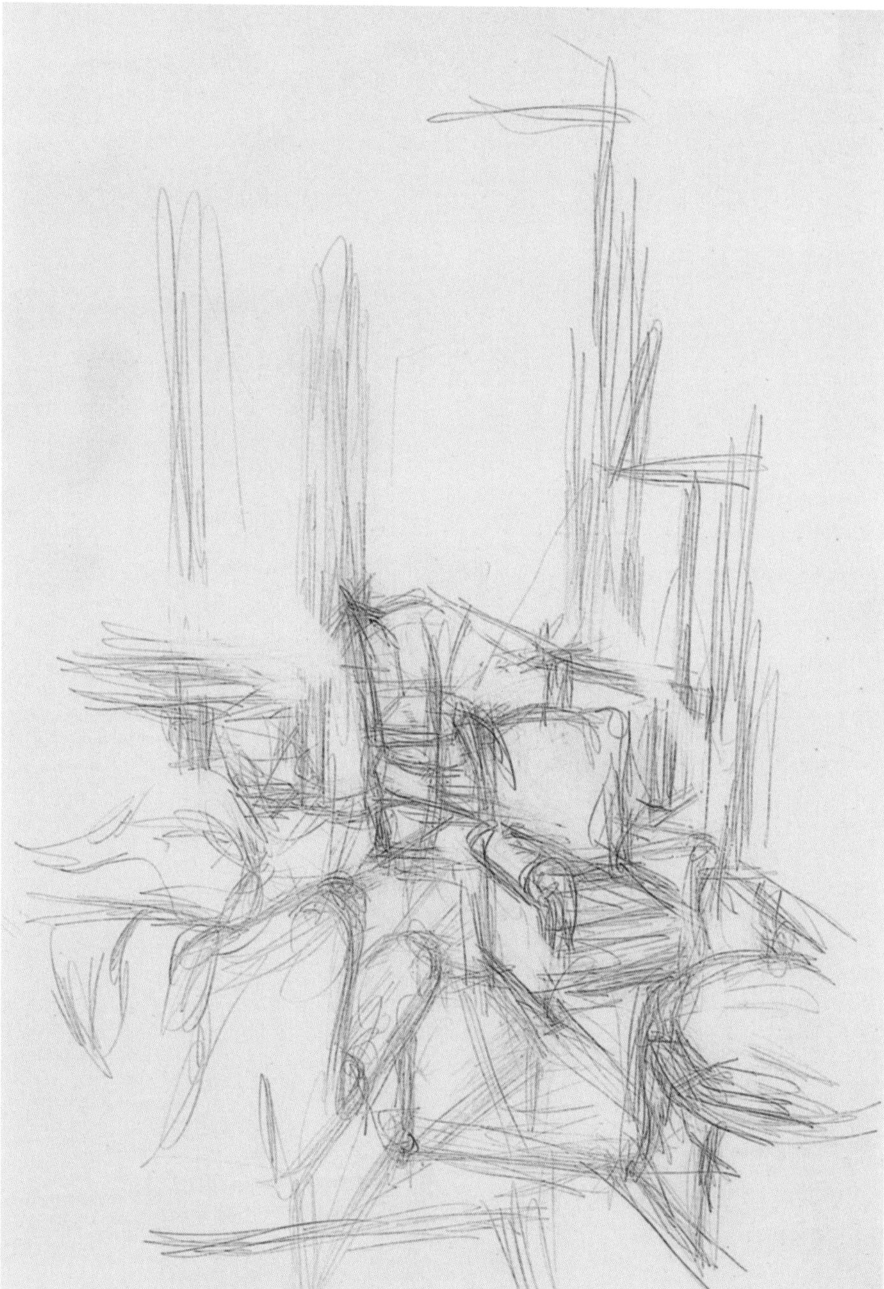

der 1940er Jahre, als er in Grubers Atelier arbeitete, dabei diente sie dem Zweck, die Atmosphäre um die Gegenstände greifbarer zu machen.
Diese Technik sollte er, manchmal in Kombination mit langen Kratzspuren, die die Gegenstände untereinander verbanden, bis zu seinem Lebensende anwenden. Durchstreichen, verwischen, übermalen – Vorgehensweisen,

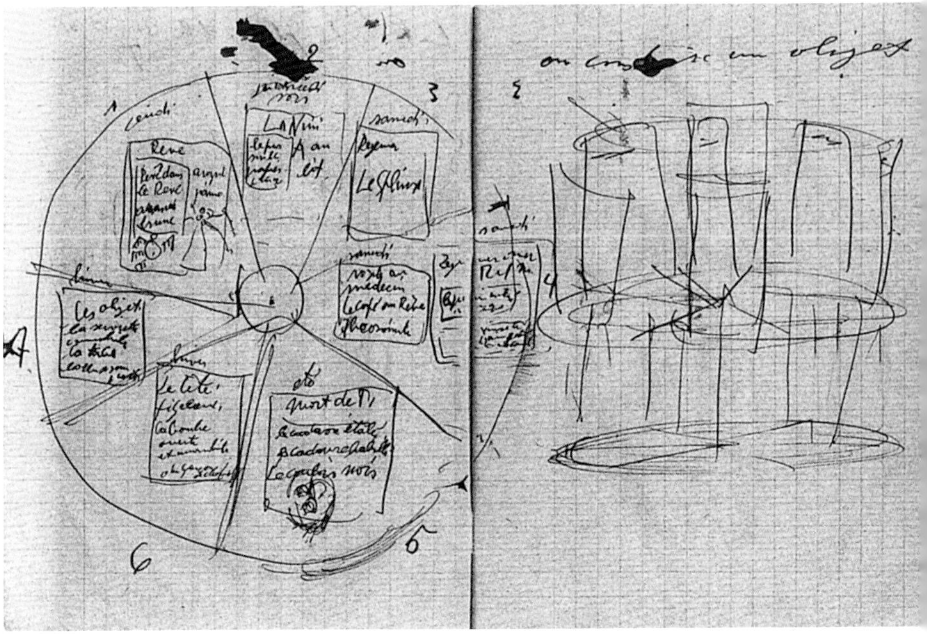

die Giacometti in seinen Zeichnungen wie in seinen Gemälden immer wieder anwandte. Seine harte Strichführung hinterließ tiefe Spuren im Papier, manchmal riss es. Mehr noch als die Malerei erlaubte es ihm das Zeichnen, seine Kreation zu sehen, viel mehr als sie nur vorzubereiten, deshalb ist kaum eine vorbereitende Zeichnung von ihm erhalten. Die Zeichnung war für ihn der Ort all seines Probierens, seiner Versuche, und er benutzte dafür Bleistift, Zeichenstift, Kugelschreiber oder Federhalter.

Ein Dichter, der Bücher liebt

Seit seiner Jugend hat Giacometti mit Sprachen jongliert: das Bargaiot, Italienisch, Deutsch, Französisch. Seinen Briefwechseln ist zu entnehmen, dass es ihm schon

„Plötzlich hatte ich das Gefühl, dass alle Ereignisse gleichzeitig um mich herum stattfanden. Die Zeit wurde horizontal und kreisförmig, war zugleich Raum, und ich versuchte sie zu zeichnen […]. Eine Scheibe mit ungefähr zwei Meter Radius und mit Linien in Abschnitte unterteilt. Auf jedem Abschnitt waren Name, Ort und Ereignis notiert, den er darstellte, und am Rand des Kreises erhob sich vor jedem Abschnitt ein Schild. […] Auf den Schildern war die Geschichte dargestellt, die den Abschnitten entsprach.“

Giacometti

sehr früh Spaß machte, zu schreiben und zu beschreiben, und auch seine Notizbücher zeigen, dass das Schreiben ein unabdingbares Element seiner Kreativität darstellte. Er war ein eifriger Leser der Schriften von Delacroix, Ingres, Cézanne und Van Gogh, über die er sich mit seinem Vater austauschte, und bald wurde ihm bewusst, wie wichtig das Geschriebene für Bildhauer war. Nach seinem Beitritt zu den Surrealisten 1930 nahm er an den von Breton organisierten Wortspielen teil. In seinen ersten Veröffentlichungen in der Zeitschrift *Le Surréalisme au service de la révolution* mischte er 1931 und 1933 in Worte gefasste Bilder mit gezeichneten Bildern. Seine ersten Texte, „Charbon d'herbe" (Kräuterkohle) und „Hier, sables mouvants" (Gestern, Flugsand) und „Je ne puis parler qu'indirectement de mes sculptures" (Ich kann *nur indirekt* von meinen Plastiken sprechen), die sehr vom surrealistischen Gedankengut beeinflusst waren, erschienen 1933, dem Jahr, in dem er René Crevels Roman *Les pieds dans le plat* illustrierte. 1945 veröffentlichte Giacometti zwei Texte, einen über Henri Laurens, einen über Jacques Callot, und im Dezember 1946 einen weiteren, der auf Basis seines Berichts über seinen letzten Abend im Bordell Le Sphinx seinen Werdegang seit der surrealistischen Phase zusammenfasst und ihn selbst im Hier und Jetzt verortet: „Der Traum, das Sphinx und der Tod von T.". In den 1950er Jahren lieferte er wichtige Beiträge für die Zeitschriften *Derrière le miroir*, *Verve* und *XXe siècle*, hauptsächlich über Braque und Derain.

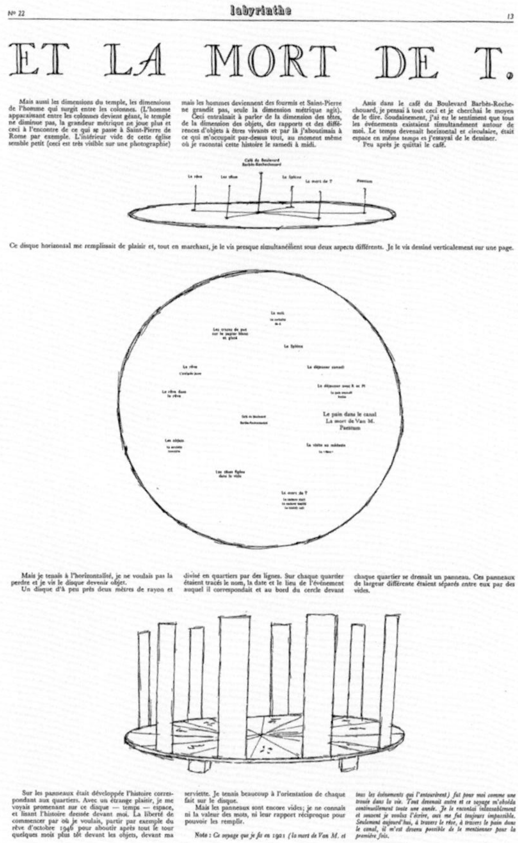

Nº 22 labyrinthe 13

ET LA MORT DE T.

Mais aussi les dimensions du temple, les dimensions de l'homme qui surgit entre les colonnes. (L'homme apparaissant entre les colonnes devient géant, le temple ne diminue pas, la grandeur métrique ne joue plus et ceci à l'encontre de ce qui se passe à Saint-Pierre de Rome par exemple. L'intérieur vide de cette église semble petit (ceci est très visible sur une photographie) mais les hommes deviennent des fourmis et Saint-Pierre ne grandit pas, seule la dimension métrique agit).

Ceci entraînait à parler de la dimension des têtes, de la dimension des objets, des rapports et des différences d'objets à êtres vivants et par là j'aboutimais à ce qui m'occupait par-dessus tout, au moment même où je racontai cette histoire le samedi à midi.

Assis dans le café du Boulevard Barbès-Rochechouard, je pensai à tout ceci et je cherchai le moyen de le dire. Soudainement, j'ai eu le sentiment que tous les événements existaient simultanément autour de moi. Le temps devenait horizontal et circulaire, était espace en même temps et j'essayai de le dessiner.

Peu après je quittai le café.

Ce disque horizontal me remplissait de plaisir et, tout en marchant, je le vis presque simultanément sous deux aspects différents. Je le vis dessiné verticalement sur une page.

Mais je tenais à l'horizontalité, je ne voulais pas la perdre et je vis le disque devenir objet.

Un disque d'à peu près deux mètres de rayon et divisé en quartiers par des lignes. Sur chaque quartier étaient tracés le nom, la date et le lieu de l'événement auquel il correspondait et au bord du cercle devant chaque quartier se dressait un panneau. Ces panneaux de largeur différente étaient séparés entre eux par des vides.

Sur les panneaux était développée l'histoire correspondant aux quartiers. Avec un étrange plaisir, je me voyais promenant sur ce disque — temps — espace, et lisant l'histoire dressée devant moi. La liberté de commencer par où je voulais, partir par exemple du rêve d'octobre 1946 pour aboutir après tout le tour quelques mois plus tôt devant les objets, devant ma serviette. Je tenais beaucoup à l'orientation de chaque fait sur le disque.

Mais les panneaux sont encore vides; je ne connais ni la valeur des mots, ni leur rapport réciproque pour pouvoir les remplir.

Note : Ce voyage que je fis en 1921 (la mort de Van M. et tous les événements qui l'entourèrent) fut pour moi comme une trouée dans la vie. Tout devenait autre et ce voyage m'obséda continuellement toute une année. Je le racontai inlassablement et souvent je voulus l'écrire, ceci me fut toujours impossible. Seulement aujourd'hui, à travers le rêve, à travers le pain dans le canal, il m'est devenu possible de le mentionner pour la première fois.

„Mit seltsamem Vergnügen sah ich mich auf dieser Scheibe spazierengehen – Raum – Zeit, und die Geschichte lesen, die vor mir errichtet war."

Giacometti

Zwei Manuskripte des berühmten Textes „Der Traum, das Sphinx und der Tod von T." (Auszug auf der linken Seite) sind erhalten, den Albert Skira bei Giacometti für *Labyrinthe* in Auftrag gab.

Giacometti überarbeitete seine Schriften, ob es sich um Briefe oder um Veröffentlichungen handelte, mit der gleichen Besessenheit wie seine Gemälde und Zeichnungen, und auch sie unterlagen dem Risiko der Zerstörung, wenn er nicht das gewünschte Ergebnis erzielte. Zwar wollte er den Eindruck von Spontaneität erzeugen, doch die zahlreichen aufbewahrten Entwürfe beweisen das Gegenteil.

Ein unermüdlicher Kopist

Obwohl er ein unersättlicher Museumsbesucher war, hat Giacometti zeit seines Lebens im Wesentlichen Illustrationen aus Büchern und Magazinen kopiert, mit denen er sich umgab. Schon Giovanni Giacometti empfahl seinem Sohn unter Berufung auf Ingres das Kopieren: „Das Studium und die Betrachtung von Meisterwerken aus der Kunst kann nur dazu dienen, die Betrachtung der Natur noch fruchtbringender und einfacher werden zu lassen: man sollte sie nicht gering bewerten, denn nur aus der Natur kommt die Perfektion, dort hat sie ihren Ursprung." Schon im Juli 1945 wies Albert Skira auf die fundamentale Rolle des Kopierens in Giacomettis genereller Arbeitsweise hin (kopieren, um besser zu sehen) und unterstellte, dass ein Werk dem Kopieren gewidmet sein sollte. In den 1960er Jahren stießen Luigi Carluccio und Louis Clayeux ein Buchprojekt zu diesem Thema an. Es trug bei seiner Veröffentlichung den Titel *Les copies du passé* (*Kopien nach alter Kunst*) und enthält eine Auswahl von Zeichnungen, begleitet von einem Essay Giacomettis; das Buch kam 1967 heraus, der Künstler hat sein Erscheinen nicht mehr erlebt. Die Übung des Kopierens ging nach Giacomettis Verständnis weit über das Kopieren alter oder moderner Meister hinaus. Tatsächlich definierte er sein ganzes Nachkriegsschaffen, ob nun auf Basis eines Modells oder eines Motivs, als Arbeit eines Kopisten: „Ich sehe die Person vor mir als eine ganze, widersprüchliche Sache: Um sie also zu verstehen, *muss ich sie kopieren*; damit ich sie besser

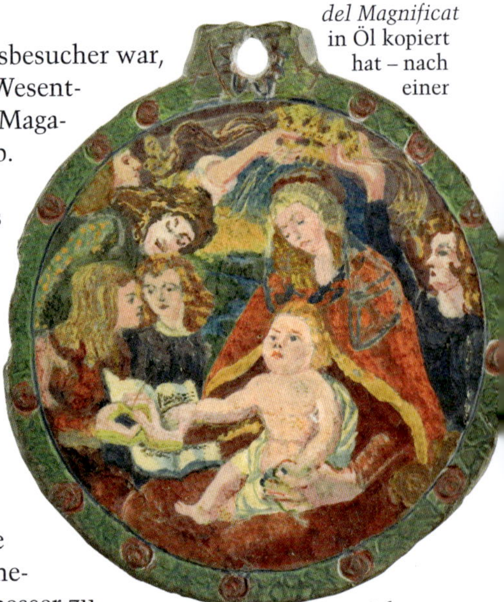

Als er das Gymnasium in Schiers besuchte, bearbeitete Giacometti Schiefer und stellte Portraits von Goethe und Keller her, die er seinen Lehrern schenkte. Für sich selbst behielt er ein Medaillon (unten), auf das er um 1915 Botticellis *Madonna del Magnificat* in Öl kopiert hat – nach einer Schwarzweiß-Illustration in einem Buch von 1898 aus der Bibliothek seines Vaters; die Farben hat er sich selbst ausgedacht.

Giacometti befand sich im beständigen Dialog mit der Kunst früherer Zeiten: Velázquez, Raffael und vor allem die ägyptische Kunst und Cézanne; er nahm sich einzelne Köpfe vor und stellte sie nebeneinander.

sehen und weiter entdecken kann; dann mache ich weiter mit dem Kopieren. Meine Gemälde sind nicht gelungene Kopien der Wirklichkeit", erklärte er 1962.
Was Giacometti nach der Analyse zur gescheiterten Kopie erklärte, war in Wirklichkeit Teil des Schaffensprozesses. Tatsächlich „könnte man in dem Moment, in dem man eine bestimmte Sache total versteht, diese

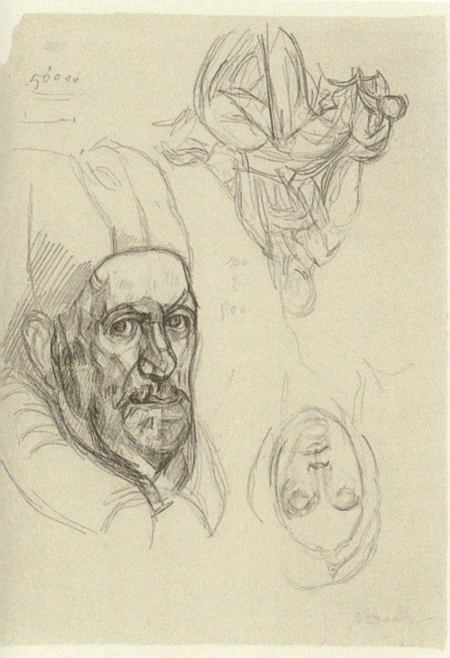

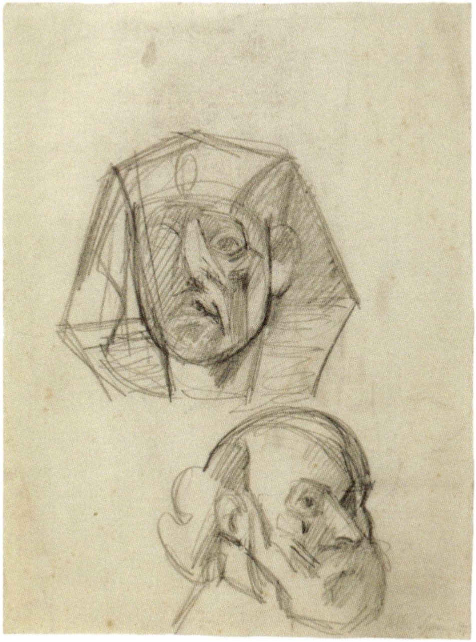

auch nachmachen. Aber das ist unmöglich, denn diese Sache und ich, wir sind immer in Bewegung und dem beständigem Wandel des Lebens unterworfen, wir können nicht zum Stillstand gebracht werden." Auch seine eigenen Werke kopierte er, damit er sie sehen konnte – deshalb gibt es so viele Gemälde und Stiche von seinen Skulpturen.

Die Zuspitzung der Wahrnehmung

Schon als Kind hatte Giacometti gemerkt, dass die traditionelle Wiedergabe nicht der Wirklichkeit, wie er sie wahrnahm, entsprach. Nach vergeblichen Anstrengungen, sich den Konventionen anzupassen, nahm er Ende der 1920er Jahre eine gegensätzliche Haltung ein,

„Die Art und Weise, wie eine Nase an einem byzantinischen Kopf angebracht ist, ähnelt mehr dem, wie ich eine Nase sehe, als der Art, wie sie in irgendeinem Gemälde seit der Renaissance gemalt ist […] . Wie ein Auge aufgebaut ist, wirkt in der byzantinischen Malerei realer, zumindest für mich, als in der gesamten Malerei seither, die ich nicht besonders gut verstehe. […] Cézanne mag ich deshalb so sehr, weil er dem eher nahekommt, was vor der Renaissance geschaffen wurde als seither; er ist so ziemlich der Einzige seit Giotto, der diese Qualität hat …"
Giacometti

das heißt, er konzentrierte sich darauf, seine besondere Wahrnehmung zuzuspitzen und die Dinge dementsprechend abzubilden. Weil er ein Anhänger der Surrealisten war, fokussierte er zwischen 1930 und 1934 vor allem auf seine Träume und nächtlichen Visionen, hörte dann allerdings damit auf. Doch in der zweiten Hälfte der 1930er Jahre nahm er die Übung wieder auf, und zwar so intensiv, dass er beängstigende Halluzinationen entwickelte, in deren Verlauf ihm Wesen auf der Straße als winzig erschienen, manchmal bis auf ihr Auge verkleinert. In seinen Skulpturen versuchte er, diesen beunru-

Die *Nase* war das Ergebnis eines langen Prozesses mit vielen Veränderungen, vom Gipsmodell aus dem Jahr 1947 bis zur 1965 gegossenen Version. Eine einzge Kraftlinie reicht vom Halsansatz bis zur Nasenspitze und betont die Gewalttätigkeit des Werks.

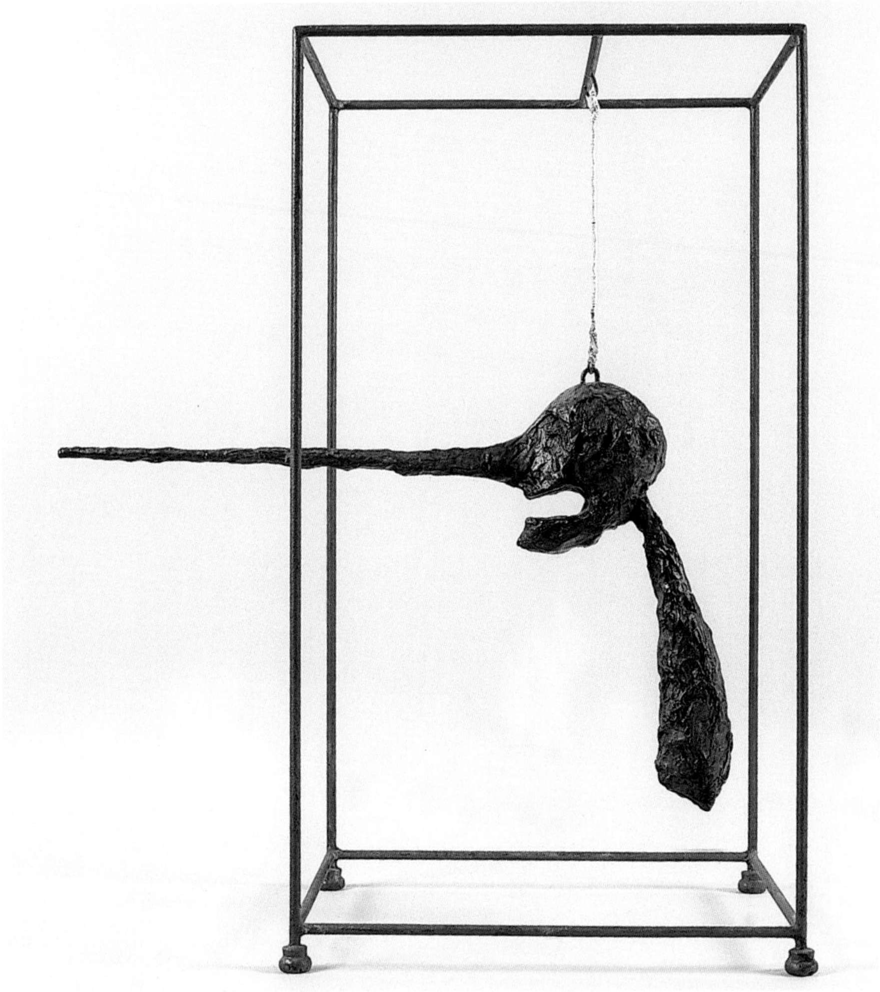

higenden Anblick wiederzugeben, und mehrere der gemalten und modellierten Köpfe aus dieser Zeit tragen Spuren von gewaltsamem Einwirken im Bereich der Augen. Zur selben Zeit entwickelte Giacometti auch ein geschärftes Bewusstsein für die Leere, die die Figuren umgab, und musste sich der „unendlichen und furchteinflößenden Leere des Raums" stellen. Simone de Beauvoir berichtete 1941, dass er „sich, wenn er durch die Straßen ging, mit der Hand der Festigkeit einer Mauer vergewissern musste, um dem Abgrund zu entgehen, der sich neben ihm öffnete. In anderen Momenten erschien es ihm, als wäre alles schwerelos: auf Avenuen und Plätzen schwebten die Passanten". Sartre erzählte 1948, dass Giacometti, als er nach Paris zurückkehrte, „Massen von Menschen sah, die sich blind auf ihn zubewegten, sie rollten ihm auf den Boulevards entgegen wie Steine einer Lawine". 1954 bemerkte Sartre in den Gemälden des Künstlers den Aspekt des Flüchtigen in der Darstellung der Sujets, deren Details nur deutlich aufschienen, wenn man sie nicht betrachtete. Alle Bemühungen Giacomettis sollten sich darauf ausrichten, seine Sichtweise ins Werk selbst zu übersetzen, ob es sich nun um Zeichnung, Malerei oder Skulptur handelte, damit sich im Werk der Maßstab, die Entfernung, der Bezug der Objekte untereinander, die Farbe, die Bewegung, das Leben und dazu die Nichtbeständigkeit von all dem abbildete.

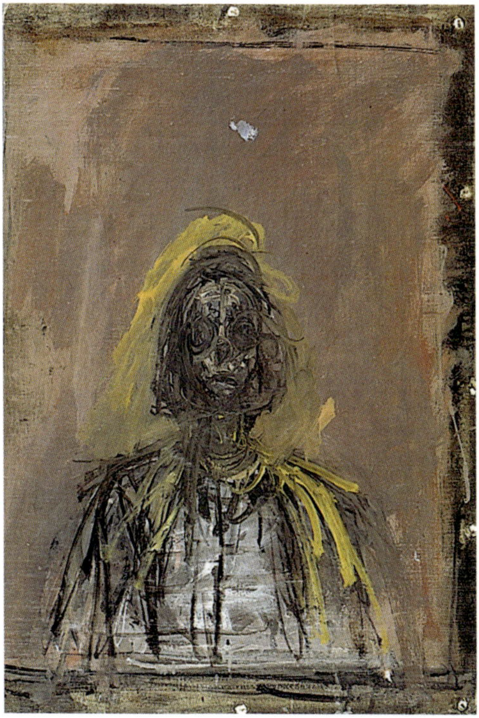

„Wenn ich mit einer lebenden Person arbeitete, gelang es mir, wenn ich es ein wenig darauf anlegte – und das jagte mir fast einen Schrecken ein –, fast den Schädel durchscheinen zu sehen … […] Wenn der Blick – und damit das Leben – zum Wesentlichen wird, gibt es keinen Zweifel: der Rest des Körpers reduziert sich auf die Rolle von Antennen, die der Person das Leben ermöglichen – das Leben, das sich im Schädelinneren abspielt."

Giacometti

Die Erfindung einer neuen Darstellung

Die menschliche Gestalt, Stillleben und Landschaften waren klassische Themen der Malerei, in denen Giacometti zu einer Zeit ausgebildet wurde, als man die Historienmalerei fast aufgegeben hatte. Dennoch arbeitete er von Jugend an aus dem Inneren der traditionellen

Darstellungsweisen heraus, stellte sie maximal auf die Probe und ging dabei so weit, sie „umzudrehen wie einen Handschuh", wie Simone de Beauvoir es formulierte, und zwar mit einer Beharrlichkeit und Radikalität, die Sartre beeindruckten. Nach der surrealistischen Phase, in der Giacometti mit neuen Formen der Kunst experimentierte, spürte er, dass er sich auf dem Holzweg befand, und gab die Suche nach Originalität auf.
Das Sujet war ihm künftig gleichgültig, nur die Darstellung zählte. „Jedermann weiß, was ein Kopf ist", habe Breton 1935 zu ihm gesagt – doch Giacometti erkannte unendliche Forschungsmöglichkeiten darin, die ihm Arbeit für ein ganzes Leben boten. Sartre hatte 1948 notiert, dass der Bildhauer auf die dreidimensionale Skulptur zu übertragen versuchte, was bei der Malerei auf der Hand lag: der vollkommen imaginäre Charakter der Dimensionen des dargestellten Raums. Die bildliche Darstellung des Raumes so, wie er wahrgenommen wird, ist in seiner Malerei tatsächlich nicht den gewöhnlichen Gesetzen der Perspektive unterworfen.
In allen angewandten Techniken versuchte Giacometti zur Wiedergabe der Atmosphäre vorzudringen, die das Sujet umgab – den Raum um das Sujet herum ebenso wie sein flirrendes Abbild; er wollte die Mischung der Gefühle vermitteln, die das Sujet beim Betrachten hervorrief. In seiner Malerei haben Dinge und Wesen genau dieselbe Wertigkeit, er behandelte sie identisch, um sie aus seiner Wahrnehmung heraus wiederzugeben. Die „Portraits" sind keine Portraits im traditionellen Sinn, da sie nicht ein Individuum mit seinen charakteristischen Merkmalen beschreiben – für Giacometti waren die menschlichen Wesen gleichwertig, und ihre Fremdheit war auf ewig unüberwindbar. Schon 1933 schrieb er: „Kein menschliches Gesicht ist mir so fremd, und je mehr ich es angesehen habe, desto mehr verstärkt sich das." Und 1963 bestätigte er gegenüber Pierre Dumayet: „Ich erkenne die Leute nicht mehr, indem ich sie viel anschaue. [Diego, mein Bruder] hat mir zehntausend Mal Modell gestanden, aber wenn er vor mir sitzt, erkenne ich ihn nicht wieder. Ich habe Lust, ihn Modell stehen zu lassen, um zu sehen, was ich sehe. Wenn meine Frau für mich posiert, hat sie nach drei Tagen keine Ähnlichkeit mehr mit sich selbst."

Der *Kopf ohne Schädel* (1958, unten) ist wahrscheinlich aus *Tête au grand nez* (*Kopf mit großer Nase*, rechte Seite, unten) hervorgegangen, was eine Fotografie

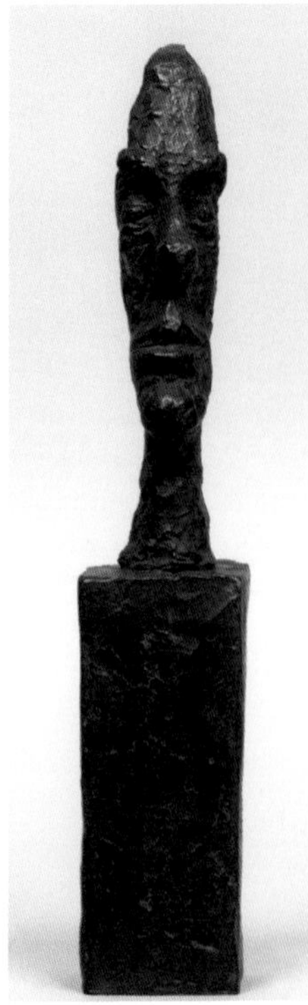

nahelegt, auf der er auf einem hohen Sockel zu sehen ist. Im Atelier gab es zahlreiche geometrische Körper aus Gips, die der Künstler mit Köpfen kombinierte. Zur selben Zeit platzierte er eine andere Version von *Kopf ohne Schädel* auf eine Stele und setzte damit eine 1951 begonnene Arbeit über Säulen fort.

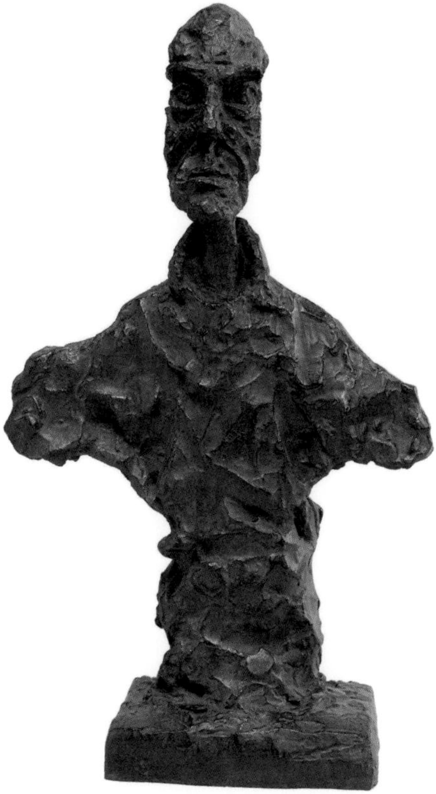

Mit diesen aus dem Gedächtnis geschaffenen Büsten von Diego, von dem nur die Augen und das Lächeln geblieben sind, endete die 1914 begonnene Serie von Büsten, die Giacometti von seinem Bruder geschaffen hat.

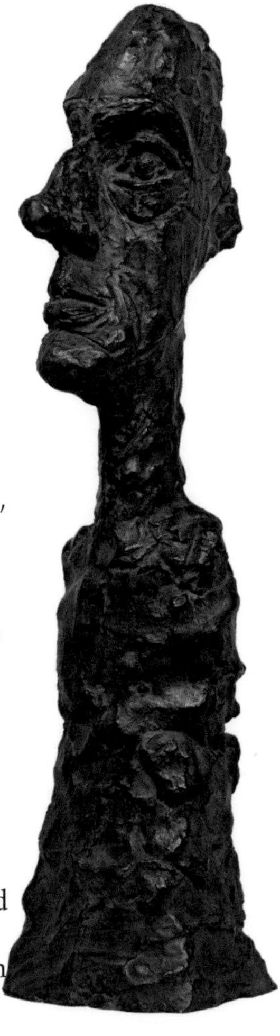

Recherchen zur Dimension und zum Maßstab

1951 hielt Giacometti fest: „Wenn man wiedergeben will, was man sieht, spielt die Größe eine enorme Rolle. Es genügt, fünf Zentimeter darunter oder darüber zu peilen, um ganz und gar danebenzuliegen." Von der Frage der passenden Größe fühlte sich der Künstler während seines gesamten Schaffens verfolgt, schon in den 1920er Jahren hatte er die Idee, manche seiner Arbeiten auf Lebensgröße zu vergrößern. Umgekehrt erforschte er in den 1930er Jahren die winzigsten Dimensionen, indem er so kleine Büsten schuf, dass sie in ihrer Art maßlos waren. Dieses Auf und Ab zwischen riesig groß und winzig klein, zwischen Makrokosmos und Mikroskopie, war typisch für sein Vorgehen, das sich durch ein beständiges Hin und Her definierte. Direkt nach dem Krieg schuf Giacometti sehr kleine Portraits von Menschen, die ihm nahestanden (seiner Frau Annette, Simone de Beauvoir, Pierre Loeb), während er zur selben Zeit die Silhouetten von Frauen, für die seine englische Freundin Isabel Nicholas als Inspiration diente, immer weiter in die Länge zog. Seine Figuren waren in ihren Proportionen monumental, nicht in ihren Dimensionen. 1948 sprach Sartre vom absoluten Maßstab: es sei nutzlos, sich anzunähern, denn Giacometti „schafft seine Gestalt ‚auf zehn Schritt' oder ‚auf zwanzig Schritt', und was man auch tun mag, in dieser Entfernung bleibt sie". Mitte der 1950er Jahre formte Giacometti erneut ganz kleine Figuren, was es ihm ermöglichte, mit den *Frauen für Venedig* Statuen in mittlerer Größe und für das New Yorker Monument Exemplare in Überlebensgröße zu schaffen. Für den Bildhauer war die Frage der Monumentalität nicht eine der Größe. Und so äußerte er 1964 gegenüber David Sylvester: „Die große Skulptur ist nur die Vergrößerung von kleinen. Die wesentlichen Skulpturen der ältesten Kulturen, egal welcher Herkunft, sind eher klein im Maßstab."

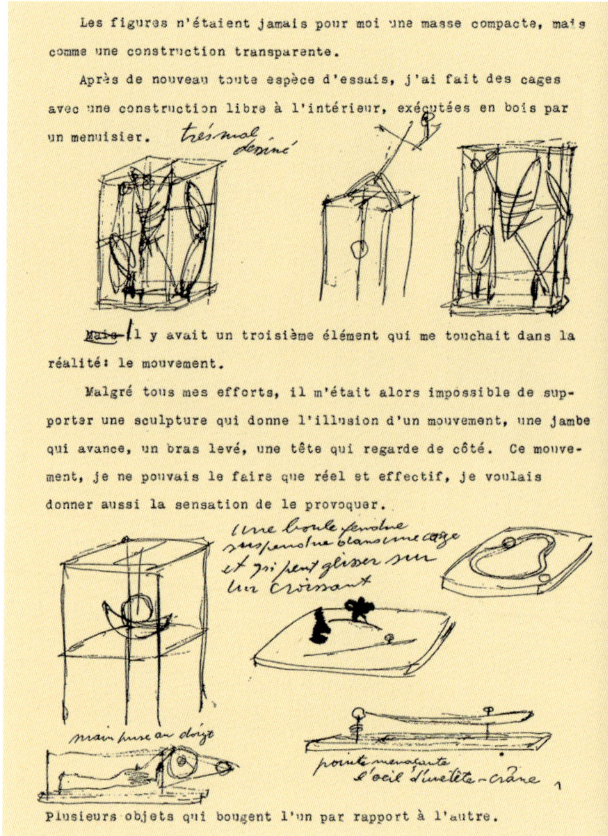
Les figures n'étaient jamais pour moi une masse compacte, mais comme une construction transparente.

Après de nouveau toute espèce d'essais, j'ai fait des cages avec une construction libre à l'intérieur, exécutées en bois par un menuisier.

Il y avait un troisième élément qui me touchait dans la réalité: le mouvement.

Malgré tous mes efforts, il m'était alors impossible de supporter une sculpture qui donne l'illusion d'un mouvement, une jambe qui avance, un bras levé, une tête qui regarde de côté. Ce mouvement, je ne pouvais le faire que réel et effectif, je voulais donner aussi la sensation de le provoquer.

Plusieurs objets qui bougent l'un par rapport à l'autre.

Im Überblick über sein Werk, den er 1947 für Pierre Matisse erstellte (oben), betonte Giacometti, welch wichtige Rolle die Bewegung in seinen surrealistischen Skulpturen spielte. Sie enthalten fast alle bewegliche Teile, die vom Betrachter in Aktion versetzt werden können – oder die er in Bewegung zu setzen wünscht, wobei Aufforderung und Frustration beim „symbolischen Wirken" des Objekts von großer Bedeutung sind.

Die Erfindung der Bewegung im Stillstand

Giacometti war einer der Ersten gewesen, die reale Bewegungen in die Bildhauerei einführten, als er 1931 seine berühmte *Schwebende Kugel* schuf, ein Werk, dem bald Kompositionen mit potenziell beweglichen Elementen nachfolgten: etwa *Pointe à l'œil (Stachel gegen das Auge)* oder *Gefährdete Hand*, wobei in letzterem Werk der Moment, als eine Hand kurz davor steht, in die Fänge eines Räderwerks zu geraten, an den Unfall erinnert, den sein Bruder Diego im März 1907 erlitt. Oder auch *Fleur en danger (Blume in Gefahr)*, in dem eine Gipsblüte, an einem Draht hängend, von einem bis fast zum Brechen gespannten Bogen bedroht wird. Doch Giacometti fand sehr schnell Nachahmer und so verließ er den allzu offensichtlichen, zu mechanischen Weg zugunsten von Skulpturen, die die Bewegung in sich selbst trugen. Direkt nach dem Krieg entwarf er Figuren, die sich nach oben hin ausdehnten, indem er Gipsklümpchen aufhäufte, Figuren, die „tanzen", wie Sartre sagte, ausgeführt in dünner werdendem Material, das abzuheben scheint. Dann *Chariot (Wagen)* mit zwei großen Rädern, die nicht auf dem Boden ruhen: das Werk sollte so wirken, als schwebe es über dem Untergrund und

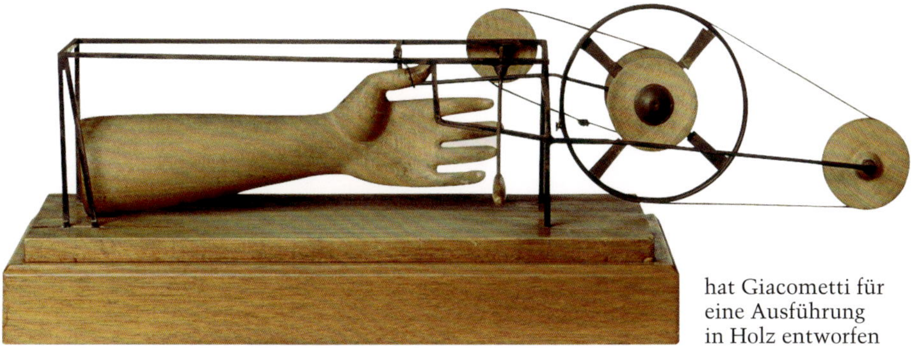

könne nicht rollen. Gegenüber Francis Ponge äußerte Giacometti, dass sich seine Skulpturen in dieser Phase dahingehend verfeinerten, dass ein sich fortbewegendes menschliches Wesen in Vergessenheit geraten ließ, wie viel Gewicht es in Bewegung setzte. Das traf auf die ersten großformatigen *Schreitenden Männer* aus dem Jahr 1949 zu. Mitte der 1950er Jahre, als die Bewegung an sich mit der Kinetik zu einem der bedeutenderen Inhalte der zeitgenössischen Kunst avancierte, befasste sich Giacometti mit Frauenfiguren mit breiten Füßen, die an Wurzeln erinnerten, um die virtuelle Bewegung des Fortschreitens und Zurückweichens, die Jean Genet so gut beschrieben hatte, wiederzugeben; das frappierendste Beispiel dafür waren die *Großen Frauen* für das New Yorker Monument, deren winzige Köpfe sie riesig

1961 wurde Giacometti als Vorläufer der Kinetischen Kunst von Jean Tinguely, Daniel Spoerri und Pontus Hultén eingeladen, mit vier Werken an der Ausstellung „Die Bewegung in der Kunst" im Moderna Museet in Stockholm und im Stedelijk Museum, Amsterdam, teilzunehmen: mit *Schwebende Kugel*, *Stachel gegen das Auge*, das *Unangenehme Ding* und die *Nase*. Die meisten surrealistischen Werke hat Giacometti für eine Ausführung in Holz entworfen und nach einem Gipsmodell von einem Schreiner bauen lassen. Das Werk *Gefährdete Hand* (links), das auch den Titel *Malgré les mains* (*Trotz der Hände*) trägt, ist das einzige, von dem kein Gipsentwurf bekannt ist und das aus zusammengesammelten Gegenständen besteht: der Hand einer Schaufensterpuppe und einem von einer Kurbel angetriebenen Räderwerk, die der Betrachter drehen kann.

erscheinen ließen. In seinen letzten Lebensjahren nahm die Frontalansicht zugunsten einer Wahrnehmung aus allen Richtungen ab; von der Leere um sie herum zerfressen, verbanden sich die Skulpturen mit dem sie umgebenden Raum und entfalteten sich in die Breite wie auch in die Höhe.

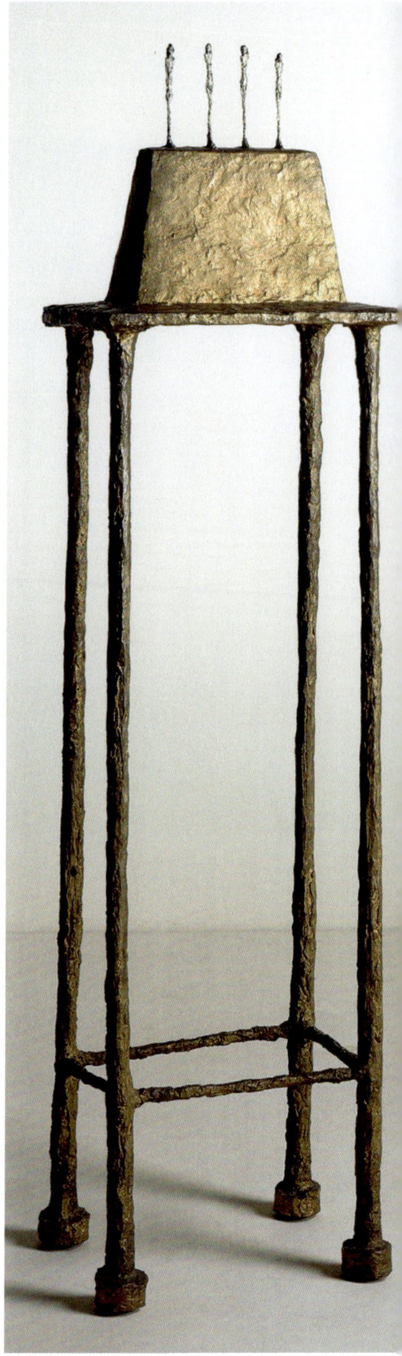

Serielle Arbeit

Getrieben von dem Wunsch, seine Wahrnehmung von der Unterschiedlichkeit der aufeinanderfolgenden Daseinszustände der Dinge in seine Kunst zu übertragen, arbeitete Giacometti seit jeher in Serien. Doch während er in seiner Jugend dazu neigte, unbefriedigende Versionen seiner Werke zu zerstören, verstand er dank der erhellenden Ratschläge seines Vaters recht früh, dass es wichtig war, sie aufzubewahren. Nach dem Krieg wurde die Reihe der Avatare einer Form, die nie zum Abschluss kam, zum Gegenstand seines Werks; die *Frauen für Venedig* waren das markanteste Beispiel dafür, aber auch die Büsten von Annette oder Diego Giacometti. Diese fast cinematografische Anhäufung einer Wirklichkeit, die sich nicht mehr im Stillstand erfassen ließ, verortet Giacometti in der Avantgarde der Künstler, die in den 1950er und 1960er Jahren Recherchen zur seriellen Kunst anstellten, wie auch derer, die zur selben Zeit über Wahrnehmung arbeiteten. Spuren aufzubewahren und sie in ihren subtilen Varianten zu zeigen hinderte ihn allerdings nicht daran, ohne Gewissensbisse zahlreiche Zwischenstadien zu zerstören, die ihn nicht befriedigten. Daher rührt die Legende, der zufolge sein Bruder Diego am Morgen durch Abformen in Gips Figuren aus Ton rettete, die sonst zerstört worden wären. Tatsächlich hinterließ ihm Alberto allerdings vor dem Schlafengehen genaue Anweisungen dazu. Giacomettis anhaltendes

Bestreben, Unbeständigkeit und somit die grundlegende Unfertigkeit jedes Lebewesens darzustellen, darf man nicht mit der Unfertigkeit des Werks selbst verwechseln – bei den Werken, die der Künstler in Umlauf brachte, handelte es sich sehr wohl um vollendete Abschnitte seines Schaffens.

Der Wald (unten) entstand „aus Zufall, als ich Studien für Figuren machte, als ob ich, ohne es bewusst zu wollen, Eindrücke in die Realität umsetzte, die ich lange zuvor empfunden hatte und die ich erst wiedererkannte, als ich die Skulptur gemacht hatte. In diesem Platz erkenne ich auch keinen bestimmten Ort wieder, wo der Kopf anstelle eines Steins steht." Die *Vier Figuren auf einem Sockel* (linke Seite) entstanden 1950 und wurden 1965 in London vom Künstler überarbeitet, wobei er die Figuren verkleinerte.

Die Art der Präsentation verändert das Werk

Giacometti hatte Brâncuşis Werk mit großer Aufmerksamkeit verfolgt und war sich der Bedeutung des Sockels bei der Wahrnehmung von Skulpturen bewusst, allerdings wenig begeistert von den Vorrichtungen, die es gab. Folglich erforschte er alle Möglichkeiten, um diese Klippe zu umschiffen. 1932 platzierte er eine Figur direkt auf dem Boden, die 1933 zur *Frau mit durchschnittener Kehle* wurde. Im selben Jahr kam er jedoch auf den Sockel zurück mit *Mannequin* und zeichnete auch zum ersten Mal einen Sockel als integrativen Bestandteil eines Werks: in *Table (Tisch)* aus derselben surrealistischen Ausstellung. Giacometti schuf eine in sich kohärente Welt, die in mehreren Größenmaßstäben existiert, ein magisches Paralleluniversum voller wunderbarer und erschreckender Abenteuer: Wer sie betritt, trifft auf sich selbst, mit allen damit verbundenen Risiken und Gefahren.

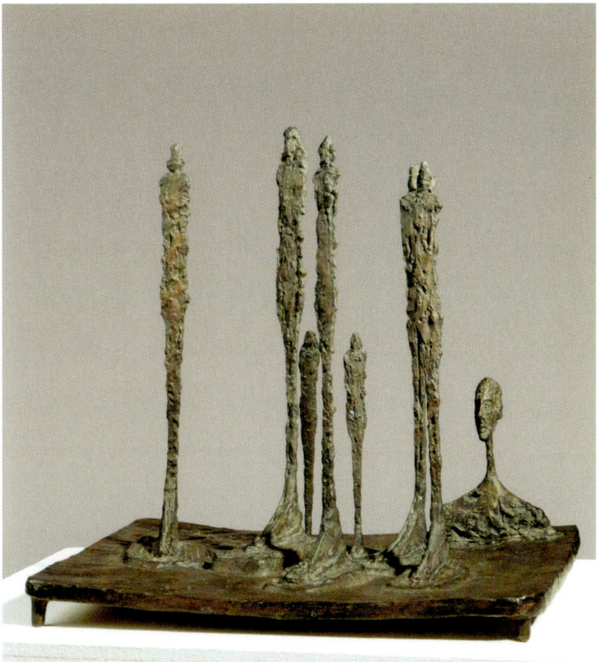

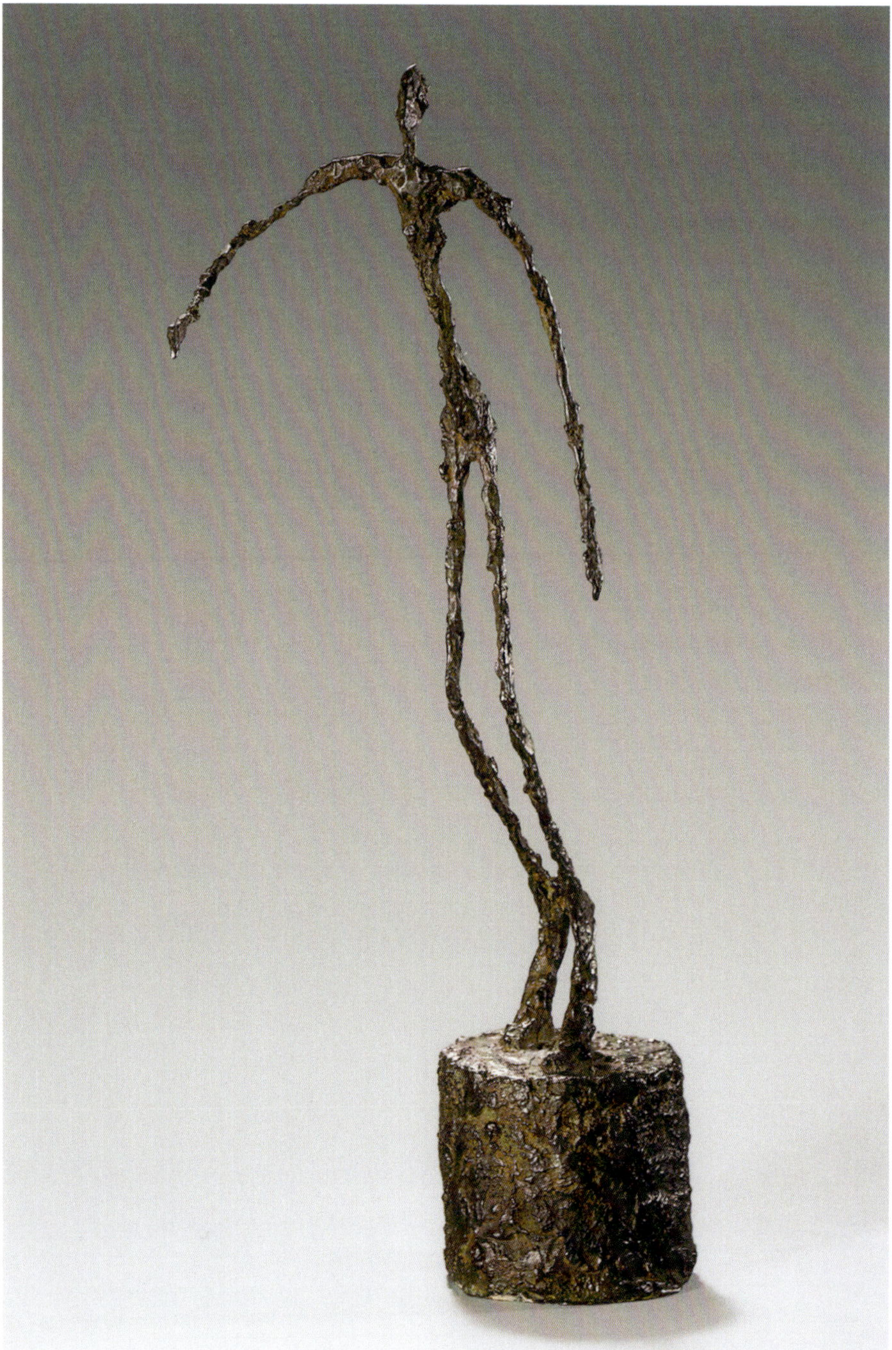

ZEUGNISSE UND DOKUMENTE

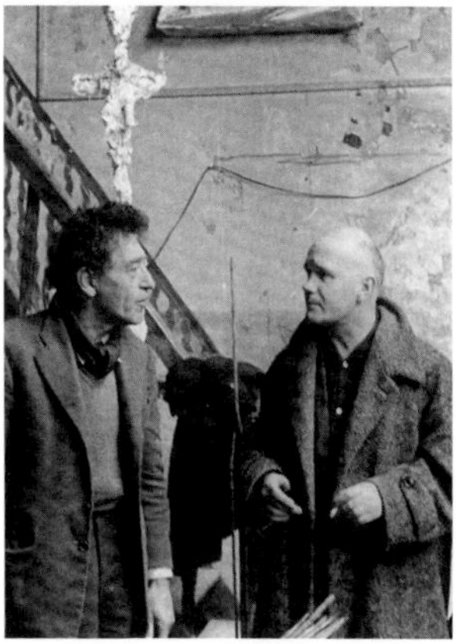

„Dorthin gelangen, wo ich auf jeden Fall hinkommen werde"

Giacometti zeigte sich schon früh wild entschlossen, seiner Bestimmung als Künstler zu folgen, und er ordnete sein ganzes Leben und seine familiären Bindungen dem unter, was er als seine Hauptanliegen betrachtete: arbeiten und unaufhörlich voranschreiten im Bestreben, seine Sicht auf die Dinge abzubilden. Damit das eintreten konnte, war ein ganz bestimmtes Umfeld nötig, das sich nach und nach in Paris einstellte: sein Bruder, der ihm Aufgaben materieller Art abnahm und es ihm ermöglichte, sich auf den reinen Schöpfungsakt zu konzentrieren, und seine Frau, die ihm Modell stand und seinen Alltag organisierte. Die beiden waren unverzichtbar für sein Schaffen.

Mein lieber Freund,
Dein Sohn Albert hat, nachdem er meinen Kurs und den von Estoppey belegt hatte, plötzlich der Schule den Rücken gekehrt und uns nur die Richtung mitgeteilt, für die er uns zu seinem Bedauern nun verlassen müsse. Ich hatte die Absicht, mir einen Eindruck von seinem Wesen als Künstler zu verschaffen, um ihn besser anleiten zu können. Dann habe ich festgestellt, dass er sehr begabt ist, dass es ihm aber absolut an Grundlagen mangelt, und ich hatte vor, ihn die Anatomie des menschlichen Körpers formen zu lassen, damit er danach nach seinem Gutdünken seine Sicht verwirklichen könne. Was mich tröstet, ist, dass er in Anbetracht seines Temperaments kein Problem haben wird, sich zu finden, selbst wenn er in ein Kanaken-Milieu geraten sollte.

James Vibert, Professor für Skulptur an der École des Beaux-Arts Genf, an Giovanni Giacometti, 26. September 1919[1]

Mein sehr lieber Bruder,
[…] Ich kann mir vorstellen, dass Dir Basel wenig zusagt, vor allem, wenn Du an einer so unbedeutenden Sache arbeiten musst, die noch dazu nicht funktioniert. Wenn es Dir also nicht gefällt, lass es ziehen, und wenn Basel (was ich nicht bezweifle) nicht dazu einlädt, zu bleiben, dann bleibe nicht und gib den Plan auf. Natürlich würde es Dir Spaß machen, etwas Interessantes anzustoßen, und ich wünschte mir, dass Du so etwas findest, aber tatsächlich glaube ich, dass Du in Rom besser aufgehoben wärst (ich sage das, weil du selbst davon gesprochen hast) […]: ich würde dort auch nicht lange bleiben, wobei natürlich jeder seine Gründe hat, aber ich wollte Dir schon lang etwas schreiben, und wenn ich mehr Zeit hätte, hätte ich es schon getan. Wenn Du nach Paris kommen wolltest, wäre ich sehr froh. Ich habe so viel zu tun, Du könntest mit mir arbeiten und natürlich auch für Dich. Ich habe schöne Aufträge, und es würde sehr gut passen. Papa dachte, Du könntest hier bleiben. Sicher könnte das sehr gut klappen hier. Also wenn Du willst und wann Du willst. Schreib mir schnell, wenn das Geld bei Dir angekommen ist und wie es so geht. Am Samstag war Weill bei mir, die Reliefs und die Feuerböcke gefallen ihm sehr gut,

1 Sofern nichts anderes angegeben ist, stammen die Übersetzungen in diesem Kapitel von Michaela Angermair.

er wird sie gut bezahlen, in einer Woche werde ich mit den Gipsarbeiten fertig sein. Weill interessiert sich für Dein Bild, es hat ihm sehr gut gefallen. Anschließend haben wir eine ganze Wohnung für eine reiche Amerikanerin zu machen. [...] Aber für heute mache ich Schluss, es kommt jemand. Ich würde mich freuen, Dich hier zu sehen, und wenn Du nach Rom fährst, komm über Paris [...].

Alberto Giacometti an Diego,
Paris, 28. Oktober 1929

Liebe Mama,
[...] Natürlich kann ich meine Sachen allein unter meinem Namen ausstellen, auch wenn Diego mir hilft, [...] und in puncto Übereinstimmung gibt es niemanden, der das alles in allem besser hinbekommt als wir zwei; ich glaube, dass wir uns in den mehr als zwei Jahren, seit ich zurück bin, nicht um die kleinste Angelegenheit gestritten haben, obwohl wir uns jeden Tag sehen, und das halte ich für etwas wirklich Seltenes! Vor allem unter Brüdern. Mein Atelier ist zu einer Gipshalde geworden und ich muss mir schon bald mit der Schaufel den Weg freiräumen; wir werden es während der Ferien in Ordnung bringen lassen. Aber ich habe in all den Tagen enorme Fortschritte gemacht, und die Bronzen, die ich vor 8 Tagen gemacht habe, würde ich schon nicht mehr so machen, jetzt kann ich wirklich sagen, dass ich mich vom Morgen zum Abend weiterentwickle und nie mehr etwas so machen würde wie am Vortag. [...]

Alberto Giacometti, Herbst 1947

Paris, Mittwoch

Liebe Mama,
[...] Danke für Deinen kleinen Brief. Ich fühle mich fast verpflichtet, Dir zu sagen, liebe Mama, dass Du Dir wegen meines Vorhabens keine Sorgen machen sollst! Aber darüber möchte ich lieber mit Dir reden, statt zu schreiben! Diego mag Annette sehr – sie verstehen sich sehr gut – und er findet, dass ich recht habe. Ich kenne sie schon fast 6 Jahre, wir verstehen uns besser denn je, sie ist die einzige Frau, mit der ich zusammenleben kann und die es mir ermöglicht, ganz in meiner Arbeit zu sein, also dorthin zu gelangen, wo ich auf jeden Fall hinkommen werde: wenn wir heiraten, macht das die Dinge nur einfacher und leichter auch nach außen hin. Wenn Du Annette erst einmal kennst, wirst Du sehen, dass ich recht habe. Aber wie ich schon zu Beginn geschrieben habe, möchte ich das lieber mündlich als schriftlich behandeln, so etwas bin ich per Brief nicht gewöhnt.

Alberto Giacometti, 1949

Meine Lieben,
[...] Ich war heute Morgen bei Adnet, der uns allerhand Dinge machen lassen will [...] er will eine oder zwei Deckenleuchten mit passenden Verzierungen wie bei Br. [...]. Al, Du hattest mir versprochen, an Objekte zu denken und mir Zeichnungen zu schicken. Heute stehe ich unter sehr sehr großem Druck, Al, und ich bitte Dich, mir nun wirklich ein paar Entwürfe für Deckenleuchten (in der Art wie für Br und Wts) zu machen, allerdings kleiner, dann kann ich gleich die Modelle bauen und die Sachen in Kürze fertigstellen. Ich lege Dir hier eine Kopie eines Möbels von Adnet bei, er hätte gern zwei Leuchter, einen auf jeden Fall, [...], versuch bitte, etwas zu finden, und zeichne es in meine Kopie ein – ich bin überzeugt, dass Du, wenn Du ein wenig darüber nachdenkst, ganz schnell eine Idee dazu haben wirst, ich bitte Dich darum, damit wir keine Zeit verlieren. Schlussendlich wären mir eine Deckenleuchte und die Möbelverzierung am wichtigsten. Bitte setz Dich dran und schick mir so schnell wie möglich etwas, warte nicht auf Deine Rückkehr.

Diego Giacometti an Alberto,
1. April 1949

Schriften

Giacomettis Schriften liefern eine interessante Facette seines Schaffens; er arbeitete an ihnen wie an seinen Gemälden und Skulpturen. In seinen Texten zu Laurens, Braque und Derain oder auch über die Abstraktion legte er dieselbe Sorgfalt an den Tag, um seine Sicht der Dinge wie mit aneinandergereihten Pinselstrichen möglichst genau zu kommunizieren.

Henri Laurens

[...] Laurens' Bildhauerei ist für mich mehr als jede andere eine wahrhaftige räumliche Projektion seiner selbst, so etwas wie ein dreidimensionaler Schatten. Seine Art zu atmen, zu tasten, zu fühlen, zu denken wird Objekt, wird Plastik. Diese Plastik ist komplex: Sie ist so wirklich wie ein Glas (ich würde gerne sagen „oder wie eine Wurzel", bin mir da aber nicht so sicher, obwohl sie in mancher Hinsicht mehr einer Wurzel als einem Glas entspricht); gleichzeitig erinnert sie an eine Neuerfindung der menschlichen Gestalt. Sie ist vor allem das „Doppel" dessen, was Laurens im Wandel der Zeit unverwechselbar macht; jede dieser Plastiken ist jedoch darüber hinaus die Kristallisation eines besonderen Augenblicks innerhalb dieser Zeit. (Man könnte meinen, dies gelte für alle Plastiken, was ich aber nicht glaube, jedenfalls nicht in der gleichen Weise und nicht im gleichen Maße.)
Noch der kleinste Teil dieser Plastiken hat wieder und wieder die Empfindsamkeit des Künstlers an sich erfahren, wird gewissermaßen ein Teil dieser Empfindsamkeit. Laurens geht beim Schaffensprozess nur mit absoluter Kontrolle vor und versucht niemals, sich darüber hinwegzusetzen. Dimension, Proportion und Lebendigkeit dieser Plastiken entwickeln sich letztlich gemäß eben dieser tiefen, komplexen Empfindsamkeit und erhalten durch sie ihre Form und Bedeutung. Wenn Laurens den Ton bearbeitet, bearbeitet er auch die Leere, die diese Materie umgibt – der Raum selbst nimmt Gestalt an. Laurens schafft zugleich Raumkörper und Tonkörper. Diese Körper sind abwechselnd präsent, gleichen sich aus und werden gemeinsam zur Plastik. Und diese Plastik ist eine *lichte Sphäre*. [...]

Original in *Labyrinthe*, Nr. 14, 15. Januar 1945

(Aus: Alberto Giacometti, *Gestern, Flugsand, Schriften*, Zürich, 1999, S. 47 f., übersetzt von Maria Hoffmann-Dartevelle)

Grau, Braun, Schwarz ... Georges Braque

[...] Doch wie seine Bilder beschreiben? Wie das Gefühl ausdrücken, das die vor dem grauen Hintergrund aufsteigende, fast unmerklich verlagerte Vertikale von Vase und Blumen in mir auslöst? Diese ganz leicht gekippte Vertikale ist nicht sichtbar angedeutet, sie geht aus der Komplexität der Formen und Farben hervor, die den Gegenstand evozieren. Wäre diese Senkrechte als Linie auf einen grauen Hintergrund gezeichnet (was im übrigen gar nicht möglich ist), würde sie mich ziemlich gleichgültig lassen. Die ganze Komplexität des Cézanneschen „Mannes mit den verschränkten Armen" ist erforderlich, um von einem einzigen Merkmal gebannt zu werden. Je mehr ein Gemälde die Wirklichkeit darzustellen versucht, umso stärker ergreifen mich die Elemente, die auf den ersten Blick nicht die eigentlichen Charakteristika des Gegenstandes zu sein scheinen; doch vielleicht sind es gerade diese Elemente, die letztendlich zu einer neuen Sicht des Gegenstandes führen.

In *Derrière le miroir*, Nr. 48–49, Juni 1952 (Aus: Alberto Giacometti, *Gestern, Flugsand, Schriften*, Zürich, 1999, S. 111)

Derain

[…] Derains Qualitäten liegen ausschließlich jenseits von Versagen, von Misslingen, jenseits eines möglichen Scheiterns, und offenbar glaube ich nur an eben diese Qualitäten, zumindest in der modernen Kunst – ich meine, (vielleicht) seit Giotto. Derain war an einer Stelle, an einem Ort, der ihn ständig überforderte, er hatte Angst vor dem Unmöglichen, und jedes Werk war für ihn bereits mißlungen, noch bevor er es begonnen hatte. Alle Grundlagen, alle Gewißheiten, die zumindest für den größten Teil, wenn nicht für alle heutigen Maler gelten, selbst für die Abstrakten, selbst für die Tachisten, hatten für ihn keinerlei Bedeutung mehr, wo also überhaupt

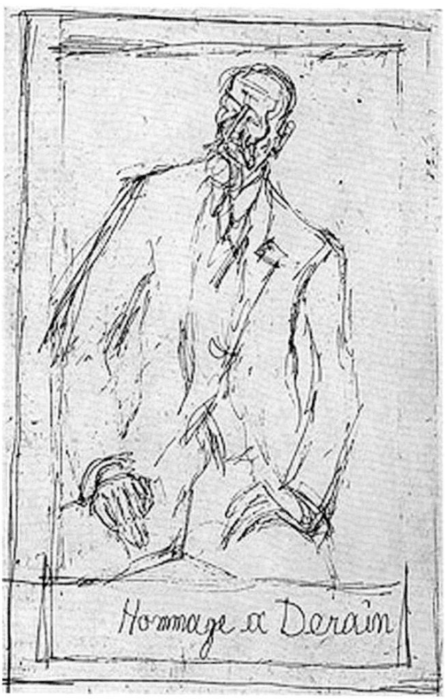

noch die Mittel für einen eigenen Ausdruck finden? […] Dabei wollte er vielleicht nur ein wenig die Erscheinung der Dinge festhalten, die wunderbare, anziehende und unbekannte Erscheinung all dessen, was ihn umgab. […]

in *Derrière le miroir,* Nr. 94–95, Februar 1957 (Aus: Alberto Giacometti, *Gestern, Flugsand, Schriften*, Zürich, 1999, S. 116 f.)

„Anderen vermitteln, was ich sehe"

[…] Eine Plastik dagegen entthront niemals eine andere. Eine Plastik ist kein Objekt, sie ist eine Fragestellung, eine Frage, eine Antwort. Sie kann gar nicht vollendet oder perfekt sein. Die Frage stellt sich nicht einmal. Für Michelangelo beginnt mit der Pietà Rondanini, seiner letzten Plastik, alles wieder von vorn. Und Michelangelo hätte noch tausend Jahre lang immer weitere Pietàs schaffen können, ohne sich zu wiederholen, ohne einen Schritt zurück zu tun, ohne jemals etwas zu vollenden, sich stets weiterentwickelnd. Rodin ebenso.

Wenn ein Auto oder eine Maschine kaputtgehen, werden sie zu Schrott. Wenn eine chaldäische Plastik in vier Teile zerbricht, werden daraus vier Plastiken, und jeder Teil ist ebenso viel wert wie das Ganze, und das Ganze bleibt wie jeder Teil immer virulent und gegenwärtig. [bis hier aus: Alberto Giacometti, *Gestern, Flugsand, Schriften*, Zürich, 1999, S. 116 f.]

[…] Die Skulptur ist für mich nicht ein schönes Objekt, sondern ein Mittel, mit dem ich ein bisschen besser zu verstehen versuche, was ich sehe, mit dem ich ein bisschen besser zu verstehen versuche, was an welcher Person, an welchem Baum, an welchem Objekt auf einem Tisch auch immer mich anzieht und begeistert. Wenn sie einigermaßen gelungen ist, ist eine Skulptur ein Medium, um anderen zu sagen, anderen zu vermitteln, was ich sehe. […]

Kritiken

Schon mit seinen frühen Werken erregte Giacometti die Aufmerksamkeit bedeutender Kritiker wie Christian Zervos oder Schriftsteller wie Michel Leiris und André Breton. Später sollte er die Gesellschaft von Poeten und Schriftstellern suchen, die er für fähig hielt, seine Arbeit in angemessener Weise zu interpretieren, wie Francis Ponge und Jean-Paul Sartre. Letzteren ersuchte er zweimal, Ausstellungen mit Texten zu begleiten, einmal 1948 in New York und einmal 1954 in Paris. Die Präsentationen, die vom intellektuellen Pariser Milieu der Nachkriegszeit geprägt waren, trugen jedoch bisweilen dazu bei, die unvoreingenommene Wertschätzung von Giacomettis Modernität zu schmälern, vor allem in den USA.

„Poetische Absichten"

Als Neuankömmling in der Bildhauerei scheint sich Giacometti den Nachweis vorgenommen zu haben, dass die Plastik nicht, wie viele glauben wollen, die enttäuschende Kunstform par excellence ist, bei der alle Ausstrahlung aus dem Handwerk herrührt und die Rolle des Bildhauers nur in der manuellen Ausführung liegt. Solange er allerdings daran festhält, mit seinem Werk nur poetische Absichten zum Ausdruck bringen zu wollen, wird er die volle Wirkkraft seiner Kunst nicht entfalten. Die Tatsache, dass er seine Figuren dreidimensional und nicht als Relief formt, kann in keinster Weise etwas an den Prinzipien der Bildhauerei ändern.

Eine kykladische Wandtafel scheint sich durch einfache Merkmale selbst zu genügen. In Wahrheit sind in ihr alle Bedingungen der Plastik umgesetzt. Wenn daher ein Merkmal verschwinden würde, würde das Werk nichts von seiner Größe einbüßen, denn in jedem Fragment steckt geballte plastische Kunst. Wenn man dagegen irgendeinen beliebigen Teil von Giacomettis gezeigtem Werk wegnähme, würde man es als desorganisiert wahrnehmen, und das liegt daran, dass bei ihm die Harmonie stärker aus der äußeren Erscheinung gespeist wird als aus intrinsischen bildhauerischen Eigenschaften.

Der ägäische Künstler war entschieden und nicht dialektisch. Es lag ihm fern, sich in seinem Werk aufzusplittern, stattdessen führte er seine machtvollen Abstraktionen zur Einheit zusammen.

Wenn es Giacometti darum geht – und davon möchte ich mich gern überzeugen lassen –, die äußeren Erscheinungen zu überwinden, so muss er sich deshalb nicht verpflichtet glauben, zugleich mit eitlen Missgeschicken all das wegzulassen, was die Substanz der Skulptur an sich ausmacht.

Dass man sich in weit zurückliegenden Zeiten darauf beschränkt hat, Emotion mithilfe vager Hinweise auf das bearbeitete Material zu übertragen, erklärt sich aus Unerfahrenheit im Umgang mit Bildhauerei, doch die Zeit hat daraus wunderschöne Erscheinungen geformt. Wenn man die Unerfahrenheit aber absichtlich sucht, riskiert man, in die Banalität eines nachgeahmten Impressionismus abzustürzen, befürchte ich.

Christian Zervos,
„Notes sur la sculpture contemporaine. À propos de la récente exposition internationale de sculpture" (Anmerkungen

zur zeitgenössischen Bildhauerei. Die neue Ausstellung internationaler Skulptur), in *Cahiers d'art*, 1929.

„Ich mag Giacomettis Plastik"

Wir leben in einer in jeder Hinsicht sehr schweren Zeit, und der Fetischismus, der wie in längst zurückliegenden Epochen die Basis unserer menschlichen Existenz bildet, findet nur noch sehr selten Gelegenheit, in nicht verschleierter Form zu seiner Geltung zu kommen. Wir beten die mageren Phantome unserer moralischen, logischen und sozialen Imperative an und klammern uns somit an einen übertragenen Fetischismus, einen schwachen Abklatsch dessen, was uns eigentlich belebt, und dieser schlechte Fetischismus absorbiert den größten Teil unserer Aktivität, sodass für den wahren Fetischismus kein Raum bleibt, den einzigen, der es wirklich wert ist, denn er ist sich seiner ganz und gar bewusst und folglich auf keinerlei Täuschung basierend.

Kaum sind im Bereich von Kunstwerken Objekte (Gemälde oder Skulpturen) zu finden, die in der Lage wären, auch nur annähernd den Anforderungen dieses wahren Fetischismus gerecht zu werden, das heißt, der Liebe – im Sinne von echter Verliebtheit – zu uns selbst, die aus dem Inneren ins Äußere projiziert und mit einem soliden Panzer überzogen wird, der ihn in den Grenzen einer präzisen Sache einschließt und positioniert, wie ein Möbel, das wir in dem weiten, fremden Zimmer nutzen können, das sich Raum nennt.

In den meisten Fällen bleiben diese Dinge, die doch von menschlicher Hand stammen, noch weiter von uns entfernt als natürliche Hervorbringungen, von denen sie nur einen sklavischen und zugleich sehr geschwächten Abglanz darstellen, einen unscheinbaren, parodistischen Schatten, der nicht in der Lage ist, einen Pol zu liefern, um ihn dem inneren Pol unserer Liebe gegenüberzustellen.

Aufgrund dieses Mangels an Konsistenz und fehlender Autonomie sind fast alle Kunstwerke schrecklich langweilig, *langweiliger als Regen*, da sie uns in Summe weniger nah sind als Wassertropfen, diese hübschen kleinen flüssigen Kugeln, die uns immerhin an die Form, wenn nicht gar den Geschmack unserer Tränen erinnern können und deren Feuchtigkeit und Fluidität dem süßen Fluss in unseren Gliedern entspricht, wenn wir lieben oder auch wenn wir uns berührt fühlen.

Gegenwärtig gibt es wenige Künstler, deren Werk nicht dieser schrecklichen Langeweile unterfällt. In der Vergangenheit waren es noch weniger. Aber unter den seltenen Zeitgenossen, die durch ein spezielles Privileg Ausnahmen der Regel darstellen, ist Giacometti zu nennen.

Es gibt Augenblicke, die man als *Krisen* bezeichnen kann und doch die einzig wichtigen im Leben sind. Es handelt sich um die Augenblicke, da das Außen plötzlich auf die Aufsummierung dessen zu antworten scheint, das wir ihm aus dem Inneren entgegenwerfen, da die äußere Welt sich öffnet, damit unser Herz eintreten kann und sich eine plötzliche Kommunikation mit ihr einstellt. Ich hatte einige Erlebnisse dieser Art, und alle stehen im Zusammenhang mit scheinbar belanglosen Ereignissen, die auch jeglichen symbolischen Wertes entbehrten und die, wenn man so will, *für nichts gut* waren: eine Schwarze aus der Truppe der Black Birds, die auf einer hell erleuchteten Straße von Montmartre mit beiden Händen einen Strauß feuchter Rosen hielt, ein Passagierschiff, auf dem ich beobachtete, wie es sich langsam von Quai löste, ein paar zufällig hingemurmelte Liedfetzen, das Zusammentreffen mit einem seltsamen Tier, einer Art Rieseneidechse, in einer griechischen Ruine … Poesie kann nur aus solchen „Krisen" entstehen, und nur Werke, die mit ihnen mithalten, zählen.

Ich mag Giacomettis Plastik, denn alles, was er tut, ist, eine dieser Krisen in Stein zu fassen, es ist ein intensives Abenteuer, das schnell und überraschend auftritt und sofort erstarrt, als Meilenstein, der vom Gewesenen zeugt. Dabei ist nichts Totes in diesen Skulpturen; vielmehr ist alles, wie bei den echten Fetischen, die man anbeten kann (die echten Fetische heißt die, die uns ähneln und die Objekt gewordene Form unserer Begierden sind), überbordend lebendig – von einer anmutigen und stark von Humor geprägten Lebendigkeit als schönem Ausdruck ambivalenter Gefühlslagen, der zarten Sphinx, die wir mehr oder weniger heimlich immer in unserem Inneren nähren.

Nun möge man bitte nicht von mir erwarten, dass ich frei heraus über Skulptur rede. Ich fantasiere lieber; denn diese schönen Objekte, die ich sehen und berühren durfte, bringen so viele Erinnerungen zum Gären…

Manche dieser Skulpturen sind ausgehöhlt wie Schaufeln oder ausgelöffelte Früchte. Andere sind durchbrochen und die Luft streicht durch sie hindurch, berührende Gitter zwischen dem Inneren und dem Äußeren, Siebe, an denen der Wind nagt, der verborgene Wind, der uns in seinen riesigen schwarzen Wirbel einhüllt, in diesen unerhörten Momenten, die uns delirieren lassen.

Michel Leiris, „Alberto Giacometti“, in *Documents* Nr. 4, September 1929

Das Massengrab der Gipsfiguren

Wenn man Giacomettis kleines Atelier betritt, weiß man zunächst einmal nicht, wie vorankommen; man fürchtet, diese hoch aufgeschossenen, zerbrechlichen Wesen umzustoßen (die man zumindest für zerbrechlich hält), die da auf dem Boden stehen, oder selbst über einen riesigen Haufen Gipsbrocken zu stolpern, der an der Wand angehäuft liegt und in Richtung eines Tisches abrutscht, sodass er ihn von unten anhebt. In dieser Hinsicht gleicht Giacomettis Atelier eher einem Trümmerfeld als einem Ort der Kreativität. Die Trümmer welches Palastes, welcher Träume? All dieser Gips hatte einmal die Form von Statuen; doch Alberto zerstört sie, weil er unzufrieden ist, er zieht ihnen das Fleisch von den Knochen, amputiert sie, macht sie neu … Es ist also ein berührendes Massengrab der Gipsfiguren, das von der geduldigen und großartigen Verbissenheit Alberto Giacomettis zeugt.

Georges Limbour, „Le Charnier de plâtre d'Alberto Giacometti“, in *Action*, 24. September 1947

Auf der Suche nach dem Absoluten

So verfällt der klassische Bildhauer in den Dogmatismus, weil er glaubt, seinen eigenen Blick ausschalten und im Menschen die menschliche Natur ohne den Menschen darstellen zu können; tatsächlich aber weiß er nicht, was er formt, denn er formt ja nicht das, was er sieht. Auf der Suche nach dem Wahren ist er in die Konvention verfallen. Und da er dann schließlich dem Betrachter die Aufgabe zuschiebt, diesen toten Trugbildern Leben zu geben, macht er, der das Absolute suchte, sein Werk abhängig von der Relativität des Standorts, den man diesem Werk gegenüber einnimmt. Der Betrachter wiederum nimmt das Imaginäre für das Wirkliche und das Wirkliche für das Imaginäre; er sucht das Unteilbare und begegnet überall der Teilbarkeit.

Indem sich Giacometti gegen den Klassizismus stellte, hat er der Plastik wieder einen imaginären, unteilbaren Raum gegeben. Indem er die Relativität anerkannte, fand er das Absolute. Deshalb kam er als erster auf den Gedanken, den Menschen so darzustellen, wie man ihn sieht, d. h. aus der Distanz. Er verleiht seinen Gipsfiguren eine absolute Distanz, wie der Maler den Gestalten auf seiner Leinwand. Er schafft seine Gestalt „auf zehn Schritt“ oder „auf zwanzig Schritt“, und was man auch tun mag, in dieser Entfernung bleibt sie. Und damit tritt sie plötzlich ins Irreale über, da ihre Beziehung zu uns nun nicht mehr von unserer Beziehung zum Gipsblock abhängt: die Kunst ist frei geworden. Eine klassische Statue muß man studieren oder man muß sich ihr nähern; in jedem Augenblick erfaßt man wieder neue Einzelheiten; die einzelnen Teile treten hervor, dann die Teile der Teile, und schließlich verliert man sich darin. Einer Plastik von Giacometti kann man sich nicht nähern. Man darf nicht erwarten, dass diese Brust hier um so plastischer wird, je näher man ihr kommt: sie wird sich nicht ändern, und man wird beim Gehen den seltsamen Eindruck haben, nicht von der Stelle zu kommen. […]

Jean-Paul Sartre, *Situations III, Lendemains de guerre*, Gallimard, 1949
Übersetzung aus: *Situationen, Essays*, aus dem Französischen von Hans Georg Brenner und Günther Scheel, Rowohlt, Hamburg, 1956

„Nierchen am Spieß"

Um über Giacometti und sein Werk zu sprechen, mußte man warten, bis nur noch eines zu sagen blieb, und dieses eine mußte man zugleich auf Distanz halten und fest an sich pressen. Das Werk verdient es übrigens, daß man sich kurz faßt, wenn man darüber spricht. Es genügt, wenn man – aus Eifersucht – ein paar Felsbrocken herumschichtet, um es zu isolieren.

Warum war ich denn zunächst versucht, subjektiv darüber zu sprechen? Warum glaubte ich, mich nicht mehr davon trennen zu können, obwohl ich mich doch für so ganz verschieden davon halte (vielleicht kann man gar nicht verschiedener sein)? Mehr noch, warum scheint es mir, als müßte jeder Mensch beim Anblick selbst der kleinsten dieser Skulpturen denselben haben? Vielleicht habe ich es begriffen … Die Begründung dafür ist mir erschienen wie im Traum, und nun … Ja! Ich glaube, daß ich sie habe! Aber sie bleibt mir immer fern! Können wir ihr etwas näherkommen? Unsere Gründe werden von jetzt ab *notwendigerweise etwas schwammig* sein … „Natürlich haben sie etwas vom Charakter jener Erscheinungen selbst. Einige sehen in ihnen Raumklümpchen" …

Andere … Nein, liebe Freundin! Obwohl ich weiß, daß Sie Geist und Geschmack haben in diesen Dingen, nein! Obwohl sie geschrumpft sind im Feuer einer äußerst heftigen Leidenschaft – und obwohl sich dieses Bild beim Anblick bestimmter Fotografien peinlicherweise aufdrängt – Nein! Es wäre gewiß unpassend, in diesen Figurinen Nierchen am Spieß zu sehen. Genug davon, ich beschwöre Sie! Sie würden mich böse machen! Keine Mesalliance, außer mit der Philosophie.

Francis Ponge, „Gedanken zu den Statuetten, Figuren und Gemälden Alberto Giacomettis", in *Cahiers d'art*, August 1951
Deutsche Ausgabe: Francis Ponge, *Texte zur Kunst*, Suhrkamp Verlag, Frankfurt, 1967, übersetzt von Gerhard M. Neumann und Werner Spies

„Keiner kann weiter gehen"

Wie lässt sich die Leere malen? Es scheint, als habe sich daran vor Giacometti niemand versucht. Seit fünfhundert Jahren sind die Bilder zum Bersten angefüllt: die Kräfte des Universums werden hier sichtbar. Giacometti beginnt, die Welt aus seinen Bildern zu verstoßen; sein Bruder Diego, ganz allein, verloren in einem Schuppen: das genügt. Freilich muss man die Person von dem, was sie umgibt unterscheiden. Normalerweise macht man das, indem man ihre Umrissformen betont. Aber eine Linie entsteht durch die Überschneidung zweier Oberflächen: und die Leere kann nicht als Oberfläche durchgehen. Und noch weniger als Körper. Mit dem Mittel einer Linie trennt man den Behälter vom Inhalt: doch die Leere ist kein Behälter. Soll man sagen, Diego

„hebt sich ab“ von dieser Trennwand hinter ihm? Aber nein: der Bezug „Form – Hintergrund“ existiert nur für relativ flache Oberflächen; sofern er sich nicht daran anlehnt, kann diese weit entfernte Trennwand Diego nicht „als Hintergrund dienen“; um es zusammenzufassen, er hat nichts mit ihr zu tun. Oder vielmehr: da Mensch und Objekt im selben Bild sind, müssen sie selbstverständlich eine Art arrangierter Beziehung zueinander haben (Farbtöne, -werte, Proportionen), um dem Bild seine Einheit zu gewähren. Doch die Entsprechungen werden zugleich durch das Nichts ausgebootet, das sich zwischen ihnen ausbreitet. Nein: Diego hebt sich nicht vom grauen Hintergrund einer Wand ab; er ist da und die Wand ist da, das ist alles. Nichts schnürt ihn ein, nichts unterstützt ihn, nichts enthält ihn: er *erscheint*, ganz allein im riesigen Rahmen der Leere. In jedem seiner Bilder führt uns Giacometti zum Augenblick seiner Schöpfung *ex nihilo* zurück; jedes von ihnen erneuert die alte metaphysische Fragestellung: warum gibt es etwas und nicht nichts? Und dennoch gibt es etwas: es gibt diese trotzige, nicht zu rechtfertigende und überflüssige Erscheinung. Die gemalte Person ist unfassbar, weil sie in Form einer *in Frage gestellten Erscheinung* sichtbar ist.

[…] Als Giacometti mich eines Tages zeichnen wollte, wunderte er sich: „Was für eine Dichte“, sagte er, „was für Kraftlinien!“ Und ich wunderte mich noch mehr als er, denn ich halte mein Gesicht für ziemlich unscheinbar, ein Allerweltsgesicht. Doch er sah in jedem Gesichtszug eine Zentripetalkraft. Das Gesicht kommt auf sich selbst zurück, es ist ein sich schließender Kreis. Wenn man es sich von allen Seiten ansieht, findet man nirgends eine Kontur, nichts als die ganze Fülle. Die Linie ist der Beginn einer Verneinung, der Übergang vom Sein zum Nicht-Sein. Doch Giacometti ist der Auffassung, dass das Wirkliche reine Positivität ist: *es gibt* das Sein und dann gibt es es plötzlich nicht mehr; doch vom Sein zum Nichtsein ist kein Übergang fassbar. Es fällt auf, wie viele der von ihm gezeichneten Striche sich *im Inneren* der Form befinden, die er beschreibt; man sieht dann, wie sie die intimen Beziehungen des Wesens zu sich selbst darstellen, die Knicke im Stoff einer Jacke, eine Falte im Gesicht, ein sich wölbender Muskel, die Richtung einer Bewegung. All diese Linien sind zentripetal: sie sind da, um den Blick einzufangen, zwingen das Auge, ihnen zu folgen, und lenken den Blick immer wieder ins Zentrum der Figur; man könnte meinen, das Gesicht zöge sich unter dem Einfluss einer adstringierenden Substanz zusammen: in wenigen Minuten wird es nur noch faustgroß sein, wie die Schrumpfköpfe der Jivaro. Dabei ist nirgends eine Begrenzung des Körpers erkennbar: entweder verliert sich die schwere Masse des Fleisches hinterhältig im Dunkeln, in einem vagen braunen Nebel, irgendwo unter den angehäuften Kraftlinien, oder aber sie hat buchstäblich gar keine Grenze: die Kontur des Arms oder der Hüfte verliert sich in einer Lichtspiegelung, die sie geschickt überblendet. Ohne Warnung macht man uns zu Zeugen einer plötzlichen Dematerialisierung: da ist ein Mann, der ein Bein übers andere schlägt; solange ich nur für sein Gesicht und seinen Oberkörper Augen hatte, war ich überzeugt, dass er Füße hätte, ich glaubte sogar, sie zu sehen. Doch wenn ich hinschaue, verflüchtigen sie sich, sie verschwinden in einem lichten Nebel, ich weiß nicht mehr, wo die Leere beginnt und der Körper endet. Und man darf keinesfalls glauben, es handle sich um eine dieser Formen des Zerfalls, wie Masson sie erprobt hat, als er den Dingen eine Ubiquität verlieh, indem er sie über das gesamte Bild verteilte. Wenn Giacometti den Schuh nicht in seiner Begrenztheit abbildet, so tut er das nicht, weil er ihn für unbegrenzt hält, sondern weil er auf uns als Betrachter zählt, um ihm Grenzen zu verleihen. Allein dadurch sind sie vorhanden, diese Schuhe, schwer und kompakt. Um sie zu sehen, genügt es, sie nicht wirklich anzuschauen.

[…] Was soll man malen? Das, was ist? Das, was wir sehen? Und was sehen wir? Aus diesem Kastanienbaum unter meinem Fenster haben manche eine große, einhellige, zitternde Kugel gemacht; andere haben ihn Blatt für Blatt gemalt, einschließlich der Blattadern. Sehe ich eine belaubte Masse oder eine Vielheit? Blätter oder Laub? Nun ja, es ist sowohl das eine wie das andere; es ist weder ganz das eine noch ganz das andere; und mich zieht es unablässig hin und her zwischen beidem. Die Blätter, nein: ich sehe sie nicht bis zum Schluss; ich glaube, sie greifen zu können, und dann verliere ich mich darin und verliere sie; wenn ich das Laub anfassen kann, zerfällt es. Kurz, ich sehe einen wimmelnden Zusammenhalt, ein sich zusammenfaltendes Verstreutsein. Und nun malen Sie das mal. Und dennoch will Giacometti malen, was er sieht, genau so, wie er es sieht; er will, dass seine Figuren im Zentrum ihrer originären Leere auf der unbeweglichen Leinwand unaufhörlich vom Dauerhaften ins Unstete kommen und gehen. An den Kopf hat er den Anspruch, dass er gleichzeitig isoliert erscheint, weil er eigenständig ist, und dass er vom Körper wieder angenommen wird, dass er zum Sehrohr des Bauches werde in dem Sinn, wie man von Europa behauptet, es sei nur eine Halbinsel Asiens. Die Augen, die Nase, der Mund will er zu Blättern im Laub machen, einerseits getrennt und doch zu einem Ganzen verschmolzen. Es gelingt ihm: darin besteht sein herausragender Erfolg. Wie? Indem er es ablehnt, genauer zu sein als die Wahrnehmung.

[…] Er hat schon lange verstanden, dass Künstler in der Vorstellung arbeiten und dass wir nur Täuschungen hervorbringen, er weiß, dass „Monster, die die Kunst nachbildet“, beim Betrachter nur vorgetäuschten Schrecken erzeugen. Dennoch gibt er die Hoffnung nicht auf: eines Tages wird er uns ein Portrait Diegos zeigen, das scheinbar den anderen gleicht. Wir werden vorgewarnt sein, wissen, dass es sich nur um ein Phantasie handelt, eitle Illusion, die in ihrem Rahmen gefangen liegt. Und dennoch werden wir an diesem Tag vor dem stummen Gemälde einen Schock, einen ganz kleinen Schrecken spüren. Denselben, den wir erleiden, wenn wir spät heimkommen und uns ein Unbekannter nächtens entgegentritt; so wird Giacometti die Gewissheit haben, dass er mit seinen Bildern ein echtes Gefühl erzeugt hat und dass seine Scheinbilder, auch wenn sie illusionistisch bleiben, für ein paar Momente wahrhaftig Macht entfaltet haben. Ich wünsche ihm, dass ihm diese denkwürdige Farce bald gelingt. Wenn es ihm nicht gelingt, kann es niemandem gelingen. Keiner kann jedenfalls weiter gehen.

Jean-Paul Sartre, „Les peintures de Giacometti“, *Derrière le miroir*, Nr. 65, Mai 1954

Zeugnisse und Gespräche

Zeugnisse zu Giacometti häufen sich gegen Ende seines Lebens und vor allem nach seinem Tod. Denys Chevalier machte sich schon seit Beginn der 1950er Jahre Notizen, die er in abgeänderter Form allerdings erst 1969 veröffentlichte. Die deutsche Kunstkritikerin Herta Wescher genoss das Privileg, bis 1957 in einer Wohnung zu wohnen, die auf denselben Hof führte. Der Amerikaner Thomas B. Hess, ebenfalls Anhänger der Abstraktion, gehörte zu den seltenen Kritikern, die nicht beim äußeren Anschein Halt machten, sondern ein komplexes Bild des Künstlers erstellten. Der Italiener Antonio del Guercio befragte Giacometti 1962 als Einziger zu den Themen Einsamkeit, politisches Engagement und zeitgenössische Kunst. Im darauffolgenden Jahr berichtete der Künstler Jean Clay vom Tod des Holländers 1921, einer elementaren Begebenheit, die er sonst nur in einem Text von 1946 angedeutet hatte.

„Spaziergang durch Giacomettis Werk"

Im 14. Arrondissement, am Ende eines kleinen zementierten Gangs, der auf die Rue Hippolyte-Maindron führt, lag jenseits einer altersschwachen Holztür auf der linken Seite sein Atelier, gegenüber dem seines Bruders auf der anderen Seite, und ging in die kaum weniger ärmliche Wohnung über. Alles war von totaler Armut, wie bei den Franziskanern, aber nicht weil die Mittel fehlten oder übertriebener Sparwille herrschte, sondern weil kein Bedürfnis da war, nur Gleichgültigkeit. Im Atelier standen dicht gedrängt Staffeleien und Hocker, ein Diwan mit bösartig hervorstehenden Sprungfedern in enger Nachbarschaft zu wackeligen Stühlen und einem kleinen, bauchigen gusseisernen Ofen. Die Einrichtung vervollständigte: ein Kohlehaufen in einer Ecke, der Trog mit frischem Ton, Gipsmodelle überall verstreut und in Arbeit befindliche Werke, die in feuchte Tücher, eine Art Windeln, gewickelt waren.

[...] An diesem Tag erblickte ich auf einem Tisch ein ganzes Völkchen mit seinen etwa 3 cm hohen Miniatur-Skulpturen, und Giacometti sagte: „Jahrelang konnte ich nichts anderes machen als das. Um 1941 kam ein Beamter der Akademie zu mir und forderte mich auf, Kunst für das Volk zu machen. Als er meine Arbeiten sah, fragte er mich, für wen ich sie machte, und riet mir, alles anders zu machen. Ich habe ihm dann gestanden, dass ich nicht anders könne und dass niemand so genervt vom kleinen Ausmaß meiner Werke sei wie ich. Er ist türenschlagend weggegangen und nie zurückgekommen."

[...] Auch seine Arbeitszeiten waren einzigartig. So ging er nie vor Mitte des Nachmittags ins Atelier und blieb dort bis zum frühen Morgen. Wenn er nachmittags aus dem Tamaris (dem Restaurant in der Rue d'Alésia, das es heute nicht mehr gibt und das er gegen die Tabakbar an der Ecke Rue Didot getauscht hatte) zurückkam, arbeitete er am aktuellen Werk weiter und ließ es höchstens noch mal ruhen, wenn er gegebenenfalls gegen ein Uhr nachts zum Abendessen ins Restaurant La Coupole ging. Wenn er dann mitten in der Nacht wieder im Atelier war, in diesen stillen Stunden, wenn der von den Fesseln des Tages befreite Geist keine Grenzen mehr kennt, wenn die Konzentration aller gedanklichen Kräfte der Meditation förderlich ist, hörte er nicht mehr auf, bis er mit Beginn des Tages schlafen ging. […]

Denys Chevalier, „Spaziergang durch Giacomettis Werk"
Les Lettres Françaises,
Nr. 1306, 29. Okt .– 4. Nov. 1969

„Alberto Giacometti als Nachbar"

Man weiß viel voneinander, wenn man neun Jahre lang Wand an Wand in einem kleinen, geschlossenen Hof zusammenwohnt, auch wenn jeder sich so wenig wie möglich um den anderen kümmert und damit die besten Regeln guter Nachbarschaft einhält. Man kennt gegenseitig die täglichen Gewohnheiten des anderen, die Umgangsformen, den Rhythmus des Tageslaufes, und genau dieser hat zwischen Giacometti und mir eine Verständigung besonderer Art herbeigeführt. Wenn ich für Pariser Verhältnisse relativ frühmorgens aufstand und als erste in den Hof hinausging, so war das für Alberto das Signal, sich zu Bett zu begeben. Es hieß für ihn, dass nun bald die Tagesgeräusche einsetzen würden und es mit der Ruhe vorbei sei, die er für seine Arbeit braucht und auf die er sich nur nachts wirklich konzentrieren kann. Er hat mir diesen Unterbruch wohl ebenso wenig übelgenommen, wie ich ihm, dass ich eigentlich jede Nacht zu irgendeiner unmöglichen Zeit zwischen zwei und vier Uhr davon aufgeweckt wurde, dass er mit dem Taxi nach Hause kam. Dass man ein anderes Beförderungsmittel als Taxis benutzen könnte, ist ihm auch bei Tage nie je in den Sinn gekommen – der einzige Luxus, den er sich auch in früheren, schwierigen Zeiten immer geleistet hat. Ich war daran gewöhnt, die schweren Schritte im Hof zu hören, und schlief meist gleich wieder ein, außer wenn Alberto bei der Heimkehr die Lust zu singen überkam. Was er dann von sich gab, war so, dass ich immer bedauert habe, es nicht einmal auf einer Schallplatte festhalten zu können: rhythmische skandierte Gesänge auf nicht gerade lyrische Texte, wie etwa „C'est de la me-erde" in allen Tonarten und Lautstärken hinausgeschmettert.

Hatte er sich dann schlafen gelegt, so war er für den Vormittag durch keine Posaunen des Jüngsten Gerichtes mehr aufzuscheuchen. Kein Donnergepolter an seiner Tür konnte irgendeine Antwort hervorrufen, und in dringenden Fällen war abzuwarten, dass Diego erschien und bis an sein Bett vordrang. Diego ist seines Bruders wachender und helfender Geist in einfach allen Situationen. Er führt die prekärsten Modellagen aus, die Alberto mit ihm ständig kontrollieren kann, er ist neben Annette das immer verfügbare und geduldige Modell für seine Portraitstudien; aber er hat auch hundert praktische Dinge zu erledigen, dafür zu sorgen, dass Termine eingehalten werden, Albertos Klagen anzuhören, wenn er heiser ist oder sich sonst nicht in Ordnung fühlt, hat ihm lästige Besucher vom Hals zu schaffen und übernimmt ab und zu auch noch, ihm ins Gewissen zu reden, wenn er mit seinem Verhalten nicht einverstanden ist. Vor allem aber entsteht kein Werk, ohne dass es unter Brüdern eingehendst diskutiert wird, wobei die intensiven und wiederholten Fragen von Alberto deutlich zu hören sind, kaum je aber die leisen Antworten Diegos, dessen Art es nicht ist, sich energisch vernehmbar zu machen.

Er arbeitet tagsüber in einem Atelier auf der gegenüberliegenden Hofseite, das noch kleiner, windschiefer und primitiver eingerichtet ist als das von Alberto, in dem im Grunde auch nicht der mindeste Platz für einen Bildhauer vorhanden ist. Als mir

1948, zur Zeit der schlimmsten Wohnungsnot, eine Freundin anbot, mich vorübergehend im Atelier ihres Mannes – des deutschen Bildhaues Jurleit, der im Krieg in Russland verschollen ist – einzurichten, fand ich in der Rue Hippolyte Maindron einen Raum vor, in dem die Scheiben zerbrochen waren, grosse Wasserlachen auf dem Boden standen und seildicke Spinnweben von den Decken hingen. Und trotzdem hatte dieser seltsame Winkel mit dem Efeu über den zerfallenden Mauern und seiner unleugbaren „Künstleratmosphäre" eine Anziehungskraft für mich, die er in all den Jahren auch nie verloren hat. Meinem Atelier gegenüber hingen die Gipsabgüsse von Renaissancereliefs, die irgendein Liebhaber nach einer Ausstellung an sich genommen und dort aufgehängt hatte. Als eines Tages der Schreiner, der im letzten Raum eine bescheidene Spielzeugfabrikation betrieb, aus unerfindlichen Gründen daran ging, eines davon zu zerschlagen, erhob Alberto energisch Protest und suchte den obstinaten Mann davon zu überzeugen, dass man doch nichts zerstören solle, an dem andere noch ihre Freude hätten.

[…] Ich habe in dieser Wohnidylle den ersten Komfort damit eingeführt, dass ich mir Wasser in mein Atelier legen liess. Die Rohre mussten von der Strasse durch den Hof geleitet werden, und während der Arbeit baten die Giacomettis mich, ob an entsprechender Stelle ein „Knie" angebracht werden könnte, damit sie sich gleichfalls, sobald sie es könnten, einen Waschtisch anbringen liessen. Bis dahin verrichtete Alberto, ein Handtuch über der Schulter seine Toilette an dem Wasserhahn der sich im Freien befand. Später, als die Rollen der Bankkonten sich vertauscht hatten und sie ihr Dach reparieren liessen, wurden auch die Schäden über meinem Kopf behoben, ohne dass ich je eine Rechnung zu Gesicht bekommen hätte. Wasseranschluss und regendichtes Dach waren aber fast die einzigen Konzessionen, die Alberto an Annettes Wohnansprüche machte. Nur den Boden des Wohnraumes durfte sie noch mit Steinplatten auslegen lassen, von denen sich der Gips, den er ständig an seinen Schuhen trägt, leichter abwaschen lässt. Alle anderen Verschönerungen, Gardinen beispielsweise oder Lampenschirme, blieben untersagt, weil Alberto nüchterne Wände und klares Licht um sich braucht.

Immer von neuem war es ein wahres Vergnügen, die Gesichter, besonders der amerikanischen Besucher, zu beobachten oder ihre Bemerkungen aufzufangen, wenn sie in den Hof eindrangen und oft einfach nicht glauben wollten, dass der berühmte Künstler dort wirklich hause. Sie erschienen in grosser Zahl, und wenn sie Giacometti nicht gerade mitten in der Arbeit störten, empfing er sie aufgeschlossen und liebenswürdig. Für die Nachbarschaft aber bedeutete es die grösste Sensation, wenn von Zeit zu Zeit auch Picasso auftauchte, der für Alberto eine alte Freundschaft bewahrt und ihm vor einigen Jahren sehr zuzureden suchte, doch in seine Nähe, an die Côte d'Azur, zu ziehen. Die Pariser Freunde trifft Alberto im allgemeinen lieber im Café oder Restaurant, oder er verbringt die Nächte bei ihnen. Es kommt jedoch vor, dass sich junge, meist ausländische Künstler bei ihm aufhalten dürfen, während er arbeitet. Er gibt ihnen bereitwillig alle Auskünfte, obwohl er sehr ungern den Lehrer spielt, weil er sich selbst nie zu den Arrivierten, sondern immer zu den Suchenden zählt. Kein Ausspruch dringt so oft durch alle Wände wie das berühmte „Il faut le détruire". Alberto ist im Grund nie mit sich zufrieden. Bei jedem Werk, das er schafft, hat er das nächste vor Augen, das ihn der Lösung näherbringt, ohne dass er je glaubt, die endgültige gefunden zu haben. Mit den jüngsten Kunstrichtungen ist er nicht sehr vertraut, aber in meiner ständig wechselnden Sammlung konnten ihn irgendwelche Bilder jüngerer Maler spontan und lebhaft interessieren, in denen für ihn echte Bemühungen um Form oder Ausdruck zu spüren waren, das einzige Argument, das für ihn Geltung hat.

Eigentlich kam er zu mir nur herein, wenn einer seiner Bekannten, verzweifelt darüber, ihn nicht erreichen zu können, mich bat, ihn ans Telephon zu rufen, das er bei sich nicht installiert haben wollte.

[…] Ich möchte glauben, dass Giacometti auch mit meinen Besuchen eigentlich immer einverstanden gewesen ist. Mir war zuweilen sogar so, als ob seine Ateliertür offenstände, damit ich eintreten sollte, um mit ihm über seine Arbeiten zu spreche, mit denen ich mich so vertraut fühlte, dass ich vielleicht manches wahrnahm, was anderen entging. Und wenn er seine Skulpturen in den Hof rückte, so diskutierten wir alle zusammen, etwa darüber, ob das Verhältnis von Figur und Sockel richtig sei, was in der Periode, als er winzige Gestalten auf hohe Blöcke stellte, aus allen Entfernungen überprüft werden musste. Alberto ging immer auf Einwände ein, aber heftig hat er mir übelgenommen, dass ich einmal nach einer Ausstellung nicht gesagt habe, was ich an seinen Bildern auszusetzen hatte. Aber das geschah aus reiner Müdigkeit und weil ich bereits mitten im Umzug steckte. […]

Herta Wescher, „Alberto Giacometti als Nachbar“, *Du*, Februar 1962

Hommage an Giacometti

Wie bei vielen der besten Köpfe seiner Generation war Giacomettis Denken davon geprägt, alle Aspekte von Widersprüchlichkeiten gründlich zu bedenken. Konzepte, die einander ausschlossen, kamen in seiner Philosophie parallel zur Entfaltung, und er kultivierte sie voller Leidenschaft und Humor. Er konnte es beispielsweise gar nicht leiden, unterbrochen zu werden, doch war er umso höflicher, wenn ihn Fremde in seinem Studio heimsuchten. Er war ein zurückhaltender Mensch und hatte, wie jede Schriftstellernatur, großen Respekt vor dem richtigen Wort, sodass er ein routiniertes Geplauder entwickelte, um mit den Besuchern zurechtzukommen. Am liebsten sprach er – und das gelang ihm ganz ohne Anstrengung, während, er ein Portfolio mit Zeichnungen ordnete, eine Wäsche vorbereitete oder sich um Oberflächen Sorgen machte – über Hoffnungslosigkeit: seine Unfähigkeit, etwas zu Ende zu bringen, seine tiefe Unzufriedenheit mit der Kunst. „Sie sehen ja, wie schlecht die Dinge laufen“, sagte er dann zu einem Eindringling und deutete dabei auf seine in Arbeit befindlichen Werke, die sorgsam unter feuchten Tüchern verborgen standen, „ein Desaster, unmöglich!“

Das war sein üblicher Satz, und weil unter denen, die ihn hörten, so viele Journalisten auf der Jagd nach einem schnellen Interview waren, wurde das zu dem Bild, das ihn nach außen hin prägte – schmerzgeplagt, entfremdet und (mit Sartres Zutun, der brillant über Alberto schrieb) der Inbegriff des Existenzialisten.

Sein tragischer Tod letzten Januar zeitigte Nachrufe aus aller Welt, die erneut die bildmächtigen Eindrücke von einem gequälten Künstler in seiner schäbigen Werkstatt inszenierten (tatsächlich gehörte Alberto quasi ein ganzes Dorf aneinander angrenzender kleiner Räume).

Seine Verzweiflung war echt genug wie auch die Qual, doch der Künstler hatte auch andere, wichtigere Seiten und andere Einstellungen zu seinen Werken (Reporter mögen registriert haben, dass Albertos düsterste Äußerungen vom leuchtendsten kleinen Grinsen begleitet war).

Einmal beklagte er sich über eines seiner Baumbilder, weil darauf „keine Vögel in den Zweigen sangen und auch keine Äpfel wuchsen“ (ich glaube übrigens, dass es sowieso Eichen waren). Ich sagte: „Na gut, und was ist mit den anderen Bildern?“, und deutete dabei auf ein paar Mirós, Chagalls und Braques, die in der Galerie standen.

„Ha"; strahlte Giacometti, „keine Frage, meines ist *viel* besser." Der große Witz war nicht, dass seine Kunst besonders quälend war. *Jede* Kunst war das. Und ihre Unmöglichkeit erwuchs aus ihrer Notwendigkeit. Er war wie ein Mensch, der, weil er atmen muss, sich über die Luft ärgert.

Mehrere Journalisten erzählen die Geschichte, was passieren würde, wäre Alberto mit einem Rembrandt und einer Katze in einem brennenden Haus; er sagte, er würde die Katze retten.

Natürlich. Jeder, der eine Vorstellung vom Todeskampf hat (*Der Schrei* war ein großes Thema für Giacometti), würde die Katze rausholen.

Als ich ihn das letzte Mal traf, im November 1965, kurz nachdem er von seiner ersten USA-Reise zurückgekehrt war, gratulierte ich ihm dazu, dass es ihm gelungen war, in einem Sommer zwei große Museen für zwei große, unterschiedliche Ausstellungen zu gewinnen. „Nicht schlecht für jemanden, der nie etwas fertig bekommt", sagte ich. „Sie waren schön", sagte Alberto.

Er starb in der Schweiz und ist in seinem Geburtsort Stampa begraben. […]

„Was denkt deine Mutter über deine Arbeit?", fragte ich ihn (sie war die Witwe eines bekannten impressionistischen Malers). „Sie kann sie nicht ertragen", sagte Alberto und grinste, „und sie hat das ganze Dorf hinter sich. Wenn zum Beispiel der Postbote kommt, zieht sie eines meiner neuen Gemälde raus und sagt: ‚Schau, ist das nicht furchtbar, sieh nur diese schmutzigen Farben an.' Und der Briefträger nickt dann."

Vielleicht sind alle Giacomettis überkritisch, aber vielleicht dachte Alberto auch, dass seine Mutter und der Briefträger ihm etwas vormachten.

Fotos von ihm zeigen meist ein verwüstetes Gesicht, halb Harpo Marx, halb Jesus Christus. Jahre im Gipsstaub hatten seine Haut fahl werden lassen, seine Lippen waren manchmal schieferblau, das Weiß seiner Augen gelb, die Augenlider rot gerändert; wenn er sich eine Zigarette anzündete, sah man, dass seine Fingernägel wie versteinertes Holz waren. Aber was die Bilder nicht zeigen, ist, dass er ein sehr gutaussehender Mann war, souverän, elegant, mit einem Lächeln, das sein ganzes Gesicht und den ganzen Raum zum Leuchten brachte. […]

T. B. Hess, „Alberto Giacometti, 1901–1966", Editorial von *Art News*, März 1966

„Ein gleichermaßen beängstigender wie beglückender Zustand"

„Weil mir scheint, dass man bei der üblichsten Form der Verbreitung von Giacomettis Werk (siehe z. B. die Präsentation von Palma Bucarelli bei der Retrospektive der Biennale) immer wieder auf manche kritischen Klischees zurückkommt (Verfremdung, Nichtvermittelbarkeit, Einsamkeit etc.), wollte ich mein Gespräch mit dem Künstler genau mit der Frage nach dem Thema der Einsamkeit beginnen. Ich denke, dass unsere Begegnung – ein Privileg, für das ich Alberto Giacometti auch im Namen der Redaktion von Rinascita *meine große Freude und meinen Dank aussprechen will – auf nützliche Weise dazu beitragen kann, dass wir sein Werk globaler betrachten."*

– Viele derjenigen, die über Ihre Arbeit geschrieben haben, haben darin das Thema „Einsamkeit" des Menschen als essenziellen Kern Ihrer poetischen Welt ausgemacht. Trifft diese Analyse zu?

– In meiner Arbeit habe ich nie an das Thema Einsamkeit gedacht und ich denke nie daran. Natürlich sind es viele, die auf dieses Thema pochen, und dafür gibt es vielleicht einen Grund; aber es ist schwer zu sagen, ob die Analyse richtig oder falsch ist. Sicher ist jedenfalls, dass es von meiner Seite keinerlei Wunsch gibt, ein Künstler der Einsamkeit zu sein, keinerlei Zugeständnis in dieser Richtung. Im Gegenteil, ich muss hinzufügen, dass ich als Intellektueller, als Bürger denke, dass das ganze Leben das Gegenteil von Einsamkeit ist, da es wie ein Gewebe von Verbindungen zu anderen Personen ist. Die Gesellschaft, in der wir hier, im Westen, leben, versetzt mich in die Lage, auf eine gewisse einsame Weise Nachforschungen zu treiben. Für mich war es hart, während langer Jahre eine nutzlose Arbeit zu machen, eine Arbeit am Rand der Gesellschaft (aber nicht am Rand der Menschheit, hoffe ich); einsame Arbeitsbedingungen bei meiner Recherche sind allerdings nicht zwangsläufig an eine Poetik der Einsamkeit gekoppelt. […]

– Wo, glauben Sie, muss man ein Moment des Bruchs suchen, um voranzukommen?

– Es gab eine Zeit, in der ich Menschen verteidigt habe, die zum Weg des „Sozialistischen Realismus" geforscht haben; ich dachte, sie könnten Dinge bewegen, wenigstens sozial wirksam sein, auch wenn sich das jenseits künstlerischen Schaffens abspielte. Doch ich musste das revidieren, als ich sah, dass in den sozialistischen Ländern die aus dem 19. Jahrhundert stammende akademische Basis der Malerei nicht nur dem künstlerischen Wert schadete, sondern auch jede Möglichkeit zunichte machte, die großen Fragen der Revolution direkt und leidenschaftlich anzugehen.

– Heute wird in verschiedenen sozialistischen Ländern so genannte moderne Kunst gemacht, aber auf so provinzielle und passive Weise, dass sie keinen Anlass zu großen Hoffnungen gibt. Mich interessiert am Ende und innerhalb bestimmter Grenzen vielleicht ein schlechtes volkstümliches Gemälde (wie zum Beispiel die Inneneinrichtung mancher Pariser Restaurants). Die Malerei kann nur die Darstellung von etwas anderem als der Malerei selbst sein; das heißt, ein Bild wird zu einem Gemälde, wenn es etwas jenseits der Leinwand und des darauf verwendeten Malmaterials heraufbeschwört. Das Gemälde kann kein Objekt an sich sein. Ein Teppich kann kein Gemälde sein, auch wenn klar ist, dass ein schöner Teppich schöner ist als ein schlechtes Gemälde; aber er ist auf einem anderen Feld menschlichen Tuns schöner.

– Sie glauben an eine moderne Kunst, die mit den menschlichen Wesen kommunizieren kann?

– Für mich ist die Wirklichkeit mehr wert als die Malerei. Der Mensch ist mehr wert als die Malerei. Die Geschichte der Malerei ist die Geschichte der sich wandelnden Sicht auf die Wirklichkeit. Und was Wirklichkeit betrifft, muss ich präzisieren, dass meines Erachtens die Unterscheidung zwischen innerer Wirklichkeit und äußerer Wirklichkeit rein rhetorisch ist, weil die Wirklichkeit ein Gewebe aus Beziehungen auf allen Ebenen ist. Die Sicht auf die Welt ist eine veränderte. Bestimmte moderne Komponenten der Wahrnehmung von heute, wie Kino, Fotografie, Fernsehen, Mikroskopie, die vielen als das Non plus ultra bei der objektiven Wiedergabe der Dinge erscheinen, hätten in der Malerei Entmutigung ausgelöst; [jetzt sieht man] das Thema [wiederkommen], dass die objektive Wiedergabe gar nicht notwendig ist, wie schon zu früheren Zeiten.

Wenn ich heute male oder modelliere, bemühe ich mich explizit, dass sie [meine Malerei und meine Skulpturen] keinerlei Bezug zur fotografischen Sichtweise haben. Wenn man versucht, mit anderen Augen als mit fotografischen zu sehen, wird alles neu und unbekannt; und um mir bewusst zu machen, was ich sehe, muss ich malen und Skulpturen schaffen. Es ist mir vollkommen egal, ob ich ein schönes Bild mache, das ist kein Problem für mich, auch nicht, es zu Ende zu malen. Ich sehe die Person vor mir wie eine komplette, widersprüchliche Sache; um sie zu verstehen, muss ich sie also kopieren; schon kann ich sie besser sehen, mehr von ihr entdecken; und so kopiere ich sie immer weiter. Meine Bilder sind nicht gelungene Kopien der Wirklichkeit. Und bei meiner Arbeit ist mir klar, dass der Abstand zwischen dem, was ich tue, und dem Kopf, den ich abbilden will, immer derselbe ist. Wenn es einem eines Tages gelänge, eine Sache ganz und gar zu verstehen, könnte man sie wiederholen. Aber das ist unmöglich, denn diese Sache und ich sind ständiger Bewegung und der ewigen Wandlung des Lebens ausgesetzt, beide können nicht zum Stillstand gebracht werden. Das ist ein gleichermaßen beängstigender wie beglückender Zustand, vor allem beglückend. Ich habe die Illusion, dass ich jeden Tag vorankomme, jeden Abend etwas weiter zu sein als am Morgen desselben Tages. Ich sehe also jeden Tag in anderer Weise, reicher, die Welt wird in meinen Augen folglich immer außergewöhnlicher und interessanter.

Wenn ich einem jungen Maler einen Rat geben sollte, würde ich ihm empfehlen, einen Apfel abzumalen. Und sofort würde man mich als reaktionär bezeichnen, weil sich heutzutage so etwas wie die Entwertung der Wirklichkeit abspielt. Und das Problem wird umgangen; der informelle Künstler verachtet die objektive Wirklichkeit und bewegt sich in den Bereich jenseits davon in der Überzeugung, dass jede gemalte Landschaft nichts anderes als eine Postkarte sein kann. Man betritt damit einen Kreis reiner Ästhetik, eine Welt schöner, dekorativer Objekte, alle von gutem Geschmack, alle wertig, alle harmonisch: lassen Sie die Wirklichkeit weg, und Sie werden kein Bild verderben; allerdings wird das Bild kein Gemälde sein, sondern ein Objekt-Bild, auf seinem Niveau vielleicht sehr schön.

Tatsächlich ist es das tödliche und unausweichliche Ende eines Prozesses (und aus diesem Grund genügt es auch nicht, ihn mit polemischer Wehklage zu begleiten), der an dem Tag begann, als der Rotton im gemalten Dach eines impressionistischen Gemäldes als reine Farbwirkung begriffen wurde statt als Ausdruck des Bezugs, den der Künstler zu seiner ihn umgebenden Realität hat. Um im übrigen von manchen kulturellen Missverständnissen ganz zu schweigen, wie dem, dass schwarze Kunst (die man zuhilfe gerufen hat) eine reine Erfindung des Geistes sei, obwohl sie in Wirklichkeit für die Schwarzen eine ganz genau festgelegte, funktionelle Betätigung im Zusammenhang mit ihrem Stammeslebens war. Die Entwertung der Wirklichkeit ist nicht das Ergebnis von aktuellem Snobismus, sondern kommt aus allen Richtungen, aus der sozialen und kulturellen Geschichte unserer Gesellschaft. Und es wird der willkürliche Versuch unternommen, diesen Verlust der Wirklichkeit dadurch zu kompensieren, dass man wie in einigen Fällen der jüngeren Vergangenheit versucht, das nackte, rohe Objekt als Kunstobjekt zu präsentieren. Im übrigen gilt, dass man, auch wenn man ein reales Objekt nicht als Kunstobjekt ausstellt (ein Maschinenteil, ein Räderwerk etc.), Sachen macht, die keine Gemälde sind, sondern Objekte: Burri zum Beispiel.

Auszug aus einem Gespräch zwischen Alberto Giacometti und Antonio del Guercio, *Rinascita*, 23. Juni 1962

Ein langer Dialog mit dem Tod

[...] Dieses diffuse Gefühl des Unglücks, als Mensch geboren zu sein, dieses unpräzise Bewusstsein der eigenen Einsamkeit und der Unsicherheit jeglichen menschlichen Lebens – all dessen wird er sich plötzlich bewusst, als er zwanzig Jahre alt ist und ein Drama erlebt, das ihn auf ewig prägen wird. Er ist auf der Reise durch Italien und schließt sich zufällig im Zug zwischen Paestum und Pompeji einem alten Holländer, Van M., Bibliothekar in Den Haag, an, der mit einem Blumentopf auf dem Schoß reist. Einige Zeit nach seiner Rückkehr nach Stampa schickt ein Freund Giacometti vollkommen zufällig eine kleine Zeitungsannonce, über die Van M. „Kontakt aufnehmen“ will „mit dem jungen Mann, den er im Zug kennengelernt hat“.

„Ich dachte, er hätte etwas verloren, und schrieb ihm. Er schlug mir vor, ihn auf einer neuerlichen Reise zu begleiten. Er fand mich sympathisch. Er war alt und allein. Ich hatte Lust, nach Venedig zu fahren. Ich war arm. Er bezahlte. Wir haben zu Pferd einen Pass in Tirol überquert, er hat sich erkältet. Am nächsten Morgen schlug er vor Schmerz seinen Kopf gegen die Wand. Er hatte Nierensteine. Er bekam Spritzen … Ich habe den ganzen Tag an seinem Bett zugebracht und las, daran erinnere ich mich noch, eine Studie von Maupassant über Flaubert. Es regnete. Von Zeit zu Zeit sagte er etwas: „Morgen wird es besser sein …“ Gegen Ende des Nachmittags hatte ich den Eindruck, dass seine Nase länger wurde. Er hatte Mühe zu atmen. Die Wangen fielen ihm ein. Ich bekam große Angst: „Er wird dahingehen.“ Der Arzt kam. „Es geht zu Ende. Das Herz versagt. Heute Abend wird er tot sein …“ Für mich war das ein scheußlicher Hinterhalt, die Negation von allem, was ich über den Tod geglaubt hatte.

Ich hatte mir den Tod immer als ein feierliches Abenteuer vorgestellt … Innerhalb von ein paar Stunden war Van M. zu einem Gegenstand geworden, zu nichts. Auf einmal wurde der Tod jederzeit möglich, für mich, für die anderen … Es war wie eine Warnung. Da waren so viele Zufälle gewesen: das Kennenlernen, der Zug, die Anzeige. Als sei alles vorbereitet worden, damit ich Zeuge dieses elenden Endes würde … Mein Leben geriet an diesem Tag auf einen Schlag regelrecht ins Wanken. Kinder haben so eine Sicherheit … Man glaubt, man wäre immer da. Wer glaubt im Übrigen nicht, dass er für immer da wäre? Alles wurde plötzlich zerbrechlich für mich, als ich zwanzig war. Seither konnte ich nie mehr ohne Lampe schlafen und mich auch nicht ohne den Gedanken hinlegen, dass ich nicht mehr aufwachen würde. Diese Geschichte ließ mich nicht mehr los. So eine Unsicherheit … Dass ein Mann dahingeht wie ein Hund … Schlagartig wollte ich so schnell wie möglich weg. Aber die Angelegenheit war undurchsichtig: er hatte einen roten Fleck auf der Brust. Ich musste einen Tag lang unter der Aufsicht eines Carabiniere bleiben. Als ich endlich gehen konnte, fuhr ich trotzdem nach Venedig. Zwei Tage lang Kaffee trinken und den Mädchen nachlaufen. Ich habe mein letztes Geld verjubelt und bin heimgefahren. Je mehr ich über dieses Drama nachdenke, desto fester glaube ich, dass ich deshalb immer in Provisorien gelebt und einen Horror vor Besitz entwickelt habe. Sich niederlassen, ein Haus kaufen, sich eine hübsche Existenz einrichten, obwohl diese Drohung immer im Raum steht – nein! Ich lebe lieber in Hotels, Cafés, an Durchgangsorten …“

Wahrscheinlich ist das auch der Grund, warum Giacometti seit fünfunddreißig Jahren im heruntergekommensten und schmutzigsten Atelier von Paris arbeitet, mit Schutt und kiloweise Staub, die wegzuräumen er nicht erlaubt, mit zerbrochenen Fensterscheiben, die er durch Karton ersetzt. Denn dieser Apostel der Ungewissheit ist auch ein Fanatiker des Unveränderlichen. Dieselben Freunde, dasselbe Viertel, dieselben Gewohnheiten, an denen nichts etwas ändern kann – vor allem nicht die doch recht ansehnliche Anzahl von Millionen, die er seit 1947 irgendwo angehäuft haben muss, seit sein Erfolg auf dem internationalen Kunstmarkt unaufhörlich angewachsen ist.

Jean Clay, „Alberto Giacometti“, *Réalités*, Nr. 215, Dezember 1963

Jean Genet und Giacometti

„An der Schönheit ist nur die Wunde ursprünglich, die jeder Mensch in sich hütet, einzigartig, für jeden verschieden, sichtbar oder versteckt – die er wahrt und zu der er sich zurückzieht, wenn er die Welt für eine vorübergehende, aber tiefe Einsamkeit verlassen will. Dieser Kunst liegt fern, was man ‚Miserabilismus' nennt. Giacomettis Kunst scheint mir diese geheime Wunde jedes Wesens und selbst jedes Dinges aufdecken zu wollen, damit sie sie erleuchte."

Jean Genet, in *L'Atelier d'Alberto Giacometti*, 1958

Jean Genet stand Giacometti zwischen 1954 und 1957 Modell. Die beiden Männer bewunderten einander sehr. Genet gab Giacometti die Manuskripte von Der Seiltänzer und Der Balkon zu lesen. Als Erster erfasste Genet die Bedeutung der „wunderbaren täglichen Transformationen" im Werk des Künstlers. 1957 gab die Galerie Maeght bei ihm einen Text für die von ihr eingerichtete Ausstellung in Auftrag. Dieser Text erschien, vom Künstler gelesen und überarbeitet, zunächst in der Zeitschrift Derrière le miroir, *dann 1958 in Buchform, illustriert mit Fotografien von Ernst Scheidegger.*

Als unverhofft – denn die Nische ist glatt der Mauer entlang abgeschnitten – in dem grünen Licht Osiris erschien, hatte ich Angst. Natürlich wurden meine Augen zuerst unterrichtet? Nein. Zuerst meine Schultern, und mein Nacken, den eine Hand drückte, oder eine Masse, die mich zwang, in die ägyptischen Jahrtausende einzutauchen und mich im Geiste zu verbeugen, ja sogar noch mehr, zusammenzuschrumpfen vor dieser kleinen Statue mit dem harten Blick und Lächeln. Es handelte sich um einen Gott. Daher das Unerbittliche. (Ich spreche – vielleicht ist das nicht ganz klar – von der aufrechten Osirisstatue in der Krypta des Louvre.) Ich hatte Angst, weil es sich – ein Irrtum ist unmöglich – um einen Gott handelte. Gewisse Statuen Giacomettis rufen in mir eine Emotion hervor, die diesem Schrecken ganz ähnlich ist, und eine fast ebenso grosse Faszination.

[…]

ICH: Man muss Ihre Statuen sehr ins Herz schliessen, um eine davon zu Hause zu haben.

ER: Warum?

Ich zögere mit der Antwort. Er wird sich über mich lustig machen.

ICH: Eine von Ihren Statuen in einem Zimmer, und das Zimmer ist ein Tempel.

Er scheint ein wenig verwirrt.

ER: Und glauben Sie, das sei gut?

ICH: Ich weiss nicht. Und Sie, glauben Sie, es sei gut?

Vor allem die Schultern und die Brust von zwei der Statuen haben die Zartheit eines Skelettes, das zerbröckelt, wenn man es berührt. Die Biegung der Schulter – der Armansatz – ist köstlich … (Entschuldigung, aber) köstlich vor Kraft. Ich berühre die Schulter und schliesse die Augen: ich kann das Glücksgefühl meiner Finger nicht beschreiben. Zum ersten Mal berühren sie Bronze. Und sie werden von jemand Starkem geleitet und ermutigt.

Er spricht holperig. Er scheint mit Vorliebe Tonfall und Worte zu wählen, die der Umgangssprache am nächsten sind. Wie ein Küfer.

ER: Sie haben sie in Gips gesehen – Erinnern Sie sich, wie sie in Gips waren?

ICH: Ja.

ER: Glauben Sie, dass sie in Bronze verlieren?

ICH: Nein, gar nicht.

ER: Glauben Sie, dass sie gewinnen?

Ich zögere noch, den Satz auszusprechen, der am besten mein Gefühl ausdrücken würde:

ICH: Sie werden sich wieder über mich lustig machen, aber ich habe einen merkwürdigen Eindruck. Ich würde nicht sagen, dass sie gewinnen, sondern dass die Bronze gewonnen hat. Zum ersten Mal in ihrem Leben hat die Bronze gewonnen. Ihre Frauen sind ein Sieg der Bronze. Vielleicht über sich selbst.

ER: So müsste es sein.

[…]

ER: Wenn ich durch die Strasse gehe und von weitem eine völlig angezogene Hure sehe, sehe ich eine Hure. Wenn sie im Zimmer nackt vor mir steht, sehe ich eine Göttin.

ICH: Für mich ist eine nackte Frau eine nackte Frau. Das macht mir überhaupt keinen Eindruck. Ich bin einfach nicht fähig, die Göttin zu sehen, aber Ihre Statuen sehe ich so, wie Sie die nackten Huren sehen.

ER: Glauben Sie, es gelingt mir, sie so zu zeigen, wie ich sie sehe?

[…]

Seine Bilder. Im Atelier betrachtet (das meist dunkel ist. Giacometti respektiert so sehr alle Materien, dass er böse würde, wenn Annette den Staub an den Fenstern zerstörte.), wo ich nicht viel Abstand nehmen kann, erscheint mir das Porträt zuerst wie eine Verwicklung von gebogenen Linien, Kommas, geschlossenen Kreisen, die von einer Sekante geschnitten werden, eher rosa grau oder schwarz – auch ein merkwürdiges Grün mischt sich hinein – eine sehr zarte Verwicklung, die er gerade machte und in der er sich wahrscheinlich verfing. Aber ich komme auf die Idee, das Bild in den Hof hinauszustellen: das Ergebnis ist erschreckend. Je weiter ich mich entferne (ich gehe so weit, die Hoftüre zu öffnen, auf die Strasse zu gehen, zwanzig oder fünfundzwanzig Meter zurückzutreten) erscheint mir das Gesicht in seiner ganzen Modelliertheit, zwingt sich mir auf – entsprechend dem schon beschriebenen Phänomen, dass Giacomettis Figuren eigen ist – kommt mir entgegen, schmilzt auf mir und stürzt sich wieder in die Leinwand zurück, von wo es kam, bekommt eine Gegenwart, eine Realität und eine Plastik, die schrecklich sind.

Ich habe gesagt seine „Modelliertheit“, aber es ist etwas anderes. Denn er scheint sich niemals mit konventionellen Tönen oder Schatten oder Werten beschäftigt zu haben. Er erhält also ein lineares Netz, das nur Zeichnungen innerhalb der Zeichnung wären. Aber – und das verstehe ich nicht mehr – obschon er nie durch Töne oder Schatten, noch mittels einer malerischen Konvention Plastik zu erreichen suchte, erhält er die grossartigste Plastik. „Plastik?“ Wenn ich die Leinwand näher betrachte, ist dieses Wort fehl am Platze. Es handelt sich vielmehr um eine unzerstörbare Härte, welche die Figur erhalten hat. Sie hätte ein äusserst grosses molekulares Gewicht. Sie hat nicht in der Art gewisser Figuren zu leben begonnen, von denen man sagt, sie seien lebendig, weil sie in einem bestimmten Augenblick ihrer Bewegungen festgehalten worden sind, weil sie durch einen Zwischenfall angekündigt wurden, der nur ihrer Geschichte angehört, es ist beinahe das Gegenteil: die Gesichter die Giacometti gemalt hat, scheinen so sehr alles Leben in sich versammelt zu haben, dass ihnen keine Sekunde mehr zu leben, keine Geste mehr zu machen bleibt, und (nicht dass sie gerade gestorben wären) dass sie endlich den Tod kennen, weil zuviel Leben in ihnen angesammelt ist. Aus zwanzig Metern Entfernung gesehen, ist jedes Porträt eine kleine, lebendige Masse – hart wie ein Kieselstein, gestopft wie ein Ei – die ohne Anstrengung hundert andere Bilder nähren könnte.

[…] Wie er malt: er verzichtet darauf, verschiedene Ebenen zwischen den verschiedenen Partien des Gesichtes herzustellen. Die gleiche Linie, oder die gleiche Gruppe von Linien kann für die Backe, für das Auge, für die Augenbrauen dienen. Für ihn sind die Augen nicht blau, die Backen nicht rosa, die Braue nicht schwarz und gewölbt: Backe, Auge und Braue bilden eine kontinuierliche Linie. Auf der Backe gibt es keinen Schatten von der Nase, oder vielmehr muss dieser Schatten, wenn er da ist, wie ein Teil des Gesichtes behandelt werden, mit den gleichen Zügen, Bogen, die hier und dort gültig sind.

[…] Diese Fähigkeit, ein Ding zu isolieren und ihm seine eigene, seine einzigartige Bedeutung einzugeben, ist nur möglich, wenn der Betrachter taub wird gegen die Geschichte. Er muss eine ausserordentliche Anstrengung machen, um sich von jeglicher Geschichte zu befreien, so dass er nicht zu einer Art ewiger Gegenwart wird, sondern eher zu einem schwindelerregend ununterbrochenen Rennen von einer Vergangenheit zu einer Zukunft, einem Schillern von einem Extrem zum anderen, das jedes Ausruhen verhindert.

Wenn ich den Schrank ansehe, um endlich zu wissen, was er ist, lösche ich alles aus, was nicht er ist. Und die Anstrengung, die ich mache, macht mich zu einem neugierigen Wesen: dieses Wesen, dieser Beobachter hört auf, anwesend zu sein, ja selbst ein anwesender Beobachter zu sein: unaufhörlich weicht er in eine unendliche Vergangenheit und Zukunft zurück. Er hört auf, da zu sein, damit der Schrank bleibt, und damit zwischen ihm und dem Schrank alle affektiven oder zweckmäßigen Beziehungen erlöschen.

[…] Seine Zeichnungen. Er zeichnet nur mit der Feder oder mit hartem Bleistift, – das Papier ist oft löcherig, zerrissen. Die Bogen sind hart, ohne Weichheit und Sanftheit.

Mir scheint, für ihn ist die Linie ein Mann: er behandelt sie von gleich zu gleich. Die gebrochenen Linien sind spitz und geben seiner Zeichnung – wieder dank des granitischen – und paradoxerweise gedämpften Materials des Bleistiftes – ein schimmerndes Aussehen. Diamanten. Diamanten mehr noch durch die Art und Weise, wie er das Weiss verwendet. In den Landschaften zum Beispiel: das ganze Blatt ist ein Diamant, dessen eine Seite dank der gebrochenen und zarten Linien sichtbar wird, während die Seite, wo das Licht hinfiele – genauer, von wo das Licht zurückgeworfen würde – nichts anderes sehen liesse als weiss. Das gibt herrliche Juwelen – man denkt an Cézannes Aquarelle – dank dieser weissen Flächen, in denen eine unsichtbare Zeichnung angedeutet ist, erreicht die Empfindung des Raumes eine Kraft, die diesen Raum nahezu messbar macht. (Ich dachte vor allem an die Intérieurs mit der Lampe, und an die Palmen, aber seither hat er eine Serie von vier Zeichnungen gemacht, die einen Tisch in einem gewölbten Zimmer darstellen, welche jene weit hinter sich lassen.) Ungewöhnlich ziselierte Juwelen. Und es ist das Weiss – das weisse Blatt – das Giacometti ziseliert hat.

[…] Nicht nur kommen die Statuen, als ob sie sehr entrückt wären, aus der Tiefe eines äusserst fernen Horizontes auf einen zu, sondern, wo auch immer man ihnen gegenübersteht, richten sie es ein, dass du, der du sie betrachtest, tieferstehst. Sie sind ganz hinten am fernen Horizont auf einer Erhebung, sie kommen, haben es eilig, dir zu begegnen und an dir vorbeizugehen.

Denn ich komme wieder auf diese Frauen, jetzt in (meist vergoldeter und patinierter) Bronze, zurück, um die herum der Raum vibriert. Nichts ist ruhender. Vielleicht weil jeder Winkel (den Giacometti mit dem Daumen machte, als er den Ton bearbeitete) jede Biegung, jeder Buckel oder Grat oder jede abgerissene Spitze des Metalls nur sie selbst in Ruhe sind. Jedes einzelne strahlt weiterhin die Sensibilität aus, die sie schuf. Keine Spitze, keine Gräte, die den Raum schneidet, zerreisst, ist tot.

Doch sind diese Frauen vom Rücken her vielleicht menschlicher als von vorne. Der Nacken, die Schultern, die Nierenhöhle, das Gesäss scheinen „liebender" geformt zu sein als die Vorderseite. Aus dem Halbprofil gesehen, ist dieses Hin und Her zwischen Frau und Göttin vielleicht das verwirrendste. Die Emotion ist manchmal unerträglich.

Denn ich kann nicht anders, als wieder zu dieser Gruppe goldener – und manchmal bemalter – Schildwachen zurückzukehren, die aufrecht, regungslos wachen.

Wie sind neben ihnen die Statuen Rodins oder Maillols nahe daran zu rülpsen und dann zu schlafen!

Die Statuen (diese Frauen) Giacomettis wachen bei einem Toten.

Der Mensch im Gehen, fadenförmig. Sein Fuss angezogen. Und er geht wirklich auf der Erde, das heisst auf einer Sphäre.

[…] Als man erfuhr, dass Giacometti ein Porträt von mir machte (ich habe ein ziemlich rundes, dickes Gesicht), sagte man mir: „Er wird Ihnen einen Kopf in Form einer Messerklinge machen. Die Büste aus Ton ist noch nicht fertig, aber ich glaube zu wissen, warum er für die verschiedenen Bilder Linien verwendet hat, die von der Mittellinie des Gesichtes – Nase, Mund, Kinn – zu den Ohren und wenn möglich bis zum Nacken führen. Mir scheint, das ist, weil ein Gesicht von vorne die ganze Kraft seiner Bedeutung ausdrückt und weil alles von diesem Zentrum ausgehen muss, um das zu nähren, zu stärken, was dahinter versteckt ist. Ich ärgere mich, dass ich es so schlecht ausdrücke, aber ich habe den Eindruck – wie man von Stirn und Schläfen die Haare nach rückwärts zieht – dass der Maler die Bedeutung des Gesichtes nach rückwärts (hinter die Leinwand) zieht.

Die Büsten Diegos *können* von allen Seiten: Halbprofil, Profil, Rücken … sie *müssen* von vorne betrachtet werden. Die Bedeutung des Gesichtes – seine tiefe Ähnlichkeit – flieht, anstatt sich auf dem Gesicht zusammenzuballen, taucht ins Unendliche, in einen nie erreichten Ort, hinter der Büste.

[…] Ich sitze ganz gerade, regungslos, starr (wenn ich mich bewege, wird er mich schnell wieder zur Ordnung, zum Schweigen, zur Ruhe bringen) auf einem unbequemen Küchenstuhl.

ER: (sieht mich begeistert an) „Wie schön Sie sind!" Er macht zwei oder drei Pinselstriche auf die Leinwand, wie es scheint, ohne den Blick von mir zu wenden. Wieder murmelt er, wie zu sich selbst: „Wie schön Sie sind!" Dann fügt er eine Bemerkung hinzu, die ihn noch mehr staunen lässt: „Wie alle Leute, was? Nicht mehr, nicht weniger."

ER: Wenn ich herumflaniere, denke ich nie an meine Arbeit.

Das stimmt vielleicht, aber sobald er sein Atelier betritt, arbeitet er. Auf eine merkwürdige Art allerdings. Er ist zugleich der Verwirklichung der Statue zugeneigt – also ausserhalb von hier, ausserhalb jeder Nähe – und anwesend. Unaufhörlich modelliert er.

[…] Giacometti arbeitet nicht für seine Zeitgenossen, noch für kommende Generationen: seine Statuen entzücken die Toten.

Jean Genet, „Alberto Giacometti",
Zürich, 1985

DIE FONDATION ALBERTO ET ANNETTE GIACOMETTI

Die Fondation Alberto et Annette Giacometti, Rechtsnachfolgerin von Annette Giacometti, wurde im Dezember 2003 als gemeinnützig anerkannt.
Sie verfügt nicht nur über einen reichen Fundus von mehreren hundert Skulpturen, Dutzenden Zeichnungen und Tausenden Papierarbeiten, sondern besitzt auch einen großen Teil der Bibliothek des Künstlers, Handschriften und Korrespondenzen sowie zahlreiche Fotografien vom Atelier des Künstlers aus vielen Jahrzehnten Die Fondation erarbeitet den Catalogue Raisonné der Werke des Künstlers, mit dem seine Witwe begonnen hat. Auch organisiert sie Ausstellungen aus ihren Beständen und gewährt Leihgaben aus ihrem Depot. Gemeinsam mit anderen Rechteinhabern am Werk des Künstlers bildete sie 2004 das Comité Giacometti, das auf Anfrage Authentizitätszertifikate für Werke von Alberto Giacometti erstellt (comite@fondation-giacometti.fr).

BIBLIOGRAFIE

Schriften von Giacometti
- Giacometti Alberto, *Écrits*, neue, durchgesehene und erweiterte Ausgabe unter Leitung der Fondation Alberto und Annette Giacometti, Hermann. Éditeurs des Sciences et des Arts, Paris, 2007.

Monographien
- Ben Jelloun Tahar, *Giacometti. La rue d'un seul*, NRF Gallimard, Paris, 2006.
- Bonnefoy Yves, *Alberto Giacometti. Biographie d'une œuvre*, Flammarion, Paris, 1991.
- Clair Jean, *Le Résidu et la Ressemblance. Un souvenir d'enfance d'Alberto Giacometti*, L'Échoppe, Paris, 2000.
- Clair Jean, *Le Nez de Giacometti*, Gallimard, Paris, 1992.
- Didi-Huberman Georges, *Le cube et le visage*, Édition Macula, Paris, 1993, Neuauflage 2007.
- Du Bouchet André, *Alberto Giacometti. Dessins*, Maeght éditeur, Paris, 1991.
- Dufrêne Thierry, *Giacometti Genet : Masques et portrait moderne*, Éditions l'Insolite, Paris, 2006.
- Dufrêne Thierry, *Alberto Giacometti. Les dimensions de la réalité*, Éditions d'art Albert Skira, Genf, 1994.
- Dupin Jacques, *Alberto Giacometti*, Farrago/ Éditions Léo Scheer, Tours, 1999.
- Genet Jean, *L'Atelier d'Alberto Giacometti*, Gallimard, Paris, 2007.
- deutschsprachige Ausgabe: Genet, Jean, *Alberto Giacometti*. Mit 16 Zeichnungen des Künstlers, Scheidegger, Zürich, 1962.
- La Beaumelle, Agnès de (Leitung), *Alberto Giacometti*. La collection du Centre Georges Pompidou, Musée national d'art moderne, Centre Georges Pompidou, 1999.
- Leiris Michel, *Pierres pour un Alberto Giacometti*, L'Échoppe, Paris, 1991.
- Lord James, *Un portrait par Giacometti*, Gallimard, Paris, 1991.
- Natsume-Dube Sachiko, *Giacometti et Yanaihara, La Catastrophe de novembre 1956*, L'Échoppe, Paris, 2003.
- Peppiatt Michael, *Dans l'atelier de Giacometti*, L'Échoppe, Paris, 2003.
- Sylvester David, *En regardant Giacometti*, André Dimanche Éditeur, Marseille, 2001.
- Wilson Laurie, *Alberto Giacometti. Myth, Magic, and the Man*, Yale University Press, New Haven & Londres, 2003.
- Wiesinger, Véronique (Vorwort), *Mais si la mort n'était qu'un mot*, Text von René Crevel und Illustrationen von Alberto Giacometti, L'Échoppe, 2007.
- Wiesinger, Véronique (Vorwort), *Isabel Nicholas-Alberto Giacometti. Correspondances*, Fage éditions, 2007.

Monografische Ausstellungen mit Katalog
- L'Atelier d'Alberto Giacometti. Collection de la Fondation Alberto et Annette Giacometti, Centre Georges Pompidou, Paris, 17. Oktober. 2007 – 11. Februar 2008.
- Alberto Giacometti. Bror Hjorth, Liljevalchs Konsthall, Stockholm, 23. September 2006 – 7. Januar 2007.
- Alberto Giacometti. Isaku Yanaihara, Museum of Modern Art, Hayama, 3. Juni – 30. Juli 2006, Hyogo Prefectural Museum of Art, 8. August – 1. Oktober 2006, Kawamura Memorial Museum of Art, 10. Oktober – 3. Dezember 2006.
- The Women of Giacometti, PaceWildenstein, New York, 28. Oktober – 3. Dezember 2005, Nasher Sculpture Center, Dallas, Texas, 14. Januar – 9. April 2006.
- Alberto Giacometti au Donjon de Vez, Donjon de Vez (Oise), 18. Juni – 2. Oktober 2005.
- Alberto Giacometti. Percorsi Lombardi, Galleria Gruppo Credito Valtellinese, Museo Valtellinese di Storia e Arte, Sondrio, Januar – April 2005.
- Alberto Giacometti, Kunsthaus, Zürich, Mai – September 2001, Museum of Modern Art, New York, Oktober 2001 – Januar 2002.
- Alberto Giacometti. Le dessin à l'œuvre, Musée national d'Art moderne, Centre Pompidou, 24. Januar – 9. April 2001.
- Alberto Giacometti. Sculptures. Peintures. Dessins, Ausstellung im Musée d'Art moderne de la Ville de Paris, November 1991 – März 1992.

VERZEICHNIS DER ILLUSTRATIONEN

FAAG : Fondation Alberto et Annette Giacometti, Paris.

UMSCHLAG

AUFMACHER

KAPITEL 1

KAPITEL 2

1934. Privatsammlung.
33 r. Giacometti, Jacqueline Lamba, André Breton, Nush und Paul Éluard bei André Bretons Hochzeit mit Jacqueline Lamba, 14. August 1934, Foto von Man Ray, Silbergelatineabzug auf Papier, 21,5 x 16,8 cm. FAAG, 2003-1864.
34 Ein Modell, das *Unangenehme Ding* haltend, 1931, Foto von Man Ray.
35 Kiki de Montparnasse und Lili hinter *Palast um vier Uhr morgens*, 1932, Foto von Man Ray.
36–37 *Palast um vier Uhr morgens*, 1932, Holz, Eisendraht, Glas und Bindfaden, 63,5 x 71,18 x 40 cm. New York, The Museum of Modern Art.
37 o. Der *Käfig*, 1930–1931, Holz, 49,8 x 27 x 27 cm. Stockholm, The Moderna Museet.
38 *Schwebende Kugel*, 1930–1931, Holz, Eisen und Schnur, 61 x 36 x 33,5 cm. Paris, Musée national d'Art moderne-Centre Georges-Pompidou.
39 *Unangenehmes Ding zum (Weg-)Werfen*, 1931, Bronze, 22,8 x 34,3 x 25,9 cm. FAAG, 2004-0002.
39 u. *Frau mit durchschnittener Kehle*, 1932, Bronze, 22 x 75 x 58 cm. New York, The Museum of Modern Art.
40 *Das unsichtbare Objekt*, 1934, Gips, 156,2 x 33 x 30,5. New Haven, Yale University Art Gallery.
41 o. Einladung zur Surrealisten-Ausstellung in der Galerie Pierre Colle, Juni 1933. FAAG.
41 u. Blick in die Surrealisten-Ausstellung in der Galerie Pierre Colle, Foto von Man Ray, Juni 1933.
42 o. Bei Jean-Michel Frank, v. li. n. re. Alberto Giacometti, J.-M. Frank, Emilio Terry, Rodocanachi, Christian Bérard, Adolphe Chanaux und Diego Giacometti am 6. März 1935, Foto von François Kollar. Paris, Médiathèque de l'Architecture et du Patrimoine.
42 u. „Pure color and perfect form", Artikel über Jean-Michel Frank mit den Lampen von Giacometti, *Harper's Bazaar*, November 1935, S. 82. FAAG.
43 o. Wandleuchte *Faust*, um 1935, Gips, Foto von François Kollar. Paris, Médiathèque de l'Architecture et du Patrimoine.
43 u. *Taschen(ent) leerer*, um 1930–1931, mehrfarbiger Gips, 17,3 x 22 x 29,2 cm. FAAG, 1994-0447.
44 Modell eines nicht realisierten Projekts von Emilio Terry für das Wohnzimmer im Haus von Templeton Crocker in Palm Beach, um 1930–1931, Foto Studio Deberny und Peignot, Silbergelatineabzug auf Papier, 16,9 x 23 cm. FAAG, 2003-0660.
45 o. Entwurf für *Kinderspiele*, 1932, Öl auf Karton, 41,5 x 51 cm. Privatsammlung.
45 u. Yolande Laffon im Bühnenbild von *La Fleur des pois*, mit *Petit désespéré*, einem Werk Giacomettis,1932, Foto anonym. Dokumentation Félix Marcilhac, Paris.
46 Vase, Foto anonym, Kontaktbogen, 17,2 x 10,4 cm. FAAG, 2003-0675.
47 o *Maria*, 1934, Öl auf Leinwand, 66,4 x 59,1 cm. FAAG, 1994-0587.
47 u. *Kopf–Schädel*, 1934, Gips, 18,4 x 19,9 x 21,3 cm. FAAG, 1994-0392.
48–49 *Schreitende Frau* und *Frau mit durchschnittener Kehle* in der Surrealistenausstellung der Galerie „Art of This Century", 1942, Foto von Berenice Abbott.
49 o. re. Einladungskarte und Katalog der Ausstellung „Abstract sculpture by Alberto Giacometti", Galerie Julien Lévy, New York, Dezember 1934. FAAG, 2007-0004.
49 Mi. re. Einladungskarte zur Ausstellung „Alberto Giacometti", Galerie „Art of This Century", Februar 1945. Privatsammlung.
50 *Die Mutter des Künstlers*, 1937, Öl auf Leinwand, 65 x 50 cm. Zürich, Kunsthaus, GS 255.
51 o. *Der Apfel auf dem Buffet*, 1937, Öl auf Leinwand, 72 x 75,5 cm. New York, The Metropolitan Museum of Art / The Pierre and Maria-Gaetana Matisse Collection.
51 u. *Apfel auf einem Buffet*, 1937, Öl auf Leinwand, 27 x 27 cm. Privatsammlung.
52 Artikel über Giacometti in *Labyrinthe*, Oktober 1944, Fotos von Eli Lotar. FAAG.
53 o. Giacometti in seinem Zimmer im Hotel de Rives in Genf, 1944, Foto von Eli Lotar, 17,9 x 11,9 cm. FAAG, 2003-0782.
53 u. *Ganz kleine Figurine*, um 1939–1945, Gips, 4,5 x 3 x 3,8 cm. FAAG, 1994-0442.

KAPITEL 3

54 Giacometti in seinem Atelier, Mai 1954, Foto von Arnold Newman.
55 *Kopf und Akt*, Öl auf Leinwand, 90 x 72 cm. Privatsammlung.
56 o. Köpfe und Figurinen aus Gips in Giacomettis Atelier, Foto von Marc Vaux, 1946, 17 x 23,2 cm. FAAG, 2003-0714.
56 u. Drei Miniaturfigurinen, Foto von Marc Vaux, Cahiers d'art, 1946. FAAG.
57 *Frau auf dem Wagen* im Atelier in Maloja, Foto von Ernst Scheidegger um 1956–1959.
58 li. *Käfig*, erste Version, 1949–1950, bemalter Gips, 91,1 x 38,5 x 34,9 cm. FAAG, 1994-0346.
58 re. Skizze für *Käfig* (erste Version), Skizze für *Vier Figurinen auf einem Sockel*, Skizzen für *Der Wagen*, um 1949–1950, Wandmalerei auf Leinwand, 125 x 107 cm. FAAG, 1994-0561.
59 Die Surrealistengruppe im Café La Place Blanche, März 1953, Foto von Jacques Cordonnier. Privatsammlung.
60 o. *Figur in einer Schachtel zwischen zwei Häusern*, 1950, 29,5 x 53,5 x 9,5 cm. Paris, Musée national d'Art moderne-Centre Georges-Pompidou.
60 u *Schreitender Mann im Regen*, 1948, Bronze, 46,5 x 77 x 15 cm. Zürich, Kunsthaus, GS 35.

61 *Der Wagen*, 1950, Bronze, 167 x 69 x 69 cm. Zürich, Kunsthaus, GS 44.
62 o. Pierre Matisse posiert für Giacometti, Foto von Patricia Matisse, Sommer 1950, Silbergelatineabzug auf Papier, 11,5 x 17 cm. FAAG, 2003-0773.
62 u. Ausstellungskatalog „Alberto Giacometti. Exhibition of sculptures. Paintings. Drawings", Galerie Pierre Matisse, New York, Januar–Februar 1948. FAAG.
63 Georges Braque, Alberto Giacometti und Aimé Maeght bei den Maeghts in Saint-Paul-de-Vence, Foto anonym, Silbergelatineabzug auf Papier, 18,3 x 18,2 cm. FAAG, 2003-0140.
64 Giacometti und Annette (hinten) in einem Pariser Café, Dezember 1957, Foto von Robert Doisneau.
65 o. Paris, Blick aus Carolines Wagen, Lithographie aus *Paris sans fin*, Paris, Tériade Editeur, 1969. FAAG.
65 u. Giacometti und der Verleger Tériade, 1952, Foto von Henri Cartier-Bresson.
66 *Diego mit Jacke*, 1953, Bronze, 35,5 x 28 x 10,5 cm. Zürich, Kunsthaus, GS 50.
67 *Diego im karierten Hemd*, 1954, Öl auf Leinwand, 81 x 61,5 cm. Paris, Sammlung M. und Mme Adrien Maeght.
68 o. *Die Mutter des Künstlers*, 1946, Bleistift, 49,5 x 35 cm. Privatsammlung.
68 u. Giacometti und seine Mutter in Stampa, um 1958, Foto von Reto Bernhard, Silbergelatineabzug auf Papier, 16,3 x 12,7 cm. FAAG, 2003-1938.
69 *Die Mutter des Künstlers in ihrem Zimmer*, 1951, Öl auf Leinwand, 92 x 73 cm. Paris, Musée national d'Art moderne-Centre Georges-Pompidou.
70 o. li. Giacometti und Annette im Atelier, 1951, Foto von Alexander Liberman.
70–71 o. Annette, Modell sitzend im Atelier, 1954, Foto von Sabine Weiss.
71 o. re. Annette, das Atelier putzend, 1951, Foto von Ernst Scheidegger.
72 li. *Annette in Stampa*, 1950, Öl auf Leinwand, 88 x 59,4 cm. Privatsammlung.
72 re. *Stehender Akt nach der Natur*, 1954, Bronze, 54,1 x 14,3 x 20,1 cm. FAAG, 1994-196.
73 *Sitzender Akt im Atelier*, 1963, Öl auf Leinwand, 73 x 59,7 cm. Pittsburg, The Carnegie Museum of Art.
74 *Mann mit Jacke*, 1953, Bronze, 50,5 x 27 x 20,5 cm. FAAG, 1994-0114.
75 *Sitzende Frau*, 1956, Bronze, 51,3 x 15,6 x 23,9 cm. FAAG, 1994-0049.
76 Annette, Giacometti und Caroline im La Villa, Rue Bréa, Paris, um 1962, Foto anonym, Silbergelatineabzug auf Papier, 17,9 x 23,9 cm. FAAG, 2003-1512.
77 *Caroline, sitzend, Ganzkörperansicht*, um 1964–1965, Öl auf Leinwand, 130 x 89 cm. FAAG, 1994-0637.
78 u. Yanaihara, Giacometti im Atelier Modell sitzend, September 1960, Foto von Annette Giacometti, Silberatinegelabzug auf Papier, 8,8 x 12,7 cm. FAAG, 2003-1865.
78–79 o. Giacometti, Yanaihara malend, 1959, Foto von Ernst Scheidegger.
79 u. *Büste von Yanaihara II*, 1961, Gips, 36 x 33,5 x 15 cm. FAAG, 1994-0449.
80 *Yanaihara im Profil*, 16. Oktober 1956, Öl auf Leinwand, 73 x 60 cm. FAAG, 1994-0620.
81 *Büste von Yanaihara I*, 1960, Bronze, 43,5 x 29,5 x 13 cm. Privatsammlung.
82 o. Eli Lotar, für Giacometti Modell sitzend, Juni 1964, Foto von Giorgio Soavi.
82 u. Eli Lotar, für Giacometti Modell sitzend, Juni 1964, Foto von Giorgio Soavi.
83 *Büste sitzender Mann (Lotar III)*, 1965, Bronze, 62,5 x 28,2 x 35,5 cm. FAAG, 1994-0081.
84 Giacometti in der Chase Manhattan Bank, New York, 1965, Foto von Patricia Matisse, Silbergelatineabzug auf Papier, 8,1 x 12 cm. FAAG, 2003-1866.
85 Entwurf für einen Platz, Zeichnung aus einem Brief an Pierre Matisse, abgebildet im Ausstellungskatalog „Alberto Giacometti. Exhibition of sculptures. Paintings. Drawings", Galerie Pierre Matisse, New York, Januar–Februar 1948. Sammlung E. W. Kornfeld.
86 Giacometti, Louis Clayeux und Josep Luis Sert, die Pläne der Fondation Maeght im Mas Bernard in Saint-Paul-de-Vence betrachtend, 1961, Foto anonym, 18 x 13,1 cm. FAAG, 2003-0162.
86–87 u. Giacometti im Hof der Fondation Maeght in Saint-Paul de- Vence, 1964, Foto anonym, Silbergelatineabzug auf Papier, 17,5 x 22,8 cm. FAAG, 2003-0233.
88 *G. David Thompson*, 1957, Öl auf Leinwand, 100 x 73 cm. Zürich, Kunsthaus, GS 67.
89 Die *Löffelfrau* vor dem Thompson Museum, Foto anonym, Silbergelatineabzug auf Papier, 17,3 x 24,8 cm. FAAG, 2003-1867.
90 u. Blick auf die Hängung bei der 31. Biennale von Venedig mit *Mann, an einem sonnigen Morgen einen Platz überquerend*, Foto von Bo Boustedt, 1962, Silberatineabzug auf Papier, 24 x 30,5 cm. FAAG, 2003-0491.
91 o. Blick auf Giacomettis Installation in der Halle der Tate Gallery, London, anlässlich der Ausstellung 1965, Foto anonym, Silbergelatineabzug auf Papier, 16,6 x 25,8 cm. FAAG, 2003-0168.
91 u. Alberto Giacometti und David Sylvester vor dem *Schreitenden Mann* in der Tate Gallery, London, 1965, Foto von Patricia Matisse, Silbergelatineabzug auf Papier, 12,3 x 8,7 cm. FAAG, 2003-0182.

KAPITEL 4

92 *Drei langgestreckte Skulpturen* in Giacomettis Atelier, Rue Hippolyte-Maindron, 14. Arrondissement, Foto von Brassaï,

November 1947. Privatsammlung.
93 *Frontispiz*, Lithographie aus *Paris sans fin*, Paris, Tériade Éditeur, 1969. FAAG.
94 *Das Bein*, 1958, Gips, 223 x 30,3 x 46,1 cm. FAAG, 1994-0347.
95 o. *Giacometti (Die Hand)*, Foto von Brassaï, November 1947. Privatsammlung.
95 u. *Kopf auf einem Stab*, 1947, bemalter Gips, 50 x 12,5 x 17 cm. Zürich, Kunsthaus, GS 33.
96 *Schwarzer Kopf*, um 1957–1959, Öl auf Leinwand, 81,4 x 65 cm. FAAG, 1994-0589.
97 *Ecke des Ateliers mit Ofen und Besen*, 1961, Öl auf Leinwand, 92 x 73 cm. Privatsammlung.
98 *Stillleben mit Tintenfass*, 1938, Bleistift auf Papier, 26,9 x 21 cm. FAAG, 1994-2066.
99 *Das Zimmer im Saint-Ermins Hôtel (zwei Sessel und ein Stuhl)*, 1965, Bleistift auf Papier, 56,5 x 37,8 cm. FAAG, 1994-3063.
100 Doppelseite des Manuskripts *Der Traum, das Sphinx und der Tod von T.*, Zürich, Kunsthaus.
101 „Der Traum, das Sphinx und der Tod von T.", in *Labyrinthe* Nr. 22–23, Dezember. 1946. Zürich, Kunsthaus.
102 Nach Botticelli, *Madonna del Magnificat*, undatiert, Öl auf Schiefer, 8,9 x 8,2 x 0,3 cm. FAAG, 1994-0594.
103 li. *Nach Velàzquez, Papst Innozenz X*, und weitere Kopien, Bleistift auf Papier, 26,8 x 20,8 cm. FAAG, 1994-1809.
103 re. *Nach einer ägyptischen Skulptur: Sésostris III ; nach Cézanne: Selbstportrait*, Bleistift auf Papier, 32,8 x 25,3 cm. FAAG, 1994-0710.
104 *Die Nase*, 1947–1949, Bronze, 80,9 x 70,5 x 40,6 cm. FAAG, 1994-0017.
105 *Annette*, um 1952, Öl auf Leinwand, 47,2 x 33,8 cm. FAAG, 1994-0596.
106 *Kopf auf einem Sockel*, genannt *Kopf ohne Schädel*, um 1958, Bronze, 43,3 x 8,2 x 10,5 cm. FAAG, 1994-0240.
107 li. *Männliche Büste Chiavenna II*, 1964, Bronze, 40,5 x 24,5 x 12,6 cm. FAAG, 1994-0066.
107 re. *Kopf mit großer Nase*, 1958, Bronze, 51,6 x 14,1 x 15,4 cm. FAAG, 1994-0065.
108 Briefauszug an Pierre Matisse, abgebildet im Ausstellungskatalog „Alberto Giacometti. Exhibition of sculptures. Paintings. Drawings", Galerie Pierre Matisse, New York, Januar–Februar 1948.
109 *Gefährdete Hand*, 1932, Holz und Metall, 20 x 59,5 x 27 cm. Zürich, Kunsthaus, GS 22.
110 *Vier Figuren auf einer Basis*, 1950, bemalte Bronze, 162 x 41,5 x 32 cm. Zürich, Kunsthaus, GS 255.
111 *Der Wald*, 1950, Bronze, 57 x 61 x 49,5 cm. Zürich, Kunsthaus.
112 *Taumelnder Mann*, 1950, Bronze, 58,7 x 35 x 32 cm. Privatsammlung.

ZEUGNISSE UND DOKUMENTE

113 Alberto Giacometti und Jean Genet, Foto von Yanaihara, 14. Oktober 1956, Silbergelatineabzug auf Papier, 18,2 x 13 cm. FAAG, 2003-763.
117 Hommage an Derain II, um 1954–1955, Tusche, 47,3 x 34,2 cm. FAAG.

NAMENVERZEICHNIS

W - Y - Z

VERZEICHNIS DER WERKE

B - C - D

F

G - H - J

M - N

O - P - Q

T - V

FOTONACHWEIS

FAAG (Werke) 1. plat, Rücken, 11 li., 11 re., 13 u., 15, 21 u., 21 o., 22, 24, 27 o., 31 o., 31 u., 39 o., 43 u., 47 o., 47 u., 53 u., 58 li., 58 re., 68 u., 72 re., 74, 75, 77, 79 u., 80, 83, 93, 94, 96, 98, 99, 102, 103, 103 re., 104, 105, 106, 107 li., 107 re., 112. Die Bilder der Werke aus der Sammlung der Stiftung wurden von Marc Domage, Per Huttner et Jean-Pierre Lagievski angefertigt. FAAG (Archivdokumente) 13 o., 14, 16 o. li., 17, 18–19, 30, 30–31 M., 32, 33 re., 33 u. li., 41 o., 42 u., 44, 45 o., 46, 49 o. re., 52, 53 o., 62 o., 62 u., 63, 76, 78 u., 84, 86, 86–87 u., 89, 90 u., 91 u., 91 o., 97. AKG/Paul Almasy 1. Alinari/Roger-Viollet 16 o. re. Archives Gallimard 25 o. Archives Andrea Garbald 12. Atelier André Breton 49 M. re. Atelier André Breton/Jacques Cordonnier/DR 59. Bibliothèque Kandinsky/Fonds Marc Vaux/ Centre Georges Pompidou 25 u., 56 o., 56 u. 2007 Kunsthaus Zürich 10, 16 M. re., 19 u., 20, 50, 60 u., 61, 66, 88, 95 u., 100, 101, 109, 110, 111. Burstein Collection/Corbis 81. The Carnegie Museum of Art 73. CNAN/MNAM Dist. RMN/Jacques Faujour 60 o.. CNAN/MNAM Dist. RMN/ Georges Meguerditchian 38. CNAN/MNAM Dist. RMN/B. Prévost 29. CNAN/MNAM Dist. RMN/Adam Rzepka 69. Coll. dagli Orti/Moderna Museet 37 o. Slg. E. W. Kornfeld, Bern 27 u. Privatslg. 51 u., 55, 68 o., 72 li. Commerce Graphics Ldt., Inc 48–49. Getty Images/Arnold Neuman 54. Getty Images/Gordon Parks 2. plat, 9. François Kollar © Ministère de la Culture-France/Médiathèque de l'Architecture et du Patrimoine, dist. RMN 42 o., 43 o. Slg. E. W. Kornfeld 27 u., 85. Herbert Matter 4. Alexandre Lieberman 70 o. li. Documentation photographique Felix Marcilhac 45 u. Patricia Matisse 62 o., 84, 91 u. Magnum/Henri Cartier Bresson 65 u. Magnum Photos/Inge Morath 6–7. Mr et Mme Pierre Marchand 52, 53 o.. The Metropolitan Museum of Art, New York 51 o. The Museum of Modern Art, New York/ Scala, Firenze 36–37, 39 u. *Neue Zürcher Zeitung* 2007 5, 57, 71 o. r., 78–79 o. Rapho/Robert Doisneau 64. Rapho/Christophe Khunn 26 u. Rapho/Sabine Weiss 26 o., 70-1 o. RMN/Michèle Bellot 28, 92, 95 o. Telimage 34, 35, 41 u. The Ohara Museum, Kurashiki 23. Roger-Viollet/Jean-Régis Roustan 2–3. Scala 67. Giorgio Soavi/Grazia Neri 82 o., 82 u. Yale University Art Gallery/Art Resource, NY 40.

DANKSAGUNG

Die Autorin bedankt sich bei sämtlichen Mitarbeiter:innen der Stiftung, und besonders bei Johanne Legris, die das Projekt sorgfältig koordiniert hat, bei Isabelle Palmi, die sich um administrative Themen und Verträge gekümmert hat, bei Stéphanie Barbé, die die Fotografien organisiert hat, sowie bei Katia Busch, Cecilia Braschi, Damien Bril und Alban Chaine. Die Éditions Gallimard bedanken sich bei allen Mitarbeitern der Fondation Alberto et Annette Giacometti, ohne die dieses Buch nicht möglich gewesen ware. Sie bedanken sich ebenfalls bei den Éditions du Centre Pompidou, bei Annie Pérez, Matthias Battestini und Benoît Collier.

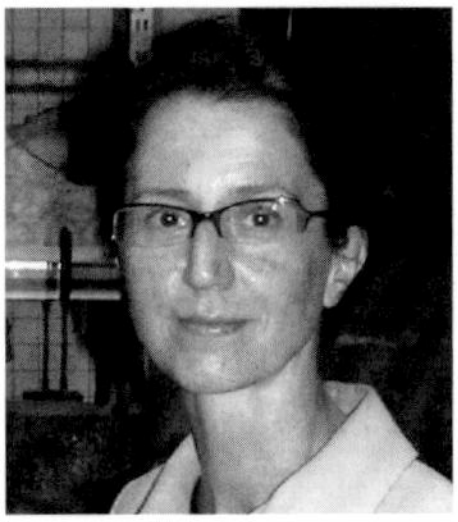

Véronique Wiesinger war Leitende Kuratorin des französischen Kulturerbes und seit ihrer Gründung 2003 Direktorin der Fondation Alberto und Annette Giacometti. Im Herbst 2007 präsentierte sie im Centre Pompidou die Ausstellung „L'atelier d'Alberto Giacometti, collection de la Fondation Alberto et Annette Giacometti".

Für Emilia und Ugo

Autorisierte deutschsprachige Ausgabe des bei Editions Gallimard erschienenen Werkes *Giacometti. La figure au défi.*

Satz: Satzwerk Huber, Germering
Druck und Bindung: Beltz, Bad Langensalza

ISBN 978-3-8296-0919-7